하나님이 전해 주신 복음

THE GOSPEL ACCORDING TO GOD
Copyright © 2018 by John MacArthur
Published by Crossway
a publishing ministry of Good News Publishers, Wheaton, Illinois 60187, U.S.A.
This Korean translation edition © 2018 by DAESUNG CO., LTD., Seoul, Republic of Korea
This edition published by arrangement with Crossway
through rMaeng2, Seoul, Republic of Korea. All rights reserved.

이 한국어판의 저작권은 알맹2 에이전시를 통하여 저작권사와 독점 계약한
㈜대성에 있습니다. 신저작권법에 의하여 한국 내에서 보호를 받는 저작물이므로
무단전재 및 복제를 금합니다.

존 맥아더 목사의 이사야 53장 강해

하나님이
전해 주신 복음

존 맥아더 지음 • 서경의 옮김

KOREA.COM

차례

들어가며 예언서에 나타난 구원 역사의 전체 이야기 »8

PART 1. 고난받는 종 22

Chap 1 • 구약 성경에서 가장 놀라운 장 »24

이사야 52장 13절부터 53장 12절 »26
고난받는 이 종은 누구인가? »30
구약 성경에서 예표된 메시아 »34

Chap 2 • 선지자가 이야기한 사람은 누구인가? »43

지금 읽고 있는 내용이 무슨 뜻인지 알겠는가? »46
선지자의 관점 »48
구원의 삼중 약속 »51
그가 너그럽게 용서하시리라 »55
이사야 53장을 이해하기 힘든 이유 »61

Chap 3 • 놀라운 주의 종 »66

주의 종의 놀라운 등장 »69
주의 종의 놀라운 낮아짐 »75
주의 종의 놀라운 높아짐 »82

Chap 4 • 믿지 않는 자들 »87

그들은 다 복음에 순종하지 아니하였다 »89
누가 그 메시지를 믿었는가? »100
믿는 모든 자의 구원을 위한 하나님의 능력 »105
그는 멸시를 받았고, 우리도 그를 귀히 여기지 아니하였다 »109

Chap 5 • 대속물이 된 주의 종 »117

그들이 죄악된 태도를 자백하다 »124
그들이 죄악된 행위를 자백하다 »131
그들이 죄악된 본성을 자백하다 »135

Chap 6 • 잠잠한 종 »142

고발자 앞에서 잠잠하다 »152
죽음 앞에서 잠잠하다 »156
무덤에서 잠잠하다 »166

Chap 7 • 고난받는 그리고 영광받는 종 »*169*

　사람들이 그에게로 나아갈 것이라
　무릇 그에게 노하는 자는 부끄러움을 당하리라 »*176*

　고난받는 종 »*183*

　영광받는 종 »*189*

Chap 8 • 죄를 담당하는 종 »*192*

　종의 사역에 대한 하나님의 과정 »*195*

　이사야 53장을 요약하는 일곱 개의 중요 질문 »*209*

PART 2. 선지자 이사야의 삶과 시대 …………… 212

Chap 9 • 내가 여기 있나이다 나를 보내소서 »*214*

　역사적 배경 »*217*

　분열된 왕국 »*220*

웃시야와 요담 » *222*

아하스 » *224*

히스기야 » *227*

여호와의 말씀이 좋소이다 » *233*

남을 것이 없으리라 » *234*

Chap 10 • 유다의 종말 » *237*

이사야 이후의 유다 » *240*

므낫세, 가나안 족속보다 더 악한 자 » *242*

놀라운 은혜, 그리고 암몬 » *245*

요시야, 유다 최고의 왕 » *248*

여호아하스 그리고 여호야김 » *249*

분열 왕국의 종말과 바벨론 포로기의 시작 » *253*

부록 찰스 스펄전 목사의 설교: "간고를 많이 겪은 자" » *258*
주석 » *281*

들어가며
예언서에 나타난
구원 역사의 전체 이야기

> 언젠가 무디 선생은 '당신이 신봉하는 문서화된 신조가 있는가'
> 라는 질문을 받았다. 그러자 그는 이렇게 대답했다. "네, 선생님.
> 바로 이사야 53장입니다." 이사야 53장에는 성경 전체가 요약되
> 어 있으며, 복음 전체가 들어 있다.
>
> —찰스 스펄전(영국 침례교 목사, 탁월한 설교자)[1]

<u>이사야라는 이름의 뜻은 '주는 구원'이다.</u> 이 선지자의 이름으로 매우 적합하다. 그는 생생하고도 정확하며 세세하게 복음의 전체 메시지를 전하고 있다.

지금껏 이사야가 한 예언은 모두 이루어졌다. 아직까지 성취되지 않은 예언은 장래에 완성될 메시아의 통치에 관한 부분뿐이다. "주 여호와께서 공의와 찬송을 모든 나라 앞에 솟아나게 하시리라"(사 61:11). "무리가 그들의 칼을 쳐서 보습을 만들고 그들의 창을 쳐서 낫을 만들 것이며 이 나라와 저 나라가 다시는 칼을 들고 서로 치지 아니하며 다시는 전쟁을 연습하지 아니하리라"(2:4). 구속받은 백

성은 새 하늘과 새 땅에서 영원히 완벽한 복을 누리게 될 것이다. "보라 내가 새 하늘과 새 땅을 창조하나니 이전 것은 기억되거나 마음에 생각나지 아니할 것이라"(65:17).

이사야서는 모든 예언의 성취를 이해할 수 있을 만큼 성경을 전체적으로 잘 아는 것이 얼마나 중요한지를 말해 준다. 구약 성경에 나타난 메시아에 관한 예언을 총체적으로 살펴볼 때, 그리스도께서 십자가에 못 박혀 죽으시기 전까지 교차적으로 반복되는 고난과 영광의 주제는 일견 난해하게 보일 수 있다. 심지어 그리스도께서 부활하신 후에 엠마오로 가던 두 제자에게 나타나셨을 때조차, 제자들은 여전히 그리스도의 죽음에 당황하고 낙심해 있었다. "우리는 이 사람이 이스라엘을 속량할 자라고 바랐노라"(눅 24:21).

이에 예수님은 그들을 가볍게 꾸짖으며 타이르셨다. "미련하고 선지자들이 말한 모든 것을 마음에 더디 믿는 자들이여 그리스도가 이런 고난을 받고 자기의 영광에 들어가야 할 것이 아니냐"(25-26절). 그리고 이어서 구약 성경에 나타난 메시아에 관한 예언을 풀어서 가르치기 시작하셨다. "이에 모세와 모든 선지자의 글로 시작하여 모든 성경에 쓴 바 자기에 관한 것을 자세히 설명하시니라"(27절).

예수님의 가르침이 구체적으로 어떤 말씀이었는지는 기록되어 있지 않지만, 부활하신 메시아가 이사야 53장을 가르치셨음이 분명하다. 그는 아마도 이 말씀에 많은 시간을 할애하고, 그가 당한 모든 고난이 이미 분명하게 예언된 것임을 알려 주셨을 것이다. 그의 십자가 죽음은 사고가 아니었고, 하나님의 계획에 착오가 생긴 것도 아니었다. "그가 하나님께서 정하신 뜻과 미리 아신 대로 내준 바 되었거늘"(행 2:23). "이제 자기를 단번에 제물로 드려 죄를 없이 하시려고 세상 끝에 나타나셨느니라"(히 9:26).

이사야서는 신약 성경에서 가장 많이 인용되는 선지서다. 예수님과 신약 성경의 저자들은 적어도 65번 이상 이사야서를 인용하며, 이사야의 이름도 22번 인용한다(대조적으로 구약 성경의 역사서에는 이사야의 이름이 단 16번 나온다). 이사야 개인에 대해 알려진 사실은 많지 않은데, 그의 삶과 그가 살았던 시대에 대해 2부에서 살펴보겠다.

이사야서의 예언은 생생하고도 흥미로우며, 다양한 이미지를 가득 담고 있다. 또한 기독교 복음의 핵심적 진리인 인간의 타락, 하나님의 은혜, 칭의, 대속 등의 교리적 주제를 망라한다. 4세기에 성경의 대부분을 라틴어로 번역한 신학자이자 역사가인 예로니모는 이사야에 대해 이렇게 말했다. "이사야는 선지자라기보다는 복음 전도자에 가깝다. 그가 그리스도와 교회의 모든 비밀을 너무나 분명하게 설명하고 있기 때문에, 독자는 그가 장래에 일어날 일이 아니라 이미 일어난 일에 대해 서술하고 있는 듯한 착각을 하게 된다."[2]

장차 일어날 사건에 대한 이사야의 예언이 매우 정확했기 때문에, 학계 일부 합리주의자나 회의론자들은 이사야서가 적어도 수세기 이상 차이 나는 세 명 이상의 저자가 썼으며, 사실상 예언서가 아니라 역사서라고 주장한다. 어떤 이는 오만하게 이렇게 단언했다. "이사야서 전체(또는 대부분)를 한 사람이 썼다고 주장하는 사람은 사실상 아무도 없다."[3]

이 주장에는 어리석은 모더니즘의 오만이 가득하다. 성경을 하나님의 말씀으로 믿는 모든 신실한 성도들(그리고 많은 유대학자들)은 이사야서를 이사야 한 사람이 썼다고 믿는다. 사실 이사야 시대 이후 적어도 2400여 년 동안, 신뢰할 만한 사람들 중에서 이사야서를 여러 저자가 썼다고 주장한 사람은 한 명도 없었다. 예수님과 신약 성경 저자들은 분명하게 한 사람이 이사야서를 썼다고 말한다. 마태복음에는 이사야서의 여러 부분에서 발췌한 인용문이 등장하는데, 한결같이 이사야의 예언임을 명시한다.[4]

현대 비평주의는 네덜란드 철학자 바뤼흐 스피노자(1632-1677)의 합리주의에 뿌리를 두고 있다. 스피노자는 모세오경의 모세 저작설 및 초기 연대설에 의문을 제기했다(스피노자는 창세기, 출애굽기, 레위기, 민수기, 신명기 등의 모세오경이 모세가 집필한 것이 아니라 다양한 저자들의 역사 집을 수집한 것이며 따라서 모세 시대의 저작물이 아니라고 보았다 - 편집자). 이후 유럽의 여러 학자는 스피노자의 불가지론적, 추론적 접근법(오늘날에는 역사 비평법, 또는 고등비평으로 불린다)으로 성경 말씀을 연구하기 시작했다. 이러한 접근법은 이후 독일 신학자 프리드리히 슐라이어

마허(1768-1834)가 채택하여 발전시켰다. 결국 19세기 중반에 이르러 고등비평은 유럽의 신학계를 초토화시키고 말았다. 이러한 현상은 신학적 자유주의를 낳았고, 20세기에 이르러서는 많은 주요 교파가 이로 인해 신학적으로 파산하게 되었다.

이사야서는 고등비평의 주요 공격 대상이 된다. 이사야의 예언이 너무나 정확해서 이것을 비판하지 않고서는 초자연적 역사를 부정하는 회의론적 입장을 견지할 수 없기 때문이다. 성경이 초자연적 역사에 의한 책이라는 사실을 이사야 53장보다 더 잘 드러내는 말씀은 없다. 여기에는 메시아의 고난과 죽음이 강력하게 예언되어 있다.

비평적 회의론자들이 심대한 타격을 받은 것은 1947년 사해문서가 발견되면서였다. 가장 보존 상태가 양호하면서도 최초로 발견된 문서들 중에 이사야서 전체를 담은 두루마리가 있었다(이 문서는 대이사야 두루마리로 알려져 있으며, 현재 이스라엘박물관 내 특별 전시실인 성서의 전당에 영구 전시되어 있다). 이 두루마리는 현존하는 그 어느 사본보다 1000년 이상 더 오래된 것이다. 그 연대는 그리스도 탄생 전 1세기

들어가며 13

까지 거슬러 올라가는데, 기원전 150년에서 125년경으로 추정된다. 두 번째 이사야 두루마리도 발견되었다. 이전 것만큼 오래된 것은 아니었다(그러나 여전히 기원전 1세기 후반의 것으로 추정된다). 보존 상태는 양호하나 전체가 보존된 것은 아니다. 이후 이사야서 두루마리의 일부분이 적어도 20개 이상 발견되었다. 이사야서의 일부분이 담긴 문서가 그토록 많이 발견되었다는 사실은 이사야서에 대한 신약 성경의 메시지를 확증해 준다. 즉 1세기에 이사야서는 널리 알려져 있었으며, 많은 이에게 사랑받았다. 복음주의 신학자 글리슨 아처는 사해 문서의 이사야 두루마리를 철저하게 살펴본 뒤 이렇게 말했다.

> 1947년 사해 근처 쿰란 제1동굴에서 발견된 이사야서의 두 사본은 이전에 알려진 가장 오래된 사본(기원후 980년)보다 1000년 이상 더 오래된 것인데, 오늘날 우리가 가지고 있는 히브리어 표준 성경과 95퍼센트 이상 정확히 일치한다. (중략) 5퍼센트의 차이마저 기술상의 실수이거나 철자가 다른 경우가 대부분이다.[5]

먼저, **사도 시대 200여 년 전에 이미 오늘날 우리가 가지고 있는 성경 본문과 똑같은 형식과 내용의 이사야서가 확립**되어 문서화되었다는 사실을 상기해야 한다. 그 당시 이미 한 권의 책, 한 명의 저자가 쓴 책으로 널리 인식되었다는 뜻이다. 즉, 여러 시대를 거쳐 편집된 책으로 인식되지 않았다.

현대 비평가들이 가장 앞세우는 비판의 논거는 그 누구도 이사야서의 예언처럼 미래의 일을 정확하게 예측할 수 없다는 명제다. 예를 들어, 이사야 13장 17-22절에는 메대가 바벨론을 파괴하리라는 예언이 나온다. "열국의 영광이요 갈대아 사람의 자랑하는 노리개가 된 바벨론이 하나님께 멸망 당한 소돔과 고모라 같이 되리니 그 곳에 거주할 자가 없겠고 거처할 사람이 대대에 없을 것이며"(19-20절). 이사야가 이 예언을 했을 당시에는 앗수르가 우세했으며, 메대 왕국은 약하고 분열된 상태였다. 이사야가 죽고 나서 100여 년 동안 바벨론이 세계의 강자로 떠올랐다. 그 당시 국제 정세를 알고 있다면 이사야의 예언은 도저히 실현 가능성이 없는 시나리오였다.

그러나 이사야가 죽은 지 300여 년 후에 비로소 그 예언이 성취된다. 바벨론은 다니엘 시대에 패망의 길로 들어섰다. "그 날 밤에 갈대아 왕 벨사살이 죽임을 당하였고 메대 사람 다리오가 나라를 얻었는데 그 때에 다리오는 육십이 세였더라"(단 5:30-31). 바벨론은 결국 이사야가 예언한 대로 메대에 의해 멸망당했고, 그 터(바그다드 남쪽 50여 마일 지점)는 지금까지 사람이 살지 않는다. 이후 이 도시를 재건하려는 시도들이 있었지만(가장 최근에는 1983년부터 2003년까지 사담 후세인이 시도함), 오늘날에도 바벨론은 짓다 만 일부 건물들을 포함해서 대부분 폐허로 남아 있다. 이사야가 예언한 그대로 수백여 년 동안 그곳에는 도시가 서지 못했다.

또한 이사야서 여기저기에 나오는 여러 사건에 대한 예언은 이사야 사후에 정확히 그대로 성취되었다. 단지 이 예언들이 너무나 정확히 성취되었다는 이유로 많은 비평가가 이사야서 일부가 이사야 사후에 수백 년의 시차를 두고 여러 저자에 의해 쓰였다고 비판한다.

그러나 이사야 53장은 그러한 비평가들의 가설을 여지없이 무너

뜨린다. 현존하는 가장 오래된 이사야서 두루마리에는 역사상 가장 놀라운 사건(예수님의 십자가 죽음)이 완벽하게 예언되어 있는데, 이 두루마리는 **예수님이 돌아가시기 200여 년 전에 완성**된 것이기 때문이다. 우리가 이 책에서 살펴볼 말씀이 바로 그것이다. 믿지 않기로 철저하게 작정하지 않는 이상, 이사야 53장을 공부하면서 신약 성경의 복음을 떠올리지 않는 것은 불가능하다. 어떤 주석가는 이사야 53장에 대해서 이렇게 말했다. "이 말씀은 그리스도의 사역에 대해서 매우 잘 말해 준다. 그리스도의 이름을 추가했다고 하더라도 이미 밝힌 내용에서 더 크게 늘어나는 것이 없을 정도다."[6]

아마도 이사야 53장이 이사야서에서 가장 친근한 말씀이겠지만, 이사야서 전체가 기독교 신앙에서 매우 중요한 의미를 지닌다. 기독교 신앙의 핵심적인 교리들이 이사야서 말씀에서 잘 드러난다.

이사야서는 흔히 '제5의 복음서'로 불린다. 사실은 그 이상이다. 구속사적 진리의 총체가 세밀하게 망라되어 있다. 성경 전체의 축소판이라 할 만하다. 심지어 성경 전체의 구성과 이사야서의 구성 사이에도 흥미로운 병행 관계가 있다. 물론 히브리어 원본에는 장과 절의 구분이 없었다(이는 16세기에 성경이 최초로 대량 제작될 당시 일반 대중에게 쉽게 읽힐 수 있도록 첨가된 것이다). 그럼에도 장과 절의 구분은 말씀의 논리적 구성을 바탕으로 이루어졌다. 그리하여 때때로 장과 절의 구분을 통해 성경의 놀라운 대칭적 구조를 확인하는 경우도 있다.

이사야서는 크게 두 부분으로 나뉘는데, 앞부분은 39장, 뒷부분은 27장으로 구성된다. 성경 역시 크게 두 부분으로 나뉘는데, 39권의 구약 성경과 27권의 신약 성경으로 구성된다.

이사야서 뒷부분의 시작과 끝은 신약 성경의 시작과 끝과 정확히 일치한다. 이사야서는 세례 요한의 사역으로 시작하고(사 40:3-5), 신약 성경 역시 그러하다(마 3:3, 막 1:3, 눅 3:4-6, 요 1:23). 이사야서는 새 하늘과 새 땅으로 끝을 맺고(사 65:17, 66:22), 신약 성경 역시 마찬가지다(계 21-22장). 이사야서의 놀라우리만치 정확한 예언은 신약 성경의 전체 흐름을 미리 보여 주는데, 메시아가 탄생하기 수세기 전에 이를 미리 기록했다.

이사야서 뒷부분에는 '주의 종'이라 불리는 메시아에 관한 예언의 노래가 네 편 실려 있다. 첫 번째 노래는 42장 1-9절에 나온다. 메시아는 하나님께 선택받고, 성령님께 능력받을 것이다. 주의 종은 이 세상에 정의와 공의와 구원을 가져오고, 죄의 감옥에 갇힌 눈먼 죄수들을 구원할 것이다.

두 번째 종의 노래는 49장 1-13절에 등장한다. 그의 통치는 이방 나라에까지 미친다. 그는 자기의 말을 들으라고 명령한다. 그는 천사가 아니라 사람이다. 하나님께서는 그가 아직 어머니의 태에 있을 때 그를 부르셨다. 그는 이스라엘과 이방 모두에게 구원을 베풀고 영화로워질 것이다.

세 번째 노래는 50장 4-11절에 나오며, 종의 고난이 소개된다. 그는 고난을 통해 무죄를 입증할 것이다. 이 노래는 이전의 노래들보다 훨씬 더 놀랍고, 그에 대해서 자세하게 이야기한다.

네 번째이자 마지막 노래는 우리가 이 책에서 가장 관심을 가지고 살펴보려는 말씀이다. 이사야 52장 13절부터 53장 12절까지의 말씀이다. 여기에는 하나님 외에는 그 누구도 알 수 없는 종의 사명이 자세하고 정확하게 서술된다. 여기에서 비로소 이 종이 단순히 하나님의 선택과 성령님의 힘을 받은 자가 아니라는 사실이 분명하게 밝혀진다. 그는 메시아이며, 이 세상에 공의와 구원을 베풀 자다. 그는 죄를 대속하기 위해 속건제물로서 죽으실 것이다.

그가 고난을 다 받은 후에야 비로소 그의 영광이 온전히 드러날 것이다. 이 사실 하나만으로도 유대인에게는 놀랍기 그지없는 사실이다. 주의 기름부음 받은 자가 고난받는 종으로 먼저 오고, 나중에야 비로소 정복의 왕으로 나타나리라는 사실을 유대인들은 상상조차 할 수 없다.

더더욱 충격적인 사실은 주의 종이 자기의 잘못 때문이 아니라 다른 이들의 죄를 위하여 고난받으리라는 사실이다. 그는 마땅히 고난받아야 할 자들을 대신한 대속제물로서 죽으실 것이다. "그는 강포를 행하지 아니하였고 그의 입에 거짓이 없었으나 그의 무덤이 악인들과 함께 있었으며 그가 죽은 후에 부자와 함께 있었도다 여호와께서 그에게 상함을 받게 하시기를 원하사 질고를 당하게 하셨은즉 그의 영혼을 속건제물로 드리기에 이르면"(사 53:9-10). 그는 자기 백성의 죄를 대신 담당하셨다. "그가 상함은 우리의 죄악 때문이라"(5절).

이사야의 예언은 오늘날 여전히 예수 그리스도를 믿지 않고 회개하지 않는 자들에게는 믿기 어려운 말이다. 하지만 이사야의 메시지는 그런 자들의 구원을 위해 반드시 필요한 말씀이다. 나는 이 책을 통해서 최선을 다해 이사야 52장 13절에서 53장 12절의 말씀을 설명하려고 노력했다. 이 말씀을 함께 공부해 나가면서 이 본문의 역사적, 예언적 배경과 문맥을 볼 수 있기를 바란다. 또한 성경의 여러 말씀을 함께 살펴서 이전에 미처 깨닫지 못했던 놀라운 사실을 발견할 수 있기를 바란다. 그리하여 부활하신 예수님이 엠마오로 가는 제자들에게 설명하셨던 말씀 즉, 메시아가 자기 영광에 들어가기 전에 이러한 고난을 먼저 받아야 한다는 말씀의 핵심이 무엇인지를 추론할 수 있었으면 좋겠다.

THE GOSPEL ACCORDING TO GOD

PART 1

고난받는 종

CHAPTER 1
구약 성경에서 가장 놀라운 장

이 장은 성경의 가장 핵심 부분에 자리 잡고 있다. 말하자면 성경의 지성소라 할 수 있다. 우리가 서 있는 곳은 특별히 거룩한 땅이므로 우리의 신발을 벗어야 한다. 이사야 53장은 성경의 축소판이다. 여기에는 복음의 핵심이 농축되어 있다.

-찰스 스펄전[7]

구약 성경 전체 중에서 이사야 52장 13절부터 53장 12절까지의 말씀보다 더 중요한 구절은 없다. 이 말씀은 여호와의 직접적인 말씀으로 시작되고 끝난다. 하나님은 어떤 특정한 한 사람에 대해서 말씀하신다. "보라 내 종이"(52:13). "나의 의로운 종이"(53:11).

이 종은 이스라엘의 기름부음을 받은 자 즉, 메시아다. 몇 가지 이유를 통해 이를 알 수 있다. 먼저 이 말씀의 도입 부분은 이사야 42장 1절을 분명히 연상하게 한다. "내가 붙드는 나의 종, 내 마음에 기뻐하는 자 곧 내가 택한 사람을 보라 내가 나의 영을 그에게 주었은즉 **그가 이방에 정의를 베풀리라.**" 들어가며에서 이미 살펴보았듯이 이사야는 여호와의 종이라 불리는 한 사람에 대해서 네 편의 시를 기록하고 있다(사 42:1-9, 49:1-13, 50:4-11, 52:13-53:12). 이 본문들은 흔히 이사야서의 종의 노래라고 불리는데, 이 종은 온유한 성품을 지녔으며, 열방을 향한 사명을 품고 있다. 네 편의 시 모두 분명히 메시아에 관한 예언을 담고 있다.

이 말씀은 메시아 예언을 담은 또 다른 유명한 구절인 스가랴 3장 8절도 연상시킨다. "내가 **내 종** 싹을 나게 하리라." 이 종에 대해서 이사야는 이미 이러한 기록을 남겼다. "한 아들을 우리에게 주신 바 되었는데 (중략) 그 정사와 평강의 더함이 무궁하며 또 다윗의 왕좌와 그의 나라를 굳게 세우고 지금 이후 영원히 정의와 공의로 그것을 보존하실 것이라"(사 9:6-7).

따라서 이사야 52장 13절에 나오는 도입부는 이후에 이어지는 예언이 메시아 즉, 약속된 이스라엘의 구속자에 관한 것임을 분명히 말한다. "보라 내 종이 형통하리니 받들어 높이 들려서 지극히 존귀하게 되리라."

이 구절 전체의 초점은 여호와의 종에 맞추어져 있으며, 이는 어느 특정한 한 사람임을 분명하게 드러낸다. 이 말씀은 어느 나라, 부족, 집단 또는 억압받는 사람들에 관한 기록이 아니다. 단 한 사람, 여호와의 종이 받는 고난에 관한 기록이며, 53장 마지막 부분까지 이 사람에게 초점을 맞추고 있다.

들어가며에서 이야기한 대로, 현재 우리가 보는 성경에 있는 장과 절의 구분은 성경 원본에는 없다. 장과 절의 구분은 대체로 편리하고 유용하지만, 하나님의 감동하심으로 이루어진 것은 아니다. 지금 우리가 살펴보는 구절의 경우에는 장의 구분이 이상적으로 이루어지지 않았다. 이사야 52장 13절부터 예언의 주제가 확연하게 달라진다. 문맥과 내용으로 볼 때, 이사야 52장의 마지막 세 절은 이사야 53장으로 이어지며, 53장 전체 내용을 소개하는 역할을 한다. 따라서 이 책에서 특별한 언급이 없는 한, 이사야 53장을 말할 때는 이사야 52장의 마지막 세 절을 포함한 한 묶음으로 보아 주기 바란다.

이사야 52장 13절부터 53장 12절

이사야는 원래 이 부분을 시적으로 서술했다. 따라서 그에 맞게 형태를 구성했다.

    보라 내 종이 형통하리니
    받들어 높이 들려서
    지극히 존귀하게 되리라

전에는 그의 모양이 타인보다 상하였고

그의 모습이 사람들보다 상하였으므로

많은 사람이 그에 대하여 놀랐거니와

그가 나라들을 놀라게 할 것이며

왕들은 그로 말미암아 그들의 입을 봉하리니

이는 그들이 아직 그들에게 전파되지 아니한 것을 볼 것이요

아직 듣지 못한 것을 깨달을 것임이라

우리가 전한 것을 누가 믿었느냐

여호와의 팔이 누구에게 나타났느냐

그는 주 앞에서 자라나기를 연한 순 같고

마른 땅에서 나온 뿌리 같아서

고운 모양도 없고 풍채도 없은즉

우리가 보기에 흠모할 만한 아름다운 것이 없도다

그는 멸시를 받아 사람들에게 버림 받았으며

간고를 많이 겪었으며 질고를 아는 자라

마치 사람들이 그에게서 얼굴을 가리는 것 같이

멸시를 당하였고 우리도 그를 귀히 여기지 아니하였도다

그는 실로 우리의 질고를 지고

우리의 슬픔을 당하였거늘

우리는 생각하기를 그는 징벌을 받아

하나님께 맞으며 고난을 당한다 하였노라

그가 찔림은 우리의 허물 때문이요

그가 상함은 우리의 죄악 때문이라

그가 징계를 받으므로 우리는 평화를 누리고

그가 채찍에 맞으므로 우리는 나음을 받았도다

우리는 다 양 같아서 그릇 행하여 각기 제 길로 갔거늘

여호와께서는 우리 모두의 죄악을 그에게 담당시키셨도다

그가 곤욕을 당하여 괴로울 때에도

그의 입을 열지 아니하였음이여

마치 도수장으로 끌려 가는 어린 양과

털 깎는 자 앞에서 잠잠한 양 같이

그의 입을 열지 아니하였도다

그는 곤욕과 심문을 당하고 끌려갔으나

그 세대 중에 누가 생각하기를

그가 살아 있는 자들의 땅에서 끊어짐은

마땅히 형벌 받을 내 백성의 허물 때문이라 하였으리요

그는 강포를 행하지 아니하였고

그의 입에 거짓이 없었으나

그의 무덤이 악인들과 함께 있었으며

그가 죽은 후에 부자와 함께 있었도다

여호와께서 그에게 상함을 받게 하시기를 원하사

질고를 당하게 하셨은즉

그의 영혼을 속건제물로 드리기에 이르면

그가 씨를 보게 되며 그의 날은 길 것이요

또 그의 손으로 여호와께서 기뻐하시는 뜻을 성취하리로다

그가 자기 영혼의 수고한 것을 보고 만족하게 여길 것이라

나의 의로운 종이 자기 지식으로 많은 사람을 의롭게 하며

또 그들의 죄악을 친히 담당하리로다

그러므로 내가 그에게 존귀한 자와 함께 몫을 받게 하며

강한 자와 함께 탈취한 것을 나누게 하리니

이는 그가 자기 영혼을 버려 사망에 이르게 하며

범죄자 중 하나로 헤아림을 받았음이니라

그러나 그가 많은 사람의 죄를 담당하며

범죄자를 위하여 기도하였느니라

이사야서의 이 구절은 의심의 여지없이 700여 년 후에 이루어질 메시아의 사역, 죽음, 부활 및 대관식에 대해 간결하면서도 결정적으로 기록하고 있다. 이것은 하나님이 전하신 복음이다. 구약 성경에 나오는 메시아에 관한 모든 예언 중에 풍성함과 분명함에서 이 말씀을 따라올 구절은 없다. 이사야는 여기에서 특별히 메시아의 고난을 예언한다. 또한 메시아의 죽음이 하나님의 백성이 지은 죄를 구속하기 위한 희생의 죽음임을 생생하게 설명한다.

역사적 사료에서 확인되는 메시아의 죽음에 관한 주요 세부적 내용이 이 본문에 이미 생생하게 기록되어 있다. 예를 들어, 이사야는 여호와의 종이 겪을 참혹한 상처(52:14), 그가 입을 열지 않음(53:7), 그의 죽음(8-9절), 그의 무덤(9절)에 대해서 이야기하며, 결국 그가 고난을 통해 궁극적으로 승리할 것임을 노래한다(11절). 또한 이사야는 종의 부활도 암시한다. "그의 날은 길 것이요 또 그의 손으로 여호와께서 기뻐하시는 뜻을 성취하리로다"(10절).

이 말씀에는 대속적 희생(4-6, 10절), 메시아의 피 흘린 죽음을 통한 죄의 용서(5절), 자기 백성을 위해 목숨을 버리는 멸시받은 종의 죄 없음(9절), 죄인을 구속하시는 하나님의 주권적 역사(11절), 자기를 희생제물로 바치는 종의 중보 사역(12절) 등과 같은 교리적 주제 역시 많이 담겨 있다.

고난받는 이 종은 누구인가?

고대 유대 주석가들도 이사야 53장에 나오는 메시아의 중요성을 인식하고 인정했다. 고대 랍비들 중에는 메시아가 창백하고 병색이 완연하며 나환자일 것이라고 생각한 이들이 있었는데, 이는 이사야 53장 3절에 기록된 고난받는 종의 모습 때문이었다. "그는 멸시를 받아 사람들에게 버림 받았으며 (중략) 마치 사람들이 그에게서 얼굴을 가리는 것 같이 멸시를 당하였고." 탈무드는 랍비들의 가르침을 집

대성한 책으로서 수세기에 걸친 전통적인 가르침, 주석, 법적 견해, 철학, 윤리학, 기타 유대교 관습 등을 망라하고 있다. 기록 연대는 기원후 5세기까지 거슬러 올라가는 것으로 추정되며, 일부 구전되는 내용은 기원전 2-3세기의 것으로 생각된다.

탈무드에는 메시아와 그의 명칭에 대해 논의하는 부분이 있다. 저자가 질문을 던진다. "그의 이름은 무엇인가?" 누군가 창세기 49장 10절을 근거로 "실로"라고 대답한다("규가 유다를 떠나지 아니하며 통치자의 지팡이가 그 발 사이에서 떠나지 아니하기를 실로가 오시기까지 이르리니"). 그러나 저자는 이렇게 말한다. "우리 랍비들은 그의 이름이 '유대 왕 나환자 랍비'라고 본다. 왜냐하면 그에 대한 다음과 같은 기록 때문이다. '그는 실로 우리의 질고를 지고 우리의 슬픔을 당하였거늘 우리는 생각하기를 그는 징벌을 받아 하나님께 맞으며 고난을 당한다 하였노라.'"[8] 이 랍비들은 비록 주요한 세부 내용은 제대로 이해하지 못했을지라도, 이사야 53장이 메시아에 대한 이야기임은 분명하게 인식하고 있었던 것이다.

예를 들어, 속죄일 예식에서 쓰인 9세기 유대교 기도문에 나오는 이사야 53장의 내용은 다음과 같다.

> 우리의 의가 되신 메시아(또는 우리의 의로운 메시아)가 우리를 떠났다. 공포가 우리를 엄습했으며, 우리를 구원할 자는 아무도 없었다. 그는 우리 죄악과 허물의 멍에를 지셨고, 우리의 죄 때문에 상처를 입었다. 그는 우리 죄를 어깨에 짊어지심으로써 우리 죄

를 사하려 하신다. 영존하시는 이가 그(메시아)를 새로운 피조물로 창조하실 때가 되면, 우리는 그의 상처로 치유받을 것이다. 그를 지면에서 들어 올리시고, 그를 세일에서 일으키소서, 이눈의 손으로 우리를 다시 한 번 레바논 산으로 모으소서.⁹

16세기에 학식과 명망을 갖춘 한 랍비는 이사야 53장에 대한 유대교 문헌을 연구한 뒤, 철저한 유대교 관점에서 이렇게 말했다. "이 말씀은 문자적으로 이해하거나 배열하기가 어렵다." 그럼에도 그는 다음과 같이 말했다. "기존의 랍비들은 선지자가 말하는 대상이 왕으로 오시는 메시아라는 의견에 모두 동의했다." 그리고 전통적 견해를 지지하는 그 역시 이렇게 기술했다. "우리 역시 그러한 견해를 받아들여야 할 것이다." 하지만 이사야 53장 말씀이 예수님에 대한 것이라는 주장에 동의하지 않기 위해서 이렇게 덧붙였다. "그 메시아는 물론 다윗이다."¹⁰

구약 성경 시대에 살았던 사람들이 이 말씀을 해석하는 데 어느 정도 어려움을 겪었으리라는 것은 충분히 이해할 만하다. 메시아의 도래에 관한 구약 성경의 예언이 대부분 그러하듯, 이사야 53장 역시 예언이 성취되고 모든 의미가 밝혀지기까지 어느 정도 신비에 싸여 있었던 것은 사실이다. 사도 베드로는 이에 대해 다음과 같이 말한다. "이 구원에 대하여는 너희에게 임할 은혜를 예언하던 선지자들이 연구하고 부지런히 살펴서 자기 속에 계신 그리스도의 영이 그 받으실 고난과 후에 받으실 영광을 미리 증언하여 누구를 또는 어떠한 때를 지시하시는지 상고하니라"(벧전 1:10-11).

그러나 오해는 말라. 구약 성경에는 메시아가 의심의 여지없이 예수님이심을 가리키는 예언이 가득하다. 예수님은 신약 성경에서 말하는 복음의 중심 주제일 뿐 아니라(행 5:42, 8:12, 9:27, 11:20, 17:18, 롬 16:25, 딛 2:8), 구약 성경 예언의 중심 주제다. 빌립이 예수님의 제자로 부르심을 받은 후에 빌립은 나다나엘을 찾아가 이렇게 말한다. "모세가 율법에 기록하였고 여러 선지자가 기록한 그이를 우리가 만났으니 요셉의 아들 나사렛 예수니라"(요 1:45). 진실로 "예수의 증언은 예언의 영"(계 19:10)이다.

요한복음 5장 39절에서 예수님은 유대 지도자들에게 이렇게 말씀하신다. "너희가 성경에서 영생을 얻는 줄 생각하고 성경을 연구하거니와 이 성경이 곧 내게 대하여 증언하는 것이니라." 그리고 나중에 다음과 같이 덧붙이셨다. "모세를 믿었더라면 또 나를 믿었으리니 이는 그가 내게 대하여 기록하였음이라"(46절). 마태복음 5장 17절에서는 산 위에서 설교를 듣던 자들에게 이렇게 말씀하셨다. "내가 율법이나 선지자를 폐하러 온 줄로 생각하지 말라 폐하러 온 것이 아니요 완전하게 하려 함이라." 예수님은 이 땅에서 사역하는 동안 이 말씀을 줄기차게 반복하셨다(마 26:24, 31, 54, 56, 막 9:12, 14:26-27, 눅 4:16-21, 18:31, 22:37, 요 13:18, 15:25, 17:12, 19:28).

구약 성경에서 예표된 메시아

구약 성경은 메시아에 대한 말씀으로 가득 차 있다. 그래서 제자들이 예수님의 죽음에 대해 의아해하고 예수님의 부활을 전혀 기대하지 못했을 때, 예수님은 성경에 대한 그들의 무지를 나무라셨다. 부활하신 예수님이 엠마오로 가는 제자들을 만나 한 말을 기억하기 바란다. "이르시되 미련하고 선지자들이 말한 모든 것을 마음에 더디 믿는 자들이여 그리스도가 이런 고난을 받고 자기의 영광에 들어가야 할 것이 아니냐 하시고 이에 모세와 모든 선지자의 글로 시작하여 모든 성경에 쓴 바 자기에 관한 것을 자세히 설명하시니라"(눅 24:25-27). 바로 그날 저녁 주님은 다락방에 모인 열한 제자에게도 나타나 이에 대해서 말씀하셨다.

> 또 이르시되 내가 너희와 함께 있을 때에 너희에게 말한 바 곧 모세의 율법과 선지자의 글과 시편에 나를 가리켜 기록된 모든 것이 이루어져야 하리라 한 말이 이것이라 하시고 이에 그들의 마음을 열어 성경을 깨닫게 하시고 또 이르시되 이같이 그리스도가 고난을 받고 제삼일에 죽은 자 가운데서 살아날 것과 또 그의 이름으로 죄 사함을 받게 하는 회개가 예루살렘에서 시작하여 모든 족속에게 전파될 것이 기록되었으니 (눅 24:44-47)

들어가며에서 기술한 것처럼, 성경에는 주님이 엠마오로 가는 제자들을 만나셨을 때 구체적으로 무슨 말씀을 하셨는지는 나오지 않는다. 하지만 메시아에 대한 직접적이고 분명한 예언과 그를 예표하는 많은 상징에 관한 말씀이었음에는 의심의 여지가 없다. 메시아를 예표하는 상징을 살펴보자. 노아의 방주가 그러하다. 메시아는 참된 방주이며 죄인은 그 안에 들어감으로써 하나님의 심판을 면할 수 있다(벧전 3:20-21 참조). 아브라함이 아들 이삭을 대신해서 바친 숫양(창 22:13)과 유월절 양 역시 하나님의 어린 양이자, 최후의 제물인 예수님을 가리킨다(출 12, 민 9:12; 고전 5:7, 요 1:29 참조). 광야의 만나(출 16)는 하늘에서 내려온 참된 떡인 예수님을 예표한다(요 6:32-35). 들려 올린 놋뱀(민 21:4-9; 요 3:14 참조)은 예수님의 십자가 죽음을 상징한다. 레위기의 5대 제사(번제, 소제, 화목제, 속죄제, 속건제)는 예수 그리스도 안에서 성취되었다. 속죄제 역시 그를 예표하는데, 그는 제단 위의 희생제물이자 죄를 짊어지는 아사셀(희생양)이다(레 16:7-10). 광야에서 물이 터져 나온 바위(출 17:5-6, 민 20:8-11)는 자기 백성의 영적인 필요를 채워 주는 메시아를 예표한다(고전 10:4). 큰 물고기의 뱃속에서 사흘 밤낮을 지낸 요나가 다시 살아나온 사건은 장차 예수님이 죽은 자 가운데서 부활하심을 예표한다(마 12:39-41).

예수님은 버려진 모퉁이의 머릿돌이다(시 118:22; 마 21:42, 행 4:11, 엡 2:20 참조). 예수님은 상인들에게 잡혀 죽을 양 떼의 목자다(슥 11:7). 예수님은 손대지 아니한 돌이며(단 2:34-35, 44-45), 다시 와서 적그리스도의 제국을 멸하실 것이다. 예수님은 다윗 가문의 가지이며, 이새의 줄기에서 난 싹이다(사 11:1-5, 렘 23:5, 33:15, 겔 17:22-23, 슥 3:8, 6:12).

시편 72편은 그리스도가 다스리실 천년 왕국을 묘사한다(특히 7절과 17절). 일부 메시아에 대한 예언에서 예수님은 '다윗'으로 불린다. 그는 다윗의 자손 중에서 가장 큰 자이며, 사무엘하 7장에서 하나님이 다윗에게 하신 약속의 궁극적인 성취이고, 다윗 왕가의 정점이다(렘 30:9, 겔 34:23-24, 37:24-25, 호 3:5). 메시아를 '다윗'으로 지칭하는 예언은 모두 다윗의 사후에 이루어졌으며, 따라서 장래에 나타날 사람을 가리키는 것이 분명하다. 그는 다윗의 왕위가 지니는 의미를 실현할 분이다.

구약 성경에는 우리 주님이 오심을 직접적으로 예언하는 말씀 또한 많다. 창세기 3장 15절에 기록된 원 복음("최초의 복음")에는 그가 여인의 후손(갈 4:4 참조)으로서 사탄을 멸하리라고 예언되어 있다(요일 3:8). 그는 모세가 기록한 위대한 선지자다(신 18:15-22; 민 24:17-19, 행 3:22-23 참조). 다니엘 7장 13-14절에는 그가 영광스러운 인자로 기술된다(복음서에서 예수님은 자기를 80번 이상 인자라고 지칭하심). 예수님은 하늘의 구름을 타고 다시 오실 메시아다(마 24:30, 막 14:62, 계 1:7). 메시아에 대한 구약 성경의 예언대로 예수님은 아브라함의 자손이며(창 12:1-3; 갈 3:16 참조), 유다 지파이고(창 49:10; 계 5:5 참조), 다윗의 후손이다(삼하 7:12-16, 대하 17:11-13; 마 1:1 참조).

이사야 7장 14절에는 메시아가 처녀에게서 잉태될 것이라고 예언한다. 미가 5장 2절에는 그가 베들레헴에서 나온다고 하였다(마 2:6 참조). 예레미야 31장 15절에는 헤롯이 베들레헴과 그 인근의 남자아이들을 학살한 사건으로 말미암은 통곡 소리가 예표되어 있다

(마 2:16-18). 이사야 40장 3-4절, 그리고 말라기 3장 1절, 4장 5-6절에는 예수님에 앞서 세례 요한이 올 것임이 예언되어 있다(마 3:1-3, 11:10, 14, 17:12-13, 눅 1:17, 요 1:23 참조). 시편 69편 8절에는 그가 자기 형제에게 배척당할 것임이 예언되어 있다(마 12:46-50, 요 7:3-5 참조).

구약 성경에는 이스라엘의 메시아를 암시적으로 가리키는 단서가 가득하다. 메시아는 성육신의 하나님(시 45:6-7; 히 1:8-9 참조), 권능의 왕 그리고 영원한 대제사장(시 110:1-7; 마 22:43-44, 행 2:33-34, 히 1:13, 5:6-10, 6:20)으로 묘사된다. 또한 생생한 표현 속에 메시아에 대한 암시가 담겨 있다. 그는 까닭 없이 미움받을 것이며(시 69:4), 하나님께 저주를 받아 나무에 달렸다가 해가 지기 전에 장사지내질 것이다(신 21:22-23).

일흔 이레에 관한 다니엘의 예언은(단 9:24-27) 예수님이 예루살렘에 입성하시는 날짜를 정확하게 예측했다.[11] 스가랴 9장 9절에는 예수님이 예루살렘에 입성하실 때 나귀 새끼를 탈 것임이 묘사되어 있다(마 21:4-5 참조).

구약 성경에는 예수님의 십자가 죽음과 관련된 특정 사건들에 대한 크고 작은 사실들이 예언되어 있다. 유다의 배반이 예언되었고(시 41:9, 55:12-14), 배반의 대가로 받을 돈의 액수와 그것으로 무엇을 할지가 예언되었다(슥 11:12-13). 예수님이 배반당하고 체포되신 후, 그의 제자들이 흩어질 것이다(슥 13:7; 마 26:31, 56 참조). 예수님이 대제사장의 뜰에서(마 26:67-68) 성전 경비병들과(막 14:65) 로마 군인들에게 (마 27:27-30) 맞으실 것이다(미 5:1). 그는 십자가에서 하나님께 부르짖을 것이다(시 22편). 로마 군인들은 그의 옷을 제비뽑기할 것이다(시 22:18). 그는 신 포도주를 마실 것이다(시 69:21). 그의 다리는 꺾이지 아니할 것이다(출 12:46, 민 9:12, 시 34:20; 요 19:31-33, 36 참조). 로마 군인의 창에 옆구리를 찔릴 것이다(슥 12:10). 시편 2편 7절과 16편 8-10절에는 그의 부활이 예언되었다(행 13:34-37 참조). 시편 109편 8절에는 유다를 대신해서 맛디아가 사도의 일원으로 뽑힐 것이 예언되었다(행 1:20 참조). 시편 68편 18절에는 그리스도의 승천이 언급된다(엡 4:8 참조).

구약 성경에서 메시아로 오시는 주 예수 그리스도에 대해서 가장 풍성하고 분명하게 기록된 예언은 이사야서다. 이사야는 그리스도가 사람의 몸을 입고 오시는 하나님의 아들 임마누엘임을 밝힌다(사 7:14, 8:8). 예수님은 기묘자, 모사, 전능하신 하나님, 영존하시는 아버지, 평강의 왕이다(9:6). 그는 싹(가지)이며(4:2, 11:1), 주의 종이다(42:1, 49:5-7, 52:13, 53:11).

이사야는 그가 처녀에게서 날 것임을 예언했고(7:14), 그는 그렇게 태어났다(마 1:20-23). 처녀에게서 날 아이는 나라들을 다스릴 것이며(사 9:6), 예수님은 장차 그렇게 하실 것이다(계 11:15, 19:11-21). 성령님이 그의 위에 강림하실 것이며(사 11:2), 실제로 그렇게 되었다(마 3:16; 사 61:1-2, 눅 4:18-19 참조). 이사야는 그가 이스라엘에서 배척당할 것임을 밝혔다(사 8:14-15; 28:16 참조). "자기 땅에 오매 자기 백성이 영접하지 아니하였으나"(요 1:11; 막 12:10, 행 4:11, 롬 9:32-33 참조).

이사야 9장 1-2절에는 예수님의 갈릴리 사역이 예언되어 있다(마

4:14-16 참조). 예수께서 맹인과 못 듣는 자를 고치심에 대한 예언으로 (마 11:5) 이사야 29장 18절을 인용하셨다(35:5-6, 42:6-7 참조). 이사야 42장 1-4절에는 메시아의 성품이 묘사되어 있다. 그는 유순하고 온유하며, 세상에 정의를 세우실 것이다(마 12:18-21). 이사야 50장 6-7절에는 아버지의 뜻에 대한 그의 완벽한 순종이 기술되어 있다. 원수의 손에 무참히 고초를 당하여도 그는 십자가를 지기까지 순종하셨다. 죽음과 부활을 통해 예수님은 자기 백성의 구원에 대한 새 언약의 약속을 성취하신다(55:3; 61:1-2[예수님이 눅 4:18-19에서 인용하심], 고후 3:6-18, 히 8-10장 참조).

주의 종은 하나님의 구원 계획을 위한 기초 돌의 역할을 할 것이다(사 28:16). 그는 죄인들을 영적 눈멂과 속박에서 해방시킬 것이다(9:2, 42:7). 또한 그는 유대인과 로마 관원에게 고난을 받을 것이다(50:6).

이 모든 이사야서의 놀라운 예언 가운데 53장의 예언이 단연 가장 돋보이며, 죄를 속하기 위한 그리스도의 희생이 가장 잘 기술되어 있다. 어떤 주석가는 이 장을 구약 성경 전체에서 가장 중요한 말씀으로 본다. 유구한 교회 역사 속에서 이사야 53장은 그러한 평가를 받아 왔다. 사도 요한의 제자이자 서머나교회의 감독인 폴리캅은 이사야 53장을 '구약 성경의 황금 수난기'라고 불렀다. 초기 기독교 교부인 아우구스티누스는 이사야서 전체를 '제 5의 복음'이라고 칭했는데, 그중에서 특히 53장이 핵심이다. 이사야 53장에 대한 칼빈의 설교 모음집은 《이사야가 전한 복음》이라는 제목으로 나왔다.[12] 마르틴 루터는 기독교인이라면 누구나 이사야 52장 13절부터 53장 12

절을 암기해야 한다고 말했다. 19세기의 저명한 구약 주석가 프란츠 델리치는 다음과 같이 말했다. "이 말씀은 얼마나 많은 이스라엘 사람의 굳은 마음을 녹여 냈을까! 마치 골고다 언덕의 십자가 아래서 기록된 것만 같다. (중략) 이는 구약 성경 전체 중에서 가장 중심적이며 깊고 고귀한 말씀이다."[13]

이사야 53장은 구약 성경에 속하지만, 기독교 교리의 가장 핵심적인 내용에 관한 진리를 담고 있다. 여기에서 사용되는 용어는 기독교 용어로 자리 잡았고, 구약 성경 중에서 구원의 복음을 전하는 설교나 찬송의 구절로 가장 널리 애용되었다. 이사야 53장은 '구약 성경의 에베레스트 산'이라 불리기도 한다. 메시아 예언의 정수이고, 이사야서의 절정이며, 모든 선지서의 보석이다. 진정 히브리어 성경의 심장이다.

빌립이 만났던 에티오피아 관리인 내시가 가자 사막에서 읽고 있던 말씀이 바로 이사야 53장이었다. 그는 이 구절을 큰 소리로 읽고 있었다. "그가 도살자에게로 가는 양과 같이 끌려갔고"(행 8:32). 내시는 이 말씀의 핵심을 제대로 짚어서 빌립에게 묻는다. "선지자가 이 말한 것이 누구를 가리킴이냐 자기를 가리킴이냐 타인을 가리킴이냐"(34절). 이 질문 속에 말씀을 풀어내는 열쇠가 들어 있다.

"빌립이 입을 열어 **이 글**[이사야 53장]**에서 시작하여 예수를 가르쳐** 복음을 전하니"(행 8:35). 이것이 바로 하나님이 전한 복음이다!

이사야 53장은 언제나 성도들의 호기심을 자극했다. 구약을 믿고 이해하려 애쓴 사람들은 이 말씀이 매우 중요한 예언임을 알았다. 여기에는 구약 성경 구원론의 풀리지 않은 질문에 대한 대답의 힌트가 들어 있었다. 온전하고 최종적인 구속을 이루는 데 있어 어떤 희생제물이라야 충분할 수 있는가? 어떻게 거룩하고 공의로운 하나님이 자기의 완벽한 의를 침해하지 않으면서 죄인을 구속하실 수 있는가?

집요하리만치 완고한 인류의 죄성과 도저히 감당할 수 없는 구속의 대가가 구약 성경의 희생 제도를 떠받치는 진리의 근간이다. 그것은 너무나 분명한(눈곱만큼의 상식만 있어도 알 수 있는) 사실이다. "이는 황소와 염소의 피가 능히 죄를 없이 하지 못함이라"(히 10:4). 결국 "제사장마다 매일 서서 섬기며 자주 같은 제사를 드리되 이 제사는 언제나 죄를 없게 하지 못하거니와"(히 10:11). 제사가 끊임없이(수세기에 걸쳐) 반복되어야 한다는 사실을 통해 속죄의 역사가 완성되지 않았음을 분명히 알 수 있다. 짐승의 피를 흘려야만 했으며, 이를 통해 속죄의 진정한 대가는 인간이 도저히 감당할 수 있는 것이 아님이 확실히 드러났다.

언뜻 보면 이사야 53장에는 죄의 딜레마에 대한 확실한 해답이 들어 있다고 보지 않을 수도 있다. 표면적으로는 분위기가 암울하다. "그는 멸시를 받아 사람들에게 버림 받았으며 간고를 많이 겪었으며 질고를 아는 자라 마치 사람들이 그에게서 얼굴을 가리는 것 같이 멸시를 당하였고 우리도 그를 귀히 여기지 아니하였도다"(3절). 이것은 이스라엘 사람들이 고대하던 메시아의 모습이 아니다. 그들은 적을 물리치고 자기 백성을 구원할 정복의 왕을 기대했다. "이것으로 뭇 나라에 보수하며 민족들을 벌하며 그들의 왕들은 사슬로, 그들의 귀인은 철고랑으로 결박하고 기록한 판결대로 그들에게 시행할지로다"(시 149:7-9). 그러나 이사야 53장의 종은 겸손하고 순한 양 같으며, 고난받고 죽임을 당하게 될 것이었다. "그는 곤욕과 심문을 당하고 끌려갔으나 (중략) 그가 살아 있는 자들의 땅에서 끊어짐은"(8절).

그럼에도 이 예언의 글에는 이미 죄의 무게에 짓눌려 있는 이들을 위한 희망의 빛줄기가 담겨 있다. 그들을 대신해서 고난받을 자에 대해 분명하게 서술한다. "그가 찔림은 우리의 허물 때문이요 그가 상함은 우리의 죄악 때문이라 그가 징계를 받으므로 우리는 평화를 누리고"(5절), "그의 영혼을 속건제물로 드리기에 이르면"(10절), 절정인 11절에 이른다. "그가 자기 영혼의 수고한 것을 보고 만족하게 여길 것이라 나의 의로운 종이 자기 지식으로 많은 사람을 의롭게 하며 또 그들의 죄악을 친히 담당하리로다"(11절).

신약 성경에 기록된 그리스도의 삶, 죽음, 부활, 대제사장으로서의 중보를 아는 사람이라면, 이사야 53장의 중요성을 쉽게 이해할 수 있다. 이는 예언의 형태로 표현된 완성된 복음이며, 자기 백성의 죄를 영원히 없애기 위해 메시아가 하실 일을 명확하게 예언하고 있다. 히브리어로 쓰인 구약 성경에 기록된 하나님이 전한 복음이다.

53장 뒤에 이어지는 말씀을 통해 이 놀라운 예언의 세부적 내용에 더 깊이 들어가게 된다. 이 말씀을 공부함으로써 신앙이 더욱 견고해지고, 그리스도를 향한 사랑이 뜨거워지며, 예수 그리스도가 자기 백성을 위해 죽음으로써 이루신 것을 더욱 깊이 이해하게 될 것이다.

CHAPTER 2

선지자가 이야기한 사람은 누구인가?

편견에 사로잡혀 눈이 멀었거나 인간 지성의 오만에 완전히 취해 버린 자가 아니라면, 이 말씀에서 가리키는 사람이 "우리가 범죄한 것 때문에 내줌이 되고 또한 우리를 의롭다 하시기 위하여 살아나신" 그분이라는 사실을 의심할 자는 아무도 없다. 선지자는 논란의 여지가 있는 것을 말하는 것이 아니라, 강력한 확신 가운데서 메시아가 고난당해야 하는 이유를 선언한다. "그는 실로 우리의 질고를 지고." 진실로 그러하다. "그리스도께서도 단번에 죄를 위하여 죽으사 의인으로서 불의한 자를 대신하셨으니 이는 우리를 하나님 앞으로 인도하려 하심이라."

— 찰스 시미언 (케임브리지 트리니티교회 목사)[14]

신약 성경에 나오는 예수님의 십자가 죽음을 대충이라도 아는 사람이라면, 구약 성경의 이사야 53장이 지니는 중요성을 금방 알아차릴 것이다. 여기에는 로마 군병의 참혹한 채찍질과 십자가 죽음의 끔찍한 모습이 생생하게 묘사되어 있다. "그의 모양이 타인보다 상하였고 그의 모습이 사람들보다 상하였으므로"(사 52:14). 아무런 죄 없이 참혹한 죽음을 맞이하는 예수님의 태도도 정확하게 기술되어 있다. "그가 곤욕을 당하여 괴로울 때에도 그의 입을 열지 아니하였음이여 마치 도수장으로 끌려 가는 어린 양과 털 깎는 자 앞에서 잠잠한 양 같이 그의 입을 열지 아니하였도다"(53:7). 그가 우리의 허물과 죄악 때문에 징계를 받는 대신 우리는 평화를 누린다(5절). 고난당하는 종은 죽음으로써 "그의 영혼을 속건제물로" 드리신다(10절). 또한 믿음으로 의롭다 하심을 얻는다는 칭의에 대한 교리가 선포된다. "나의 의로운 종이 자기 지식으로 많은 사람을 의롭게 하며 또 그들의 죄악을 친히 담당하리로다"(11절). 이 말씀은 하나님의 신실한 종이 기도하는 사실을 기록함으로써 마무리된다. "그가 많은 사람의 죄를 담당하며 범죄자를 위하여 기도하였느니라"(12절).

인간의 직관이나 우연이라는 말로는 이사야 53장에 기술된 예언의 정확성을 설명할 수 없다. 이 또한 하나님이 성경의 저자라는 사실을 지지하는 유력한 증거다(딤후 3:16). 하나님 외에는 그분의 구원 역사를 그토록 완벽하고 세밀하게 서술할 수 없다. 하나님의 어린 양이 어떠한 모습으로 세상의 죄를 지고 갈 것인지를 예수님이 오시기 수백 년 전에 누가 상상이나 할 수 있겠는가? 이사야 예언의 모든 세밀한 내용이 예수님의 삶, 죽음, 무덤, 부활, 승천, 중보, 대관식을 통해 정확하게 그대로 성취되었다. "그의 무덤이 악인들과 함께 있었으며 그가 죽은 후에 부자와 함께 있었도다"(사 53:9). 그리고 **그 이후에** "그가 씨를 보게 되며 그의 날은 길 것이요 또 그의 손으로 여호와께서 기뻐하시는 뜻을 성취하리로다"(10절).

복음서의 내용을 조금이라도 아는 사람이라면 이사야가 가리키는 사람이 누구인지 의문을 품지 않을 것이다. 이사야가 이야기하는 대상이 예수님임을 부정하는 것은 성경과 역사의 증언을 부정하는 것과 같다. 왜냐하면 예수님만이 선지자의 모든 예언을 성취하셨기 때문이다. 요한계시록 19장 10절에는 다음과 같은 기록이 나온다. "예수의 증언은 예언의 영이라." 예수님은 구약 성경에 나오는 모든 상징과 예언의 중심인물이다. 그 어떤 말씀보다 이사야 53장에서 그 사실을 확실하게 확인할 수 있다.

먼저 예수님 자신이 누가복음 22장에서 이사야 53장 12절을 인용하여 제자들에게 말씀하셨다. "내가 너희에게 말하노니 기록된 바 **그는 불법자의 동류로 여김을 받았다 한 말이** 내게 이루어져야 하리니 내게 관한 일이 이루어져 감이니라"(37절). 신약 성경의 저자들은 이사야 52장 13절에서 53장 12절의 말씀을 여섯 번 인용한다.

- 로마서 15장 21절에는 이사야 52장 15절이 인용되었다.
- 요한복음 12장 38절과 로마서 10장 16절에는 이사야 53장 1절이 인용되었다.

- 마태복음 8장 17절에는 이사야 53장 4절이 인용되었다.
- 사도행전 8장 32-33절에는 이사야 53장 7-8절이 인용되었다.
- 베드로전서 2장 22절에는 이사야 53장 9절이 인용되었다.

우리가 살펴보는 이사야 52장 13절에서 53장 12절까지는 총 15개의 절이 있다. 신약 성경은 이 중에서 7개의 절을 직접 인용한다. 거의 절반이다. 성경을 주의 깊게 공부하는 사람이라면 이외에도 신약 성경에서 이사야 53장에 나오는 단어나 개념과 연관된 구절을 50여 개 이상 찾을 수 있을 것이다.

신약 성경의 저자들이 이 말씀을 그렇게 자주 인용하는 것도 무리가 아니다. 이 말씀만큼 분명하고 정확하게 그리스도의 십자가 죽음에 대해 기술하는 말씀은 없다. 이 말씀에는 그리스도의 죽음뿐 아니라, 어떻게 그의 죽음으로 그의 백성이 구속되는지 자세히 설명되어 있다. 이사야는 복음의 핵심을 우리에게 알려 준다. 복음의 모든 핵심적 교리의 근간이 되는 역사적 사실, 진리, 신앙 고백 등이 이사야 53장에 뿌리를 두고 있다. 이 말씀을 제쳐 두고 복음을 제대로 연구할 수는 없다.

지금 읽고 있는 내용이 무슨 뜻인지 알겠는가?

이사야 53장에는 복음의 진리가 워낙 많이 담겨 있기 때문에, 처음 읽는 사람도 마치 신약 성경을 읽고 있는 듯한 착각에 빠질 수 있다. 그런데 유대인은 유대교 회당에서 매주 읽어 주는 구절만 듣기 때문에 이사야 53장을 전혀 알지 못한다. 이 구절은 성경 읽어 주기 목록에서 빠져 있기 때문이다.

전 세계 유대교 회당에서는 안식일마다 성경에서 두 부분을 골라 큰 소리로 읽어 준다. 하나는 모세오경(토라)에서, 다른 하나(하프타라)는 선지서에서 고른다. 매년 모든 회당에서 똑같은 목록에 따라 진행된다. 모세오경의 경우 1년 동안 성경 순서대로 모든 구절을 읽는다. 그러나 하프타라의 경우는 말씀이 선별된다. 그중의 하나가 이사야 51장 12절에서 52장 12절까지 말씀이다. 그 다음 목록은 이사야 54장 1-10절로 이어진다. 결국 이사야 52장 13절에서 53장 12절 말씀은 유대교 회당에서 결코 읽히지 않는 것이다.

그 결과, 많은 유대교인이 이사야 53장을 알지 못한다. 2015년 중반, 이스라엘에 위치한 메다브립으로 알려진 유대인 기독교인 커뮤니티가 "타나크(히브리어 성경)에서 금지된 장"이라는 제목의 비디오를 인터넷에 올렸다. 많은 이스라엘 사람이 히브리어 원어로 이사야 53장을 읽는 모습이 담겨 있었다. 그들은 모두 난생처음 이 말씀을 읽었다. 그들의 얼굴에는 놀라는 기색이 역력했다. 놀라움은 곧 심각한 표정으로 바뀌었다. 진행자는 참가자들에게 이 말씀의 의미를 설명해 보라고 했다. 모두들 이 예언이 신약 성경에 기록된 예수님과 연관이 깊어 보인다고 대답했다.

기독교인이라면 이사야 53장을 좀 더 세심하게 살펴볼 수 있을 것이다. 이 예언의 말씀에는 무한한 성경의 진리가 담겨 있다. 연구하면 연구할수록, 그 어떤 설교가나 주석가도 그 깊은 진리를 다 끄집어 낼 수 없음을 고백하게 된다. 나는 청년 때 이 말씀을 읽고 깊은 감명을 받았으며, 다시 읽을 때마다 풍성한 진리의 은혜가 새롭게 다가온다.

선지자의 관점

해당 말씀에 담긴 단어와 구절을 주의 깊게 연구하기에 앞서, 이사야가 이 말씀을 서술하는 독특한 관점을 먼저 정확하게 이해하는 것이 중요하다. 이사야는 그리스도의 죽으심에 대한 이유에 대해 깊은 통찰력을 가지고서 십자가를 지실 그리스도를 예언했다. 예수님께서 십자가에서 죽으셨다는 역사적 사실을 제외하고 모든 신약 성경의 기록이 유실된다고 해도, 죄인들은 이사야 53장에 기록된 속죄의 설명을 통해 구원에 이를 수 있을 것이다. 이사야는 그 어떤 선지자보다도 구세주의 구속 사역을 깊이 이해하고 설명했다.

그럼에도 여전히 많은 주석가나 성경을 공부하는 이들이 이사야 예언에서 중요한 특징을 종종 간과한다. 다음의 사실을 유의하라. **선지자 이사야는 지금보다 훨씬 더 미래의 관점에서 뒤돌아보면서 고난받는 종의 희생에 대해 설명하고 있다.** 그는 인류 역사의 종말에 매우 근접한 시점에서 예수님의 십자가를 바라보고 있다. 이사야는 유대인이 단체로 보일 반응을 예언한다. 그들은 마침내 자기들이 배척한 예수님이 약속된 메시아임을 보고, 이해하며, 믿게 될 것이다.

성경은 유대인들이 언젠가 일제히 예수 그리스도께 돌아올 것이라고 분명히 말한다. "이방인의 충만한 수가 들어오기까지 이스라엘의 더러는 우둔하게 된 것이라 그리하여 온 이스라엘이 구원을 받으리라 기록된 바 구원자가 시온에서 오사 야곱에게서 경건하지 않은 것을 돌이키시겠고"(롬 11:25-26).

이 사건은 그리스도의 재림과 연관하여 일어날 것이다. "그들이 그 찌른 바 그를 바라보고 그를 위하여 애통하기를 독자를 위하여 애통하듯 하며 그를 위하여 통곡하기를 장자를 위하여 통곡하듯 하리로다"(슥 12:10). 그 결과 "그 날에 죄와 더러움을 씻는 샘이 다윗의 족속과 예루살렘 주민을 위하여 열리리라"(슥 13:1). **그 후에** 이스라엘 자손이 돌아와서 그들의 하나님 여호와와 그들의 왕 다윗을 찾고 마지막 날에는 여호와를 경외하므로 여호와와 그의 은총으로 나아가리라"(호 3:5).

이사야는 예수님이 십자가에서 죽으신 지 수천 년 후, 인류 역사가 끝날 무렵, 바로 그날에 서 있다. 따라서 그는 그리스도의 십자가 죽음을 과거의 사건으로 이야기한다. 이사야 53장 1절부터 10절 초반까지 나오는 모든 동사가 과거 시제로 쓰인 것도 바로 그런 까닭에서다.

이 말씀은 십자가의 죽음뿐 아니라, 미래에 이스라엘이 흘릴 회개의 눈물에 대해서도 말하고 있음을 이해해야 한다. 유대인들은 그토록 오랜 시간 배척했던 메시아를 되돌아보며, 마침내 그를 주, 왕으로 받아들일 것이다. 이사야 53장은 그때 이스라엘의 남은 자 중에서 믿는 자들이 고백하게 될 놀라운 신앙 고백을 선포한다. 선지자 에스겔은 주님의 선포를 기록했다. "너희 가운데에서 반역하는 자와 내게 범죄하는 자를 모두 제하여 버릴지라"(겔 20:38). 그날에 죄악이 제하여진 후, 살아남은 유대인은 모두 예수님을 진정한 메시아로 받아들일 것이다.

세상 모든 사람도 이를 목격하게 될 것이다. "왕들은 그로 말미암아 그들의 입을 봉하리니 이는 그들이 아직 그들에게 전파되지 아니한 것을 볼 것이요 아직 듣지 못한 것을 깨달을 것임이라"(사 52:15). 그를 배척했던 많은 이방 왕과 나라들은 계속해서 반항할 것이며, 주님은 그들의 불신을 두고 그들과 다투실 것이다. "그의 입에서 예리한 검이 나오니 그것으로 만국을 치겠고 친히 그들을 철장으로 다스리며 또 친히 하나님 곧 전능하신 이의 맹렬한 진노의 포도주 틀을 밟겠고"(계 19:15).

물론 이사야는 자기 백성 유대인의 반응에 대해서 기술한다. 마침내 예수님을 메시아로 깨달은 그들은 가슴을 치며 후회하게 될 것이다. 따라서 이사야 53장은 구슬픈 노래 즉, 애가다. 그러나 이 애처로운 노래는 인류 역사상 가장 위대하고 놀라운 승리의 신앙 고백이 된다.

이는 아직 오지 않은 미래의 결정적 순간에 이루어질 구속 역사의 마지막 이야기다. 그리스도에게 일제히 돌아오게 될 유일한 민족은 이스라엘이 될 것이다. 그들이 돌아올 때, 이사야 53장은 그들의 신앙 고백이 될 것이다.

구원의 삼중 약속

　이사야 53장이 쓰인 배경을 고려할 때, 이러한 관점은 매우 중요하다. 이사야 선지자는 이사야 40장부터 마지막 장까지 하나님의 구속 역사가 확장되어 펼쳐지는 모습을 보여 주고 있다. 이 부분은 이사야 예언 중에서 복음이 담긴 장들이다(구조와 메시지 면에서 신약 성경과 병행하는 모습을 보인다). 이 27개의 장은 구원이라는 하나의 주제로 묶여 있으며, 기원전 6세기 유대인의 바벨론으로부터의 구원에서 천년 왕국에서의 그리스도의 통치, 그리고 새 하늘과 새 땅(사 65:17)에 이르기까지 하나님의 많은 약속으로 이루어져 있다. 이사야는 미래의 시점에서 과거를 돌아보고 있기 때문에, 이사야의 예언적 관점은 인류 역사의 종말에서 이사야 시대로 이어진다고 볼 수 있다.

　이사야서의 문학적 구조에 대해 주목해야 할 점이 또 있다. 이사야서의 복음서 부분(사 40-66장)은 확장된 삼중 구조로 되어 있다. 이 부분에서의 이사야 예언은 자연스럽게 아홉 장씩 세 부분으로 나뉜다. 각 부분은 하나님 백성의 구원에 대한 각기 다른 약속을 한다. 첫 번째 아홉 장(40-48장)은 **유다가 바벨론 포로에서 구원될 것**을 예언한다. 두 번째 아홉 장(49-57장)은 **죄로부터의 구속**에 초점을 맞추고 있다. 마지막 세 번째 아홉 장(58-66장)은 그리스도의 천년 왕국과 영원한 통치를 바라보며, **아담의 범죄로 말미암은 저주에서 완전히 해방될 것**을 이야기한다.

　구원이라는 주제와는 대조적으로, 세 부분 모두 악한 자가 받게 될 형벌에 대한 경고로 끝을 맺는다. 앞의 두 부분은 거의 동일한 저주로 끝을 맺는다. "여호와께서 말씀하시되 악인에게는 평강이 없다 하셨느니라"(48:22). "내 하나님의 말씀에 악인에게는 평강이 없다 하셨느니라"(57:21). 세 번째 부분은 예수님께서 지옥을 묘사하고 악인이 받게 될 영원한 형벌을 언급하신 말씀으로 이사야서를 끝맺는다. "그들이 나가서 내게 패역한 자들의 시체들을 볼 것이라 그 벌레가 죽지 아니하며 그 불이 꺼지지 아니하여 모든 혈육에게 가증함이 되리라"(66:24).

그럼에도 여기에서 강조되는 메시지는 저주가 아니라 용서다. 이사야 40장의 도입부에서 바로 이 주제가 등장한다. 여기에서 이사야서 전체의 메시지가 전환점을 맞는다. "너희의 하나님이 이르시되 너희는 위로하라 내 백성을 위로하라 너희는 예루살렘의 마음에 닿도록 말하며 그것에게 외치라 그 노역의 때가 끝났고 **그 죄악이 사함을 받았느니라 그의 모든 죄로 말미암아 여호와의 손에서 벌을 배나 받았느니라** 할지니라 하시니라"(40:1-2). 죄 사함에 대한 언급은 이사야 66장 끝까지 이어지는 모든 내용의 배경이 된다.

이 부분은 성경의 장과 절의 배열을 통해서 말씀의 대칭 구조를 파악할 수 있는 좋은 예다. 이사야 53장은 구원에 대한 이사야 예언의 삼중 구조 중 두 번째 부분의 중간에 위치한다. 달리 말해서 첫 부분과 두 번째 부분의 마지막 절에 있는 "악인에게는 평강이 없다"는 말씀에서 볼 때, 두 저주의 말씀 한가운데에 있다. 바로 여기에 하나님의 종이 하나님의 백성에게 어떻게 평강을 주시는가에 대한 복된 이야기가 기록되었다. 물론 이들 역시 악한 자들이었다(이사야 1-39장은 반복적으로 이 사실에 대해 이야기한다). 그러나 이들은 악함을 회개하고, 회개의 대가(또는 그 어떤 공로)가 아니라 순전한 은혜로 용서받을 자들이다. 이들은 하나님의 종으로 말미암아 복을 받을 자들이다. 그들에게 주어질 평강은 오로지 그들을 위해 주의 종이 이루어 낸 것이다. 따라서 그들은 이렇게 고백한다. "그가 찔림은 우리의 허물 때문이요 그가 상함은 우리의 죄악 때문이라 **그가 징계를 받으므로 우리는 평화를 누리고** 그가 채찍에 맞으므로 우리는 나음을 받았도다"(사 53:5). 마침내 그들은 그의 죽음이 자신들의 구원을 위한 것임을 깨닫는다.

이 절이 이사야 53장의 핵심이며, 하나님이 전한 복음의 정수다. 형벌적 대속론의 원칙이 명확하게 서술되어 있다. 주의 종(그리스도)은 주의 백성을 대신해 그들의 죄에 대한 참혹한 형벌을 받음으로써 그들을 구속한다. "그들의 죄악을 친히 담당하리로다"(11절). 대속 희생의 실재는 이미 구약 성경의 희생 제도에 분명하게 나타나 있지만, 이사야 53장에서야 비로소 메시아가 하나님의 어린 양이 되어 세상의 죄를 짊어질 것임이 확실하게 암시된다. "그는 죄를 범하지 아니하시고 그 입에 거짓도 없으"시지만(벧전 2:22), 그는 자기 백성을 대신해서 영원한 지옥 형벌에 해당하는 죄의 모든 삯을 짊어지셨다.

이사야 52장 13절부터 53장 12절까지 15개의 절을 놓고 볼 때, 53장 5절은 전체 구절의 가운데에 해당한다. **"그가 찔림은 우리의 허물 때문이요 그가 상함은 우리의 죄악 때문이라 그가 징계를 받으므**

로 우리는 평화를 누리고 그가 채찍에 맞으므로 우리는 나음을 받았도다." 달리 말하자면, 바로 이사야서의 구원론 삼중 구조의 중앙에 해당하는 부분에서도 가장 중심에 있는 핵심 구절이 바로 형벌적 대속 구원의 교리인 것이다. 죄의 용서에 대해서 이사야서에서 말하려고 하는 핵심이 바로 이것이다. 복음의 진리에서 이보다 더 중요한 내용은 없다.

완벽한 문학적 대칭 구조에 초점은 명확하다. 어떤 관점에서 보더라도 이는 분명한 사실이다. 이사야 53장만 보든, 용서에 대한 9개의 장(49-57장)을 보든, 복음에 관한 27개의 장(40-66장)을 다 보든 상관없이 그리스도의 십자가는 항상 핵심에 있다. 그리고 그 한가운데에 형벌적 대속 구원의 교리가 환하게 빛나고 있다.

물론 하나님이 죄를 사하지 않으면 아무도 구원받을 수 없다. 죄가 심판을 불러오며, 죄의 용서가 없으면 바벨론으로부터 유다의 구원은 생각조차 할 수 없다. 구속받은 백성이 없다면 새 하늘과 새 땅에서 메시아의 통치도 의미가 없을 것이다.

"피흘림이 없은즉 사함이 없느니라"(히 9:22). 그러므로 용서와 구원에 대한 하나님의 모든 약속은 완전하고 유효한 속죄를 필요로 한다. 그렇기 때문에 오늘날에도 믿는 자는 예수 그리스도의 십자가를 인류 역사의 중심으로 본다.

그가 너그럽게 용서하시리라

이사야서 구원의 삼중 구조 중 중심 부분에서 은혜와 용서의 주제가 어떻게 전개되는지 살펴보자. 49장에는 두 번째 종의 노래(1-13절)가 나온다. 종의 목소리를 통해 구속의 약속과 믿음의 촉구가 선포된다. "그는 태에서부터 나를 그의 종으로 지으신 이시요 야곱을 그에게로 돌아오게 하시는 이시니"(5절). 그 다음 이 종은 이스라엘의 구원자일 뿐 아니라 온 세상 왕들의 통치자임이 노래된다. 성부 하나님이 그에게 말씀하신다.

> 그가 이르시되 네가 나의 종이 되어
> 야곱의 지파들을 일으키며
> 이스라엘 중에 보전된 자를 돌아오게 할 것은 매우 쉬운 일이라
> 내가 또 너를 이방의 빛으로 삼아
> **나의 구원을 베풀어서 땅 끝까지 이르게 하리라**
>
> 이스라엘의 구속자 이스라엘의 거룩한 이이신 여호와께서
> 사람에게 멸시를 당하는 자, 백성에게 미움을 받는 자,
> 관원들에게 종이 된 자에게 이같이 이르시되
> 왕들이 보고 일어서며
> 고관들이 경배하리니
> 이는 이스라엘의 거룩하신 이 신실하신 여호와

그가 너를 택하였음이니라 (사 49:6-7)

50장은 유다 왕국이 바벨론 포로가 된 까닭이 죄 때문임을 상기시키면서 시작된다. "보라 너희는 너희의 죄악으로 말미암아 팔렸고 너희의 어미는 너희의 배역함으로 말미암아 내보냄을 받았느니라"(1절). 여호와께서 말씀하셨으며, 유대인의 역사에서 볼 때 여호와께는 심판뿐 아니라 구원의 능력이 있음을 보여 주는 증거가 차고 넘친다. 2절은 분명히 출애굽을 연상시킨다. "내 손이 어찌 짧아 구속하지 못하겠느냐 내게 어찌 건질 능력이 없겠느냐 보라 내가 꾸짖어 바다를 마르게 하며 강들을 사막이 되게 하며 물이 없어졌으므로 그 물고기들이 악취를 내며 갈하여 죽으리라."

이어서 주의 종이 자기의 순전한 순종에 대해서 고백한다. "주 여호와께서 학자들의 혀를 내게 주사"(50:4). "주 여호와께서 나의 귀를 여셨으므로 내가 거역하지도 아니하며"(5절). 실로 성육신을 통해서 "그가 아들이시면서도 받으신 고난으로 순종함을 배워서"(히 5:8). "사람의 모양으로 나타나사 자기를 낮추시고 죽기까지 복종하셨으니 곧 십자가에 죽으심이라"(빌 2:8). 여기 이사야 50장에서 이 진리를 조금이나마 엿볼 수 있다. 단 한 절을 통해서 이사야 53장을 미리 볼 수 있다. 주의 종이 직접 말씀하신다. "나를 때리는 자들에게 내 등을 맡기며 나의 수염을 뽑는 자들에게 나의 뺨을 맡기며 모욕과 침 뱉음을 당하여도 내 얼굴을 가리지 아니하였느니라"(사 50:6). 이 구절은 신약 성경에서 예수님이 재판받으실 때 어떤 조롱을 당하시는지 그대로 예언하고 있다. "이에 예수의 얼굴에 침 뱉으며 주먹으로 치고 어떤 사람은 손바닥으로 때리며"(마 26:67). "갈대로 그의 머리를 치며 침을 뱉으며 꿇어 절하더라"(막 15:19). "그는 그 앞에 있는 기쁨을 위하여 십자가를 참으사 부끄러움을 개의치 아니하시더니"(히 12:2). 주의 종은 이사야 50장 7절에서 담대히 예언한다. "내 얼굴을 부싯돌 같이 굳게 하였으므로 내가 수치를 당하지 아니할 줄 아노라."

주 하나님과 그의 종은 두 장 반에 걸쳐서 번갈아 가며 하나님의 신실하심을 반복해서 선포하고, 하나님의 백성에게 믿음으로 돌아올 것을 촉구한다. 구원의 약속과 보장의 말씀이 반복해서 나타난다. "네 주 여호와, 그의 백성의 억울함을 풀어 주시는 네 하나님이 이같이 말씀하시되 (중략) 나의 분노의 큰 잔을 네 손에서 거두어서 네가 다시는 마시지 못하게 하고"(사 51:22). "돈 없이 속량되리라"(52:3). "좋은 소식을 전하며 평화를 공포하며 복된 좋은 소식을 가져오며 구원을 공포하며 시온을 향하여 이르기를 네 하나님이 통치하신다 하는 자의 산을 넘는 발이 어찌 그리 아름다운가"(7절). "이는 여호와께서 그의 백성을 위로하셨고 예루살렘을 구속하셨음이라 여호와께서 열방의 목전에서 그의 거룩한 팔을 나타내셨으므로 땅 끝까지도 모두 우리 하나님의 구원을 보았도다"(9-10절).

바로 이러한 배경 속에서 고난받는 종의 예언이 등장한다. 이 예언은 52장 마지막 세 절부터 시작해서 53장 전체로 이어진다. 그 주제에 대해서는 이미 살펴보았다. 주의 종이 받을 고난과 그가 죄를 짊어짐으로써 이루게 될 놀라운 결과가 바로 그것이다. "나의 의로운 종이 자기 지식으로 많은 사람을 의롭게 하며"(53:11). 다시 말해서, 그가 죄인들의 죄악을 담당하여 그들을 대신해 하나님의 벌을 받음으로써 죄인들은 의롭다 함을 얻게 될 것이다.

따라서 이사야 54장은 축하 찬양으로 가득하다. "너는 외쳐 노래할지어다"(1절). "산들이 떠나며 언덕들은 옮겨질지라도 나의 자비는 네게서 떠나지 아니하며 나의 화평의 언약은 흔들리지 아니하리라 너를 긍휼히 여기시는 여호와께서 말씀하셨느니라"(10절). 이 장은 믿음으로 의롭게 되는 교리를 당당히 선포하면서 끝을 맺는다. "너를 치려고 제조된 모든 연장이 쓸모가 없을 것이라 일어나 너를 대적하여 송사하는 모든 혀는 네게 정죄를 당하리니 이는 여호와의 종들의 기업이요 이는 **그들이 내게서 얻은 공의니라** 여호와의 말씀이니라"(17절).

이사야 55장에는 믿음과 회개를 촉구하는 유명한 구절이 나온다. 죄에서 돌이켜 믿음으로 메시아를 받아들이는 자는 누구나 구원의 약속을 받는다. "오호라 너희 모든 목마른 자들아 물로 나아오라 (중략) 너희는 여호와를 만날 만한 때에 찾으라 가까이 계실 때에 그를 부르라 악인은 그의 길을, 불의한 자는 그의 생각을 버리고 여호와께로 돌아오라 그리하면 그가 긍휼히 여기시리라 우리 하나님께로 돌아오라 그가 너그럽게 용서하시리라"(사 55:1, 6-7).

56장에는 하나님의 자비가 유다를 넘어 이방인들에게까지 허락될 것이 분명히 드러난다. "또 여호와와 연합하여 그를 섬기며 여호와의 이름을 사랑하며 그의 종이 되며 안식일을 지켜 더럽히지 아니하며 나의 언약을 굳게 지키는 이방인마다 내가 곧 그들을 나의 성산으로 인도하여 기도하는 내 집에서 그들을 기쁘게 할 것이며 그들의 번제와 희생을 나의 제단에서 기꺼이 받게 되리니 이는 내 집은 만민이 기도하는 집이라 일컬음이 될 것임이라"(6-7절). 이 예언은 지금도 성취되고 있다. 모든 나라, 모든 족속, 모든 민족이 그리스도께로 돌아와서 구원을 얻고 있다.

56장의 마지막 네 절에서 분위기가 극적으로 변한다. 이어지는 57장 1-13절까지 유다의 타락한 지도자들에 대한 엄한 정죄가 선포된다. "그들은 몰지각한 목자들이라 다 제 길로 돌아가며 사람마다 자기 이익만 추구하며"(56:11). 이사야는 그들을 엄하게 꾸짖는다. "무당의 자식, 간음자와 음녀의 자식들아"(57:3). 연이어 유다의 우상 숭배 죄가 폭로되고 정죄되며, 준엄한 질책이 이어진다. "네가 부르짖을 때에 네가 모은 우상들에게 너를 구원하게 하라"(57:13).

물론 이사야 57장은 타락한 유다에게 선포된 말씀이지만, 시대를 막론하고 모든 사람에게 하나님은 결코 죄를 용납하지 않으시며, 또한 죄를 회개하는 자들을 용서하신다는 사실을 명백하게 보여 준다. 유다의 허다한 죄에 대한 정죄의 말씀 뒤에 다시 구원의 약속이 선포된다. "나를 의뢰하는 자는 땅을 차지하겠고 나의 거룩한 산을 기업으로 얻으리라"(57:13). 이사야는 죄의 용서에 대한 장황한 훈계 뒤에 위로와 평강의 말을 덧붙인다. "이는 겸손한 자의 영을 소생시키며 통회하는 자의 마음을 소생시키려 함이라"(15절).

그리고 자기 백성에 대한 하나님의 약속이 이어진다.

내가 영원히 다투지 아니하며

내가 끊임없이 노하지 아니할 것은

내가 지은 그의 영과 혼이 내 앞에서 피곤할까 함이라

그의 탐심의 죄악으로 말미암아 내가 노하여

그를 쳤으며 또 내 얼굴을 가리고 노하였으나

그가 아직도 패역하여 자기 마음의 길로 걸어가도다

내가 그의 길을 보았은즉 그를 고쳐 줄 것이라

그를 인도하며 그와 그를 슬퍼하는 자들에게 위로를 다시 얻게 하리라

입술의 열매를 창조하는 자 여호와가 말하노라

먼 데 있는 자에게든지 가까운 데 있는 자에게든지 평강이 있을 지어다 평강이 있을지어다

내가 그를 고치리라 하셨느니라 (사 57:16-19)

이사야 49-57장까지 아홉 장 전체의 마지막 부분은(이사야서 삼중 구조의 각 말미가 그러하듯) 전능하신 하나님께 집요하게 패역하는 자들을 향한 저주로 끝을 맺는다. "그러나 악인은 평온함을 얻지 못하고 그 물이 진흙과 더러운 것을 늘 솟구쳐 내는 요동하는 바다와 같으니라 내 하나님의 말씀에 악인에게는 평강이 없다 하셨느니라"(57:20-21).

비록 결말은 그러하지만, 두 번째 아홉 장의 주요 주제가 무엇인지는 분명하다. 죄의 용서에 대한 예언적 교훈이 그것이다. 죄로부

터의 구원이라는 주제가 회개와 믿음에 대한 반복적인 촉구를 통해 곳곳에서 드러난다. 긍휼을 베풀고 구속의 대가를 치르는 분은 바로 하나님 자신이다. 갈급한 자는 누구든지 하나님의 너그러운 용서를 기대해도 좋다(55:1, 7). 이 아홉 장에는 이사야가 전하는 유대인을 향한 복음 메시지의 정수가 담겨 있다. 이사야 53장의 예언에는 어떻게 죄의 용서가 가능한지에 대한 설명이 들어 있다.

이사야 53장을 이해하기 힘든 이유

이사야 53장만 놓고 보면, 메시아가 **어떻게** 고난받으실지에 대한 내용으로 분명하게 읽혔던 것은 아니다. 사실 그리스도께서 제자들의 마음을 열어 성경을 깨닫게 하시기 전까지는(눅 24:45), 이 말씀이나 메시아의 배척당함과 고난에 대한 다른 구약 성경의 말씀이 수수께끼처럼 보였다(일반적으로 기대하는 메시아의 모습과는 상반되었기 때문이다). 사람들은 이 말씀을 어떻게 이해해야 할지 감을 잡을 수 없었다. 그리스도가 오시기까지 수세기를 거치면서, 이사야 53장은 유대인의 정신 속에서 점차 희미해져 갔고, 대신 그 자리에는 위대한 왕국에 대한 약속만이 자리를 잡았다.

이사야 53장을 제대로 이해하지 못한 데는 또 다른 주요한 영적 요인이 있었다. 대부분의 유대인은 죄를 짊어질 구세주의 필요성을 느끼지 못했다. 이사야 시대의 타락한 유대인들 역시 그러한 구세주가 필요하다는 사실을 믿지 않았다. 그들은 대신 강력한 정치적 지도자를 기대했다. 그들은 정복자 메시아가 나타나 유대인을 구원하고, 압제자로부터 나라를 해방하며, 이스라엘을 군사 및 정치적 강대국으로 회복시켜 주길 바랐다. 이러한 열망이 수세기에 걸쳐 지속되었으며, 예수님 시대에도 이는 여전했다. 고난받고 배척당하는 구세주라는 개념은 이러한 기대에 잘 들어맞지 않았다.

반복되는 국가적, 개인적 죄의 고백 역시 마찬가지였다. "**우리의** 허물 때문이요" "**우리의** 죄악 때문이라" "**우리 모두의** 죄악을"(사 53:5-6)이라는 고백에는 국가 전체의 죄에 대한 기소와 각 개인에 대한 기소가 담겨 있다. 이는 물론 유대인과 이방인 모두에게 적용되는 진리다(롬 3:9-12). 자연 상태의 인간은 모두 타락하였으며, 죄에 얽매여 있고, 하나님으로부터 멀어져 있다. "우리는 다 양 같아서 그릇 행하여 각기 제 길로 갔거늘"(사 53:6). 구세주가 없으면 우리는 모두 정죄받을 수밖에 없다. 그러나 그 누구보다도 이 진리를 받아들이기 어려운 자들은 하나님의 모든 율법을 지킴으로써 스스로 의롭게 되려고 노력하는 자들이다(롬 10:3).

바벨론에서의 포로 생활이 끝나고 많은 유대인이 고향으로 돌아온 후, 그들은 다시 아하스와 므낫세 시대의 우상 숭배의 모습으로 되돌아가지 않았다. 포로에서 돌아온 유대인들은 율법에 대한 새로운 헌신을 다짐했다. 아마도 포로기 이후 유대교의 가장 큰 특징은 엄격한 율법 준수의 강조일 것이다. 그들은 특히 음식, 의복, 씻기 등 율법의 외적, 의례적 특징을 강조했으며, 경문(말씀을 적은 종이를 담은 작은 상자, 유대인들은 경문을 매고 기도했다 - 편집자)이나 옷술과 같은 눈에 보이는 경건의 행위를 중시했다(마 23:5).

그러나 외적으로 드러내는 종교적 열정은 인류의 죄 문제에 대한 해결책이 될 수 없다. 죄인은 스스로를 거룩하게 할 수 없으며, 하나님의 법을 지키려고 아무리 노력해도 마찬가지다. "곧 붙잡지도 말고 맛보지도 말고 만지지도 말라 하는 것이니 (중략) 이런 것들은 (중략) 오직 육체 따르는 것을 금하는 데는 조금도 유익이 없느니라"(골 2:21, 23). 그럼에도 금욕적 유대교가 점차 창궐하였고, 참된 믿음보다 종교적 전통을 더 강조하였다. 예수님 시대에는 이미 율법주의가 이스라엘의 종교계를 장악했다.

율법주의는 죄인이 스스로의 노력을 통해 의를 이룸으로써 하나님께 인정받을 수 있다는 사상이다. 율법주의자는 종교적 전통을 최상위의 가치 규범으로 여김으로써 하나님의 법을 실질적으로 무시하는 경향이 있다. 바리새파에게 이러한 경향이 가장 두드러졌다. 바리새인들은 율법을 열렬히 준수하였기에, "자기를 의롭다고 믿고 다른 사람을 멸시"했다(눅 18:9). 그런 이들에게 예수님은 이렇게 말씀하셨다. "너희가 너희 전통을 지키려고 하나님의 계명을 잘 저버리는도다"(막 7:9). 그들의 종교는 참된 믿음이 아니었고, 율법주의적이며 가식적이었다. 이 모든 잘못된 태도(율법주의, 스스로 의롭게 여김, 위선, 타인에 대한 멸시)는 자기 죄의 심각성을 깨닫지 못하는 데서 기인한다.

스스로의 노력으로 하나님께 의롭다 인정받을 수 있다고 믿는 사람은 구세주의 필요성을 느끼지 못한다. 바울은 갈라디아교회의 성도들에게 이렇게 말했다. "만일 의롭게 되는 것이 율법으로 말미암으면 그리스도께서 헛되이 죽으셨느니라"(갈 2:21). 개인의 노력으로 구원을 이루는 종교는 인간의 절망적인 부패성을 간과하는 경향이 있다. 그러나 성경은 분명하게 말한다. "무릇 우리는 다 부정한 자 같아서 우리의 의는 다 더러운 옷 같으며"(사 64:6). 자기 스스로 구원을 이룰 수 있다고 믿는 종교적 열정에 대해서 하나님은 이사야의 입을 통해 이렇게 말씀하신다. "네 공의를 내가 보이리라 **네가 행한 일이 네게 무익하니라**"(57:12).

하나님이 유다 왕조를 통해 구원자를 보내기로 정하셨기에, 많은 유대인은 자신들이 아브라함의 자손이라는 이유만으로 이미 하나님의 복과 은총을 받았다고 믿었다. "그들은 이스라엘 사람이라 그들에게는 양자 됨과 영광과 언약들과 율법을 세우신 것과 예배와 약속들이 있고"(롬 9:4). 그들은 하나님의 자비와 은총을 당연하게 여겼는데, 이는 오늘날의 많은 기독교인도 마찬가지다. 예수님 시대의 유대인들은 죄를 용서받고 하나님의 정죄로부터 구원을 얻기 위해서는 구세주가 필요하다는 말을 매우 불쾌하게 받아들였다. 오늘날의 세속적 지식인이나 도덕적 상대주의자, 그리고 날 때부터 또는 세례를 통해 기독교인이 되었다고 믿는 사람들 역시 같은 태도를 보인다. 바리새파의 교리를 따르는 자들은 이방인이나 불신자는 죄인으로 여기면서 자신들은 "회개할 것 없는 의인"이라고 생각했다(눅 15:7). "스스로 깨끗한 자로 여기면서도 자기의 더러운 것을 씻지 아니하는 무리가 있느니라"(잠 30:12).

이것이 자기의 노력에 의지하는 종교의 치명적 위험이다. 예수님은 그러한 태도를 지적하셨다. "건강한 자에게는 의사가 쓸 데 없고 병든 자에게라야 쓸 데 있느니라 너희는 가서 내가 긍휼을 원하고 제사를 원하지 아니하노라 하신 뜻이 무엇인지 배우라 나는 의인을 부르러 온 것이 아니요 죄인을 부르러 왔노라"(마 9:12-13).

주의하라. 모든 거짓 종교는 잘못된 자기 확신을 조장한다. 오늘날 유행하는 모든 유사 기독교와 그럴 듯한 '종교'들이 다 그러하다. 자기가 절망적인 죄인이며 구세주가 필요하다는 사실을 인정하지 않고, 스스로 의롭다고 여기는 자들은 이사야 53장의 메시지를 진정으로 이해할 수 없다. 유대인이든 이방인이든 상관없이, 이사야 53장이 전하는 고난받는 종의 이야기를 듣고도 아무런 감동이 없는 사람이 많은 이유도 바로 그것이다.

이 책을 읽는 당신에게 간곡히 부탁한다. 부디 이 책을 더 읽어 나가기 전에 잠시 짬을 내어 이사야 53장 6절을 깊이 묵상하기 바란다. 이는 우리 모두에게 해당하는 준엄한 고백이다. "우리는 다 양 같아서 그릇 행하여 각기 제 길로 갔거늘 여호와께서는 우리 모두의 죄악을 그에게 담당시키셨도다." 우리는 모두 우리를 구원해 줄 목자 되신 하나님이 필요하다.

오직 그러한 고백을 하는 사람만이 이렇게 말할 수 있을 것이다. "그가 징계를 받으므로 우리는 평화를 누리고 **그가 채찍에 맞으므로 우리는 나음을 받았도다.**"

CHAPTER 3

놀라운 주의 종

이 영광스러운 왕이 처한 모습을 보고 많은 이가 경악할 것이다. 나는 그것을 이렇게 본다. 많은 사람이 그를 보고 불쾌감을 느낄 것이다. 히브리어 'שָׁמַם'에는 '깜짝 놀라다, 일그러지다'라는 뜻이 있다. 이 단어는 역겨움 때문에 구토하는 사람의 모습을 표현한다. 그의 행색이 너무나 참혹하기 때문에 많은 사람이 역겨움과 불쾌감을 느낄 것이다.

— 마르틴 루터 (신학자, 종교개혁가)[15]

<u>이사야 52장 13절부터 53장 12절</u>은 이스라엘과 세상을 향한 종의 사역에서 각기 다른 측면을 보여 주는 다섯 개의 연으로 이

루어져 있다. 이사야서의 문체적, 문학적 양식은 구약 성경에서 쉽게 볼 수 있는 전형적인 시가서의 형식을 따른다.

이사야 52장 13-15절이 첫 번째 연이다. 이 구절은 이사야 53장 전반에 걸쳐 나타나는 두 가지 대조적 개념을 소개하면서 요약한다. 이사야 52장의 마지막에 나오는 이 세 절은 이스라엘의 메시아이자 왕이신 주 예수 그리스도께서 고난받고 영광 얻으실 것임을 밝힌다. 이를 하나님께서 직접 말씀하신다.

> 보라 내 종이 형통하리니
> **받들어 높이 들려서**
> **지극히 존귀하게 되리라**
> 전에는 그의 모양이 타인보다 상하였고
> 그의 모습이 사람들보다 **상하였으므로**
> 많은 사람이 그에 대하여 놀랐거니와
> 그가 나라들을 놀라게 할 것이며
> 왕들은 그로 말미암아 그들의 입을 봉하리니
> 이는 그들이 아직 그들에게 전파되지 아니한 것을 볼 것이요
> 아직 듣지 못한 것을 깨달을 것임이라

언제나 그러하듯, 영광 전에 고난이 선행한다. 이 구절에서는 순서가 뒤바뀐 듯 보이지만, 그리스도의 영광받으심이 미래 시제로 표현된 점을 주목해야 한다. 반면 그의 고난에 대한 구절은 과거 시제

로 표현되었다. 이사야가 인류 역사의 종말에서 예언적 관점으로 과거를 뒤돌아보고 있음을 기억해야 한다. 이사야는 그리스도의 고난을 과거의 사건으로 보고 있으며, 그가 곧 영광스럽게 존귀해질 것을 기대하고 있다.

이사야 53장은 그리스도의 고난과 영광을 자세하게 묘사한다. 먼저 그는 "간고를 많이 겪었으며 질고를 아는 자"다(3절). "그는 징벌을 받아 하나님께 맞으며 고난을" 당하셨다(4절). "그가 곤욕을 당하여 괴로울 때에도 그의 입을 열지 아니하였음이여 마치 도수장으로 끌려 가는 어린 양과 털 깎는 자 앞에서 잠잠한 양 같이 그의 입을 열지 아니하였도다"(7절). "그가 살아 있는 자들의 땅에서 끊어짐은"(8절)이라는 말은 죽음에 대한 히브리식 표현이다. 9절에서 그가 죽은 후에 장사지내질 것과, 10절에서 그는 속건제물로 드려질 것이며, 12절에서 그는 "자기 영혼을 버려 사망에 이르게" 할 것이 나온다.

그런가 하면, "그가 씨를 보게 되며 그의 날은 길 것이요 또 그의 손으로 여호와께서 기뻐하시는 뜻을 성취하리로다"(10절), "그가 자기 영혼의 수고한 것을 보고 만족하게 여길 것이라"(11절), "내가 그에게 존귀한 자와 함께 몫을 받게 하며 강한 자와 함께 탈취한 것을 나누게 하리니"(12절) 등의 진술은 그의 부활을 전제로 한다.

이사야 52장 마지막 세 절은 주의 종에 대한 모든 것이 놀랍다는 사실을 강조한다. 그의 성품, 그의 죽음, 그의 부활, 그의 높아짐 등 모든 것이 놀랍다. 13절은 "보라"로 시작한다. "많은 사람이 그에 대하여 놀랐거니와"(14절). "왕들은 그로 말미암아 그들의 입을 봉"할 것이다(15절). 주님은 그들의 눈을 열어서 그들이 생각지도 못한 것들을 보고 이해하게 하실 것이다. 따라서 이사야 53장에서 전개될 주제 즉, 주의 종의 오심, 고난받음, 높아짐이 모두 52장 마지막 세 절에서 소개되고 있다.

주의 종의 놀라운 등장

'보라(Behold)'라고 번역된 단어는 구약 성경에서 천 번 이상 등장하는 단어다. 주의를 환기할 때 쓰이며, 외침(주목)이나 단순한 명령(주의 깊게 보라)으로 번역될 수 있다. 구약 성경 중 메시아에 관한 중요한 약속을 담은 말씀에서 네 번에 걸쳐 이 단어가 사용되었다. 스가랴 3장 8절에서는(이사야 52장 13절과 마찬가지로) 하나님께서 자신의 기름부음 받은 자를 "내 **종** 싹"이라고 부르시면서 '보라'라는 단어가 사용된다(한글판에는 이 단어가 번역되지 않음 – 옮긴이). 스가랴 6장 12절에서는 "싹이라 이름하는 **사람**"을 가리키면서 '보라'라는 단어가 사용된다. 이는 예수님의 인성을 강조하는 표현이다. 스가랴 9장 9절에서도 같은 단어가 사용된다. "보라 네 **왕**이 네게 임하시나니 그는 공의로우시며 구원을 베푸시며 겸손하여서 나귀를 타시나니 나귀의 작은 것 곧 나귀 새끼니라." 이사야 40장 9절에서는 이렇게 나온다. "높은 산에 오르라 (중략) 유다의 성읍들에게 이르기를 너희의 **하나님**을 보라 하라." 이 네 개의 칭호 즉, 종, 사람, 왕, 하나님은 네 개의 복음서와 독특하게 병행을 이룬다. 마가복음은 예수님을 종으로 묘사한다. 누가복음은 예수님의 인간되심을 강조한다. 마태복음은 예수님을 왕으로 제시한다. 요한복음은 예수님의 신성을 강조한다.

'종(servant)'으로 번역된 단어는 주인이 시키는 대로 열심히 일하는 사람을 가리킨다. 진정한 종은 자기가 원하는 것을 위해서 마음대로 행동하지 않는다. 오직 자기가 섬기는 사람을 기쁘게 하는 것만 생각한다. 이 단어는 주인에게 전적으로 복종하는 사람을 가리킨다. 이는 '노예(slave)'와 정확하게 병행을 이룬다.

하지만 성경에서 하나님을 섬기는 사람에 대해서 말하면서 이 단어를 쓸 때에는 부정적 의미보다는 긍정적 의미가 담겨 있다. 구약 성경에서는 아브라함(창 26:24), 이삭(창 24:14), 야곱(겔 28:25), 모세(출 14:31), 다윗(삼하 3:18), 여호수아(수 24:29), 엘리야(왕하 10:10), 이사야(사 20:3), 욥(욥 1:8), 요나(왕하 14:25), 그리고 선지자들(왕하 17:13) 등의 위인들에게 쓰였다.

주 예수 그리스도는 본질적으로 아버지와 동등하시지만(빌 2:6, 골 1:15, 히 1:3), "오히려 자기를 비워 종의 형체를 가지사 사람들과 같이 되셨고"(빌 2:7), 자발적으로 주의 종 또는 노예가 되셨다. 그는 **언제나** 하나님을 기쁘시게 하려고 했다(요 8:29). "내가 하늘에서 내려온 것은 내 뜻을 행하려 함이 아니요 나를 보내신 이의 뜻을 행하려 함이니라"(요 6:38; 4:32, 5:30, 14:31, 15:10 참조).

이사야 52장 13절은 "주의 종이 지혜롭게 행하리라"(my servant will act wisely, NIV 성경)라고 말한다. 이 히브리어 단어는 실력과 전문성을 갖추고 임무를 수행하는 사람을 가리킨다. 또 다른 번역본은 이를 "내 종이 형통하리라"(my servant will prosper, NASB 성경)라고 번역한다. 두 번역 다 맞다. 이 히브리어는 신중한 행동으로 형통한 결과를 맺는 것을 가리킨다. 성경에서는 지혜와 성공이 연결되는 경우가 흔하다(수 1:7-8과 삼상 18:5, 30, 왕상 2:3에 같은 단어가 등장한다). 이는 종의 높아짐이 우연한 성공이나 행운으로 말미암은 것이 아님을 강조한다. 그의 궁극적인 승리는 노련한 경험과 지식의 결과다. 주의 종은 놀라운 지혜로 목적을 달성할 것이다. 그는 하나님의 뜻을 반드시 이룰 것이며, 의로운 방법으로 숭고한 결과를 이루어 낼 것이다. "종의 지혜는 실로 자기를 부인하는 것이다. 이는 하나님의 목적을 받아들이는 것이며, 이를 위해서 기꺼이 이루 말할 수 없는 고난의 짐을 짊어지는 것이다. 여기에서 하나님의 지혜와 인간의 지혜가 확연하게 갈린다(고전 1:17-25 참조)."[16]

종에 대한 찬양은 이사야 52장 13절에서 세 부분으로 이루어진다. "보라 내 종이 형통하리니 받들어 높이 들려서 지극히 존귀하게 되리라." 같은 의미의 단순 반복이 아니라 의미가 점차 고조되고 있다. 상승에서 더 상승 그리고 최고조 상승으로 이어진다. 이는 그리스도의 부활(상승), 승천(더 상승), 그리고 대관식(최고조의 상승, 빌 2:9-11)과 병행한다. 누구도 그처럼 지혜롭게 행동하거나 또는 그 결과로 지극히 존귀하게 된 자는 없었다.

놓칠 수 없는 분명한 사실 한 가지는 그리스도의 고난이 계획에 의한 것이고, 목적을 위한 것이며, 성공적이었다는 사실이다. 회의적 비평가는 종종 예수님이 실패했다고 평가절하하려 한다. 그들은 예수님께서 희망을 제시하셨지만 실망을 안겨 주었으며, 십자가에서 죽음으로써 순교하셨지만 메시아는 될 수 없었다고 주장한다. 그들은 마치 십자가가 위대한 계획의 파탄이었던 것처럼 말한다. 예수님의 죽음은 뜻하지 않은 비극이며 불행한 사건이었다고 주장한다. 어떤 이는 예수님이 자기의 가르침에 대한 백성의 반응을 잘못 예상했으며, 그 결과 지나친 가르침 때문에 목숨을 잃었다고 말한다. 또 어떤 이는 예수님이 민족주의자였으며, 로마에 대항해서 혁명을 일으키려 했던 그의 노력은 결국 무위로 돌아갔다고 주장한다. 심지어는 그를 야망에 사로잡힌 정복자로 보는 이도 있다. 그러나 예수님은 백성이 자신을 왕으로 삼으려 했을 때 이를 단호하게 거부하셨다(요 6:14-15). 회의론자, 조롱자들은 예수님을 자기도취에 빠진 종교적 망상가로 치부한다.

이 모든 견해는 틀렸으며 신성 모독이다. 성경을 진지하게 연구하는 사람은 예수님의 삶이 그가 의도한 대로 끝나지 않았다고 말하지 않는다. 그는 보다 나은 세상을 꿈꾸었지만, 꿈을 이루지 못한 실패자가 아니다. 이는 진실과 정반대다. 그의 끔찍하고 고통스러운 죽음은 이미 수세기 전, 이사야 53장에 예언되었다. 이 예언에 따르면, 예수님은 실패한 계획의 희생자가 결코 아니다. 그는 지혜롭게 행동했다. 그는 자기의 삶이 어떻게 끝날지 세세한 내용까지 정확하고 분명하게 아셨으며, 이 세상이 창조되기 전, 구원의 계획이 수립되었을 때 이미 그 사실을 알고 있었다.

예수님은 구약 성경의 모든 예언을 숙지하셨다. 예수님은 구약 성경에서 예언된 것이 자신의 죽음임을 제자들이 알지 못하는 것을 꾸짖으셨다. "미련하고 선지자들이 말한 모든 것을 마음에 더디 믿는 자들이여 그리스도가 이런 고난을 받고 자기의 영광에 들어가야 할 것이 아니냐"(눅 24:25-26). 또한 그는 사역 내내 자기의 죽음이 임박했음을 거듭 말씀하셨다.

> 예수께서 그들에게 이르시되 혼인 집 손님들이 신랑과 함께 있을 때에 너희가 그 손님으로 금식하게 할 수 있느냐 그러나 그 날에 이르러 그들이 신랑을 빼앗기리니 그 날에는 금식할 것이니라 (눅 5:34-35)

> 경고하사 이 말을 아무에게도 이르지 말라 명하시고 이르시되 인자가 많은 고난을 받고 장로들과 대제사장들과 서기관들에게 버린 바 되어 죽임을 당하고 제삼일에 살아나야 하리라 하시고 (눅 9:21-22)

> 사람들이 다 하나님의 위엄에 놀라니라 그들이 다 그 행하시는 모든 일을 놀랍게 여길새 예수께서 제자들에게 이르시되 이 말을 너희 귀에 담아 두라 인자가 장차 사람들의 손에 넘겨지리라 하시되 (눅 9:43-44)

나는 받을 세례가 있으니 그것이 이루어지기까지 나의 답답함이 어떠하겠느냐 (눅 12:50)

이르시되 너희는 가서 저 여우에게 이르되 오늘과 내일은 내가 귀신을 쫓아내며 병을 고치다가 제삼일에는 완전하여지리라 하라 (눅 13:32)

예루살렘아 예루살렘아 선지자들을 죽이고 네게 파송된 자들을 돌로 치는 자여 암탉이 제 새끼를 날개 아래에 모음 같이 내가 너희의 자녀를 모으려 한 일이 몇 번이냐 그러나 너희가 원하지 아니하였도다 보라 너희 집이 황폐하여 버린 바 되리라 내가 너희에게 이르노니 너희가 주의 이름으로 오시는 이를 찬송하리로다 할 때까지는 나를 보지 못하리라 하시니라 (눅 13:34-35)

그러나 그가 먼저 많은 고난을 받으며 이 세대에게 버린 바 되어야 할지니라 (눅 17:25)

예수께서 열두 제자를 데리시고 이르시되 보라 우리가 예루살렘으로 올라가노니 선지자들을 통하여 기록된 모든 것이 인자에게 응하리라 인자가 이방인들에게 넘겨져 희롱을 당하고 능욕을 당하고 침 뱉음을 당하겠으며 그들은 채찍질하고 그를 죽일 것이나 그는 삼 일 만에 살아나리라 하시되 (눅 18:31-33)

죽음에 대한 분명한 예언들이 있었음에도 막상 예수님이 십자가에 못 박히시자 예수님의 제자들은 모두 당혹감과 충격에 빠졌다.

사실 그리스도의 십자가 죽음은 여전히 너무도 믿기 어려운 사건이며, 이 사건을 진지하게 되돌아보는 이들에게 충격으로 다가온다. 그리스도가 당한 끔찍한 고초는 경이로울 뿐이다. 그리스도께서 살아생전에 자신의 죽음이 임박했음을 말씀하신 수많은 진술을 읽을 때, 우리는 전율을 느끼게 된다. 예수님은 앞으로 닥쳐올 일을 분명히 알고 계셨다. 이 모든 사건이 그토록 세세하게 미리 예언되었다는 사실은 십자가의 경이를 축소하기보다는 오히려 극대화한다.

주의 종의 놀라운 낮아짐

주의 충성된 종, 이스라엘의 약속된 구원자가 사람들 앞에서 그토록 처참하게 수치를 당하게 되리라는 사실은 너무나 충격적이다. 이사야는 이렇게 진술한다. "전에는 그의 모양이 타인보다 상하였고 그의 모습이 사람들보다 상하였으므로 많은 사람이 그에 대하여 **놀랐거니와**"(사 52:14).

이 구절은 주의 종의 영예, 영향력, 높아짐에 대한 두 개의 진술 사이에 어색하게 끼어 있다. 이는 독자들의 충격을 극대화하기 위한 의도적인 배열이다. 아무런 설명 없이 종의 **높아짐**에서 **낮아짐**으로 주제가 급변하는데, 이는 곧 많은 사람이 놀란 이유기도 하다. 쉽게 말해서, 메시아의 약속된 죽음은 너무나 충격적이다. 예수님 외에는 아무도 그의 죽음을 예견하지 못했다.

'놀랐거니와'라고 번역된 히브리어는 사실 의미가 다양하다. 영어로 '놀라다'라는 단어는 매우 긍정적인 의미로 사용될 수도 있다. 예를 들어 마가복음 7장 37절에서 사람들은 예수님이 청각장애인을 고치시는 것을 보고 기뻐하며 놀랐다. "사람들이 심히 **놀라** 이르되 그가 모든 것을 잘하였도다." 또한 예수님이 많은 사람에게 하나님의 말씀을 가르치셨을 때도 그러했다. "그들이 그 가르치심에 **놀라니** 이는 그 말씀이 권위가 있음이러라"(눅 4:32). 그가 더러운 귀신 들린 아이를 고치셨을 때도 마찬가지다. "사람들이 다 하나님의 위엄에 **놀라니라**"(눅 9:43).

그러나 이사야 52장 14절에 나오는 놀람은 그 의미가 다르다. 이사야는 긍정적 의미로는 사용되지 않는 히브리어(샤멤shamem)를 사용한다. 이는 '**질겁하다**'에 가까운 의미다. 사실 그보다 훨씬 강한 느낌으로, 완전히 초토화됨을 뜻한다. 군대가 완전히 궤멸되거나 광대한 지역이 폐허로 변한 모습을 묘사할 때 사용되는 단어다(이사야는 49장 19절에서 이 단어를 사용하여 갈대아 군대가 휩쓸고 간, 인적이 끊어진 유다 땅을 묘사했다. "적막한[샤멤] 곳들과 네 파멸을 당하였던 땅").

이 단어는 구약 성경에서 자주 쓰이는데, 주로 '적막한' 또는 '황폐한'으로 번역된다. 그런데 이 단어가 이사야 52장 14절과 같은 문맥에서 쓰일 때는 공포의 의미로 사용된다. 너무나 충격적이어서 이성을 상실한 상태를 묘사한다. '이성을 잃은', '얼어붙은', '감각이 마비

된' 등으로 번역될 수 있다.

따라서 이 단어에는 다양하면서도 매우 분명한 의미가 있다. 레위기 26장 32절에서는 이 단어가 두 번 사용되는데, 그 다양한 의미를 잘 보여 준다. 하나님이 이렇게 말씀하신다. "그 땅을 황무하게(샤멤) 하리니 거기 거주하는 너희의 원수들이 그것으로 말미암아 놀랄(샤멤) 것이며."

이사야는 이 단어를 사용하여 고난받는 종의 끔찍한 상처를 지켜볼 자들이 받을 충격을 묘사한다. 그들은 경악하게 될 것이다. 그러나 주의 종이 받을 상처는 더욱 끔찍할 것이다. "전에는 그의 모양이 타인보다 상하였고 그의 모습이 사람들보다 상하였으므로"(사 52:14). 달리 말해서, 예수님이 받으실 고난이 너무나 커서 그의 얼굴과 몸은 사람의 것으로 볼 수 없을 만큼 참혹하게 상하게 될 것이다.

여기에서 묘사되는 종의 끔찍한 모습은 주님께서 십자가에 못 박히기 전 재판받을 때의 모습을 묘사한 것이다. 그런데 예수님의 고난은 이미 배신당하고 체포되던 날 밤 겟세마네에서부터 시작되었다. 그날 밤 예수님은 마음속으로 심히 고민하였고, 몸은 극도로 쇠약해졌다. 죄 없는 하나님의 아들은 인류의 죄를 지고 아버지로부터 끊어져야 했다. 그는 죄인을 대신해서 고난받으셔야 했기에 그가 흘리는 땀에는 피가 섞여 나왔다. 그는 잡혀서 재판에 넘겨지기 전에 이미 지칠 대로 지친 쇠약한 상태였다.

"그의 모양이 타인보다 상하"게 된 것은 그를 죽음으로 몰고 간 자들에게서 받은 고문 때문이었다. 복음서의 기록에 따르면, 예수님은 얼굴을 얻어맞았고, 침 뱉음과 모욕을 당했으며, 채찍에 맞으셨다. 그는 대제사장들(마 26:67-68), 성전 경비병(막 14:65), 로마 군인들(마 27:27-30)에게 맞고 능욕당하셨다. 또한 빌라도의 명령으로 끔찍한 채찍질을 당하셨다(요 19:1).

로마 군인의 채찍질은 참혹하고, 생명을 위협할 정도의 끔찍한 형벌이었다. 그 당시 죄수는 채찍으로 사정없이 매질을 당했는데, 이 채찍은 나무 손잡이에 달린 긴 가죽끈들로 이루어졌다. 각 가죽 끈 끝에는 날카로운 뼈, 쇠, 아연 조각들이 2.5에서 5센티미터 간격으로 30센티미터 정도까지 박혀 있었다. 죄수는 손을 머리 위로 올리고 발은 땅에서 들린 채로 기둥에 묶였다. 채찍이 등에 날아와 꽂히면 근육은 찢기고, 핏줄이 끊어지며, 내장이 쏟아졌다. 상처가 너무 심각해서 채찍질만으로 사람이 죽어 나가기도 했다.

물론 십자가형이 선고되면, 채찍질로 사망에 이르게 하는 것은 바람직하지 않았다. 따라서 노련한 릭토르(채찍질 전문 관리)는 죄수가 십자가에 못 박힐 수 있도록, 최대한의 고통과 상처를 안기면서도 목숨이 끊어지지 않게 했다.

십자가형은 가장 잔인한 공개 처형이다. 그 과정에 수반되는 상처는 극도로 끔찍했다. 신약 성경은 그리스도가 겪은 실제 상처는 거의 언급하지 않는다. 부활 후 예수님은 친히 손과 옆구리의 상처에 대해서 말씀하셨다(요 20:27). 그러나 예수님이 겪은 상처를 세세하게 묘사하지는 않는다. 로마 제국의 영향권 내에 사는 사람이라면 십자가형을 당한 사람의 신체가 얼마나 참혹한지 이미 익히 알고 있었다.

구약 성경의 예언은 그리스도의 죽으심과 고난에 대해 신약 성경보다 더 자세히 이야기한다. 이사야 52장 14절은 그리스도가 당하신 고난을 가장 생생하게 묘사하는 구절의 하나다. 그의 얼굴은 너무나 상하여서 사람의 얼굴처럼 보이지 않았다. 시편 22편은 그리스도께서 십자가 위에서 겪으신 고난을 생생하게 묘사한다. 그리스도는 십자가 위에서 이 시편의 첫 구절을 부르짖으셨다. "내 하나님이여 내 하나님이여 어찌 나를 버리셨나이까." 이 시편에는 십자가에 매달린 구세주를 비웃던 이들의 조롱도 나온다. "그가 여호와께 의탁하니 구원하실 걸, 그를 기뻐하시니 건지실 걸 하나이다"(시 22:8; 마 27:42 참조).

따라서 시편 22편이 누구에 대한 시인지는 자명하다. 이는 십자가에 대한 그리스도의 고백이며, 실제로 그 사건이 이루어지기 약 1000년 전에 예언된 시편이다.

> 나는 물 같이 쏟아졌으며
> 내 모든 뼈는 어그러졌으며
> 내 마음은 밀랍 같아서
> 내 속에서 녹았으며
> 내 힘이 말라 질그릇 조각 같고
> 내 혀가 입천장에 붙었나이다
> 주께서 또 나를 죽음의 진토 속에 두셨나이다
> 개들이 나를 에워쌌으며
> 악한 무리가 나를 둘러

내 수족을 찔렀나이다

내가 내 모든 뼈를 셀 수 있나이다

그들이 나를 주목하여 보고 (시 22:14-17)

이는 그리스도의 십자가 죽음에 대한 정확한 묘사이며, 죄수에 대한 십자가형이 고안되기 수세기 전에 쓰인 기록이다. 손발의 찔림은 예수님을 십자가에 매달기 위한 못질을 가리킨다. 예수님을 십자가에 못 박고 십자가를 세웠을 때, 그의 뼈들은 어그러졌을 것이다. 십자가를 세우기 위해 판 구덩이에는 예수님의 몸에서 흘러나온 피가 고였다. 예수님의 몸 여기저기에서 탈골이 이루어지고, 극도의 고통과 탈수 증세로 온몸의 뼈마디가 드러나 그 숫자를 셀 수 있을 정도였다. 복음서는 그를 둘러싼 "악한 무리"에 대해서 기록한다 (막 15:27-32). 내 마음이 내 속에서 녹았다는 표현은 요한이 "그 중 한 군인이 창으로 옆구리를 찌르니 곧 피와 물이 나오더라"(요 19:34)라고 묘사한 장면을 연상시킨다.

시편 22편은 십자가 죽음을 정확하게 묘사하며, 신약 성경의 어떤 기록보다 생생하게 그 장면을 전달한다. 그러나 역사상 십자가형이 최초로 언급된 것은 다윗이 죽은 지 약 500년 후의 일이다. 기원전 519년 다리오 1세가 두 번째로 바벨론을 정복했을 때, 이 도성의 주요 인사 3,000명을 창에 꽂아 서서히 죽게 했다.[17] 이 방법은 이후 공개 처형법으로 채택되었다. 지켜보는 이들에게 극도의 공포심을 심어 주기 때문이다. 이후 500여 년 동안 제국들은 다양한 방법의 십자가형을 고안했다. 그리스는 이 처형법을 비난했고, 간간이 실행했을 뿐이다. 로마는 이 방법을 완성하였으며, 희생자가 사흘 또는 그 이상 고통에 몸부림치게 했다.

19세기 영국의 교회 지도자 프레데릭 파라르는 십자가형의 공포에 대해서 이런 기록을 남겼다.

> 시간이 흐를수록 고통은 점점 극심해지며, 고통을 견디기 힘든 죄수는 사형 집행인이나 구경꾼에게 죽음으로써 이 고통을 끝내 주기를 눈물로 호소한다.
>
> 십자가형의 죽음은 인간이 느낄 수 있는 모든 고통을 수반한다. 현기증, 경직, 갈증, 허기, 수면 부족, 발열, 파상풍, 수치심, 지속적인 고통, 공포심, 상처의 괴사 등이 겨우 의식을 유지할 수 준까지 지속적으로 증가된다. 조금의 움직임도 고통을 증가시키며, 절단된 혈관과 찢겨진 근육은 끊임없는 고통을 불러온다. 감염된 상처는 점차 괴사하고, 머리와 복부의 혈관은 압력으로 부어오른다. 이 모든 고통 가운데 불타는 듯한 갈증이 더해지고, 신체적인 고통은 심적 불안과 괴로움을 증폭시키며 결국 끔찍한 원수인 죽음을 달콤한 해방처럼 여기게 만든다.[18]

이사야 52장 14절은 이러한 배경에서 이해되어야 한다. 예수님은 참혹한 고난을 당하고, 그 결과 사람처럼 보이지 않을 정도로 몸이 상한다.

사람들의 놀라움 속에는 경멸이 담겨 있다. 예수님의 낮아짐을 목격한 그들은 충격에 빠진다. 예수님은 그들이 생각해 온 메시아 왕의 모습과는 너무나 괴리가 있기에, 그들은 이를 견딜 수 없었다. 예수님은 가장 참혹하고, 가장 심하게, 가장 낮은 밑바닥까지 낮아지셨다.

그러나 그만큼 그의 높아짐은 놀랍고 영광스러울 것이다.

주의 종의 놀라운 높아짐

이사야 52장 12-15절의 전개는 그리스도를 알지 못하는 독자가 이해하기에는 어려움이 있다. 이사야 52장 13절에서 주의 종은 "받들어 높이 들려서 지극히 존귀하게 되리라"라고 나온다. 그런데 14절에서는 놀랍게도 "그의 모습이 사람들보다 상하였으므로"라는 과거 시제로 나온다. 그리고 15절에서는 다시 시제와 분위기가 급변하며, 그리스도의 영광스러운 재림이 그려진다. "그가 나라들을 놀라게 할 것이며 왕들은 그로 말미암아 그들의 입을 봉하리니 이는 그들이 아직 그들에게 전파되지 아니한 것을 볼 것이요 아직 듣지 못한 것을 깨달을 것임이라"(사 52:15).

'흩뿌리다'(sprinkle, 개역개정판에서는 "놀라게 하다"로 번역됨 – 편집자)는 히브리어 '나사(nazah)'의 뜻 중 하나다. 이 단어는 원래 '솟구치다, 내뿜다'라는 뜻이다. 또한 '뛰게 하다, 놀라게 하다'라는 뜻도 있다.

19세기 성공회 주교 로버트 로우스는 다음과 같은 인용문을 남겼다 (그는 직접 이사야서를 히브리어 원문에서 번역하여 출간했다). "챈들러 주교는 《De fence》에서 이렇게 말한다. '흩뿌리다'는 놀라게 한다는 의미로 쓰인다. 사람들에게 많은 물을 뿌렸을 때의 반응을 뜻한다. 칠십인역 역시 이러한 의미를 받아들인다."[19] 예수님 시대에 통용되던 고대 그리스어로 이사야서를 번역할 때는 '타우마소(thaumazo)'라는 단어를 사용했다. 이 단어의 뜻은 '경이로워하다, 감탄하다'이다. 따라서 15절에 대한 칠십인역을 문자적으로 번역하면 다음과 같다. "많은 나라들이 그로 말미암아 놀랄 것이다. 왕들은 그 입을 다물 것이다." 이 번역은 문맥에 잘 들어맞으며 이사야 52장의 마지막 세 절에서의 주제도 잘 드러난다. "보라 (중략) 많은 사람이 그에 대하여 놀랐거니와 (중략) [그가 나라들을 놀라게 할 것이며] (중략) 왕들은 그로 말미암아 그들의 입을 봉하리니."

많은 사람이 종의 낮아짐에 놀랐던 것처럼, 나라들과 왕들은 그의 높아짐에 놀라게 될 것이다. 언제나 입을 열 권리가 있다고 믿었던 왕들은 말문이 막힐 것이다. 그날이 오면, 모든 나라들이 그것을 보게 될 것이다. "그 때에 땅의 모든 족속들이 통곡하며 그들이 인자가 구름을 타고 능력과 큰 영광으로 오는 것을 보리라"(마 24:30). 그들은 놀라움과 경이로움에 말문이 막힐 것이다. 그들은 극도의 놀라움과 격정 때문에 침묵할 수밖에 없다. 성경은 그날에 대해서 이렇게 말한다.

그 날 환난 후에 즉시 해가 어두워지며 달이 빛을 내지 아니하며 별들이 하늘에서 떨어지며 하늘의 권능들이 흔들리리라 그 때에 인자의 징조가 하늘에서 보이겠고 그 때에 땅의 모든 족속들이 통곡하며 그들이 인자가 구름을 타고 능력과 큰 영광으로 오는 것을 보리라 (마 24:29-30)

내가 너희에게 이르노니 이 후에 인자가 권능의 우편에 앉아 있는 것과 하늘 구름을 타고 오는 것을 너희가 보리라 (마 26:64)

이르되 갈릴리 사람들아 어찌하여 서서 하늘을 쳐다보느냐 너희 가운데서 하늘로 올려지신 이 예수는 하늘로 가심을 본 그대로 오시리라 하였느니라 (행 1:11)

너희로 환난을 받게 하는 자들에게는 환난으로 갚으시고 환난을 받는 너희에게는 우리와 함께 안식으로 갚으시는 것이 하나님의 공의시니 주 예수께서 자기의 능력의 천사들과 함께 하늘로부터 불꽃 가운데에 나타나실 때에 하나님을 모르는 자들과 우리 주 예수의 복음에 복종하지 않는 자들에게 형벌을 내리시리니 (살후 1:6-8)

하나님은 당신의 아들을 세상의 왕으로 세울 것이다. 이 땅의 왕들은 그것을 보고 두려워 떨 것이다.

어찌하여 이방 나라들이 분노하며

민족들이 헛된 일을 꾸미는가

세상의 군왕들이 나서며

관원들이 서로 꾀하여

여호와와 그의 기름 부음 받은 자를 대적하며

우리가 그들의 맨 것을 끊고

그의 결박을 벗어 버리자 하는도다

하늘에 계신 이가 웃으심이여

주께서 그들을 비웃으시리로다

그 때에 분을 발하며 진노하사

그들을 놀라게 하여 이르시기를

내가 나의 왕을 내 거룩한 산 시온에 세웠다 하시리로다 (시 2:1-6)

   이 예언들은 사람들이 전혀 예상하지 못할 때 주 예수 그리스도께서 다시 오신다고 강조한다. 그 이유는 자명하다. 오늘날에도 많은 사람이 그리스도를 믿는다고 하면서도 정작 그리스도의 재림을 기다리는 사람은 드물다. 그가 다시 오시면, "이는 그들이 아직 그들에게 전파되지 아니한 것을 볼 것이요 아직 듣지 못한 것을 깨달을 것임이라"(사 52:15). 그들은 충격으로 말문이 막힐 것이다.

   이사야 52장 15절의 마지막 구절에는 널리 적용될 수 있는 중요한 원리가 담겨 있다. 하나님의 말씀을 들어본 적이 없는 사람들, 이스라엘의 메시아에 대한 진리를 이해할 만한 실마리가 없는 사람들이 홀연히 그를 보고 그가 누구인지 알게 될 것이다. 하나님께서 그들의 눈을 열어 진리를 이해하게 하실 것이다. 바울은 이 말씀을 인용하면서 이방인을 향한 복음 전파의 당위성을 설명했다. "주의 소식을 받지 못한 자들이 볼 것이요 듣지 못한 자들이 깨달으리라"(롬 15:21).

이사야 52장의 문맥에 비추어 볼 때, 이 예언은 그가 구름을 타고 다시 오실 때 성취될 것이다. "각 사람의 눈이 그를 보겠고 그를 찌른 자들도 볼 것이요 땅에 있는 모든 족속이 그로 말미암아 애곡하리니 그러하리라"(계 1:7).

이사야 52장의 마지막 세 절을 다시 한 번 한 묶음으로 보자. 일견 이 세 절은 서로 연관이 없어 보인다. 그러나 이들은 한 가지 분명한 주제로 묶여 있다. 주의 종은 놀라운 인물이다. 그의 지혜와 영예는 보기에 놀랍다(13절). 그렇게 영광스러운 분이 참혹한 수치를 겪고 참혹한 모습으로 변한다(14절). 그러나 가장 놀라운 사실은 그가 영광 가운데 다시 오신다는 사실이다. 그때에 모든 이의 말문이 막히고, 온 세상이 하나님 앞에서 심판받을 것이다(롬 3:19 참조).

하나님이 말씀하신 이 세 절은 종의 놀라운 **나타남**, **낮아짐**, 그리고 **높아짐**을 이야기한다. 이는 이사야 53장에서 전할 복음의 서론에 해당한다. 우리는 53장에서 가장 놀라운 사실, 종의 놀라운 **배척당함**을 목격하게 될 것이다. 메시아에 대한 기대가 최고조에 달했을 때 그가 오셨지만, 그는 가장 열렬한 비웃음과 배척을 당하셨다. 그는 자기 백성에게 멸시받고 버림받았다(53:3). 종의 사역에 대한 놀라운 예언 중 두 번째 연은 바로 이러한 비극적 사실을 다룬다.

CHAPTER 4

믿지 않는 자들

아무런 편견 없이 이 구절을 읽는다면, 메시아는 사람들에게 환영받기 위해서가 아니라 간고를 겪고 질고를 알며 멸시를 받아 사람들에게 버림받기 위해서 온다는 사실을 알 수 있을 것이다. 이 진리는 이렇게 명료하게 제시되었고, 유대인들은 성경을 잘 알았기에 이 사실을 충분히 알 수 있었음에도 불구하고, 막상 메시아가 오셨을 때 그를 받아들이지 않았다. 그들은 그에 대한 가장 분명한 예언을 알고 있으면서도 그를 배척했고, 대신 이렇게 부르짖었다. "그를 십자가에 못 박게 하소서."

— 찰스 스펄전[20]

메시아에 대한 기대가 그토록 높았다면, 왜 예수님이 오셨을 때 대다수의 유대인은 그를 배척했을까? "이스라엘이 알지 못하였느냐"(롬 10:19). "자기 백성이 영접하지 아니하였으나"(요 1:11). 이러한 사실은 예수님이 진정한 메시아임을 부정하는 증거일까?

전혀 그렇지 않다. 이사야는 고난받는 주의 종이 불신과 배척을 당하리라고 분명하게 예언했다. 이사야 53장 초반에 이 점이 분명하게 강조된다. "우리가 전한 것을 누가 믿었느냐 (중략) 고운 모양도 없고 풍채도 없은즉 우리가 보기에 흠모할 만한 아름다운 것이 없도다 (중략) 멸시를 당하였고 우리도 그를 귀히 여기지 아니하였도다"(1-3절). 메시아의 배척당함은 이사야 53장의 주요 특징의 하나다.

다소(길리기아의 중심 도시로 문명이 발달함 - 편집자) 출신의 사울은 유대교 학자였고, 예수 그리스도를 부정했으며, 기독교인을 극도로 증오했다. "예루살렘에서 이런 일을 행하여 대제사장들에게서 권한을 받아 가지고 많은 성도를 옥에 가두며 또 죽일 때에 내가 찬성 투표를 하였고"(행 26:10). 그는 기독교를 말살하려는 유대인 지도자들의 시책을 주관했다. 그러나 부활하신 그리스도의 부르심을 듣고 회심하였으며, 사도로 세움을 받았다. 그리고 그는 안디옥에서 로마에 이르는 이방 지역에 교회들을 세우며 예수님을 전했다.

어떤 이들은 바울이 이방인들을 대상으로 사역한 이유가 회심 후 유대인들을 혐오하게 되었기 때문이라고 말한다. 그러나 바울은 결코 반유대주의자가 아니었다. 그는 자기 형제들이 그리스도의 진리를 받아들이고 구원받기를 진심으로 원했고, 이를 위해 기도했다

(롬 10:1). 심지어 그는 유대인 형제들을 구원할 수 있다면 자신은 버림받아도 좋다고 말했다. "나의 형제 곧 골육의 친척을 위하여 내 자신이 저주를 받아 그리스도에게서 끊어질지라도 원하는 바로라 그들은 이스라엘 사람이라 그들에게는 양자 됨과 영광과 언약들과 율법을 세우신 것과 예배와 약속들이 있고"(롬 9:3-4).

구약 성경의 약속들을 알고, 예수님을 메시아로 받아들여야 할 모든 이유가 있음에도 불구하고 예수님을 배척하는 유대인들에 대해서, 바울은 이사야 선지자가 이스라엘이 믿지 않을 것을 이사야 53장에서 이미 예언했음을 인용을 통해 말한다. "그러나 그들이 다 복음을 순종하지 아니하였도다 이사야가 이르되 주여 우리가 전한 것을 누가 믿었나이까 하였으니"(롬 10:16).

바울이 인용한 구절이 바로 이사야 53장 1절이다.

그들은 다 복음에 순종하지 아니하였다

예수님은 구약 성경에 나타난 메시아에 대한 예언을 놀라울 만큼 세밀하고 정확하게 성취하셨다. 이는 1장에서 이미 자세히 살펴보았다. 여기에서는 그중 일부를 문맥 속에서 주의 깊게 살펴볼 것이다. 이 구절들은 때때로 예상하지 못한 곳에서 발견되는데, 여기에는 메시아의 등장에 대해서 너무나 자세하고 세밀하게 언급되어 있어서 그가 어떤 인물인지에 대해서는 오해의 여지가 없다.

예를 들어, 미가 5장 2절에는 메시아가 어디에서 태어나실지 이야기한다. "베들레헴 에브라다야 너는 유다 족속 중에 작을지라도 이스라엘을 다스릴 자가 네게서 내게로 나올 것이라 그의 근본은 상고에, 영원에 있느니라." 미가는 바벨론 왕 느부갓네살에 의해 유다의 왕으로 임명된 시드기야에 대해서 이야기한다. 시드기야는 반란을 시도했으며, 이에 느부갓네살은 그의 눈을 뽑아버린다(왕하 25:1-7).

이 책의 2부 10장에서 이사야가 죽은 후 바벨론에 포로로 잡혀가기까지 유다를 통치한 왕들에 대해 살펴볼 것이다. 시드기야는 이 시기에 해당한다. 여기에서 미가 5장 1-2절의 역사적 배경을 이해하려면, 시드기야에 대해서 좀 더 살펴볼 필요가 있다.

시드기야는 다윗 왕가의 적통은 아니었지만 마지막 후손이었다. 그는 바벨론 왕 느부갓네살의 인내가 한계에 다다랐을 때에 폐위되었고, 예루살렘은 초토화되었으며, 그는 눈을 뽑힌 채로 바벨론으로 끌려가 거기에서 생을 마감한다(겔 12:13). 미가 5장 1절에는 느부갓네살이 예루살렘을 공격할 것을 명하는 이야기가 나온다. "딸 군대여 너는 떼를 모을지어다 그들이 우리를 에워쌌으니 막대기로 이스라엘 재판자의 뺨을 치리로다." 여기서 "딸 군대"는 느부갓네살이 시드기야를 치기 위해 보낸 갈대아의 군대를 가리킨다. 이스라엘의 재판자는 시드기야이며, 그의 뺨을 후려칠 막대기는 결국 그의 눈을 뽑게 될 도구가 된다.

2절에서 베들레헴이 언급된다. 시드기야가 폐위된 후 다윗의 왕좌를 물려받은 이가 없었기에, 다윗의 왕위를 물려받을 진정한 통치

자가 나타나리라는 약속이 주어진다. 이 예언이 메시아를 암시하고 있음은 구약 시대의 사람들도 분명히 알고 있었다. 그러나 구약 성경에 나타난 대부분의 메시아 예언이 그러하듯, 미가 5장 2절의 의미는 예언이 성취되기까지 신비에 싸여 있었다. 미가는 메시아가 언제 어떻게 오시는지는 전혀 말하지 않고, 다만 어디에서 오시는지에 대해서만 이야기한다.

그리스도가 오시기 전에 사람들이 이미 미가 5장 2절에 나타난 메시아를 이해하고 중요하게 생각했다는 증거는 헤롯 왕 시대에 동방박사가 새로 태어난 왕을 찾아온 이야기에서 발견할 수 있다. 대제사장과 서기관들은 즉시 미가서의 이 말씀을 떠올렸고, 동방 박사들을 베들레헴으로 가게 했다.

구약 성경에 등장하는 메시아에 관한 여러 예언에는 예수님과 꼭 들어맞는 내용이 많다. 예를 들어, 창세기 초반에 나오는 아담과 하와에게는 여자의 후손이 사탄을 이기고 죄의 저주를 풀리라는 약속이 주어진다(창 3:15). 그리스도는 아브라함의 후손이다(갈 3:16). 그는 유다 지파의 자손이며(창 49:10), 다윗의 혈통이다(렘 23:5-6, 롬 1:3).

또한 메시아는 미약한 인간이 아님을 암시하는 단서들이 있다. 그는 사람으로 오시는 하나님이다. 미가 5장 2절에도 그의 신성에 대한 실마리가 들어 있다. "그의 근본은 **상고에**, **영원에** 있느니라." 이 말을 히브리어로 보면 '영원한 과거로부터'라는 뜻이다. 따라서 베들레헴에서 나올 자는 이스라엘을 다스릴 자가 될 것이며, 그의 근본은 인간의 영역이 아니고, 그는 시간이 존재하기 이전에 존재했다.

메시아의 신성에 대한 증거는 미묘하지만, 부정할 수는 없다. 다른 예를 들자면, 다윗은 메시아를 "주"라고 불렀다(시 110:1). 유대 종교 지도자들이 예수님을 시험하고자 하였을 때 예수님은 이렇게 되물으셨다. "다윗이 그리스도를 주라 칭하였은즉 어찌 그의 자손이 되겠느냐"(마 22:45). 그리스도는 다윗의 자손인데, 다윗은 그리스도를 "주"라고 불렀다. 중동 지역의 아버지 중에 자기 자손을 "주"라고 부를 사람은 아무도 없다. 또한 동정녀로부터의 탄생을 예언한 이사야 7장 14절도 좋은 예다. 이 예언 역시 메시아가 육신을 입은 하나님임을 강하게 암시한다. "처녀가 잉태하여 아들을 낳을 것이요 그의 이름은 **임마누엘**"이 될 것인데, 이는 "하나님이 우리와 함께 계시다"라는 뜻이다(마 1:23). 이사야 9장 6절은 이렇게 말한다. "그의 이름은 기묘자라, 모사라, **전능하신 하나님**이라, 영존하시는 아버지라, 평강의 왕이라 할 것임이라."

수세기의 기다림 끝에 마침내 주 예수 그리스도께서 이사야의 예언대로 동정녀에게서 나셨고(눅 1:26-35 참조), 아브라함과 다윗의 자손으로 오셨으며(마 1:1), 그의 신성은 유례없는 그의 말씀과 사역으로 확증되었다(눅 24:19, 행 2:22, 요 5:36, 7:46, 마 7:28-29). 그가 메시아라는 증거는 너무나 분명했기에, 그를 보고 들은 사람들은 이렇게 말할 수밖에 없었다. "당국자들은 이 사람을 참으로 그리스도인 줄 알았는가"(요 7:26). "그리스도께서 오실지라도 그 행하실 표적이 이 사람이 행한 것보다 더 많으랴"(31절). 예수께서 행하시는 기적을 목격한 수천 명의 군중은 그를 "억지로 붙들어 임금으로 삼으려" 했다(요

6:15). 그가 마지막으로 예루살렘에 입성했을 때, 흥분한 군중은 메시아를 연호했다(마 21:9, 요 12:13).

그러나 대다수의 유대인은 종교 지도자들을 따라(마 27:20), 그를 메시아로 받아들이지 않았다. 그들은 결국 예수님을 "법 없는 자들의 손을 빌려 못 박아 죽였"다(행 2:23; 3:13-15, 4:10-11, 5:30, 7:52, 13:27 참조).

어떻게 이런 일이 가능했을까? 예수께서 그토록 고대하던 메시아임이 분명한데 어떻게 그를 배척할 수 있는가? 그들이 메시아에 대해서 잘못 생각했다고 보는 이유는 하나다. 그들은 압제자 로마로부터 그들을 해방시켜 줄 정복자 메시아를 고대했다. 메시아가 자기 왕국을 세우고, 이스라엘에 복을 가져오길 바랐다.

19세기 독일의 신학자이자 역사가인 에밀 쉬러는 1세기 유대교에 대한 여러 권의 저서를 남겼다. 그는 그 시기 유대인들이 메시아에 대한 어떤 기대를 가지고 있었는지 장황하게 설명하면서, 이를 '메시아 교리 신학'이라고 명명했다.[21] 쉬러에 따르면, 유대교 신학자들은 메시아가 아홉 단계의 사건을 통해 오신다고 믿었다. 쉬러는 1세기 유대교 종말론을 다음과 같이 설명한다.

1. **"마지막 환난과 혼란.** (중략) 구속이 시작되기 전에 일정 기간 특별한 환란과 고난이 있어야 한다."[22]
2. **"엘리야가 먼저 올 것이다.** 말라기에 비추어 볼 때, 엘리야가 돌아와서 메시아의 길을 예비할 것이다(말 4:5-6)."[23]
3. **"메시아가 나타날 것이다."**[24] 초기 유대인들은 메시아 한

개인이 아니라 다윗 혈통의 신정 왕조가 회복되기를 기대했다. 그러나 시간이 흐르면서 "특별한 은사와 능력을 지닌, 하나님이 정한 **한 사람의 메시아**를 기대하게 되었다."[25] 고대 유대인이 메시아를 평범한 인간으로 이해했는지, 아니면 창세 이전의 특별한 존재로 이해했는지는 확실하지 않다. 쉬러는 에녹서(고대 유대교 외경)를 비롯한 몇몇 자료를 인용하면서, 메시아는 창세 전에 하나님이 선택했고, 명명했으며, 함께했다고 말한다. 1세기의 유대인은 메시아에게 기사와 표적을 베푸는 능력이 있음을 알고 있었다.[26] 확실히 1세기의 유대인은 현재의 유대인에 비해 메시아를 신약 성경에 훨씬 가깝게 이해하고 있었다.

4. **"적대 세력의 마지막 공격이 있을 것이다.** 메시아가 온 다음, 이방 세력이 힘을 모아 마지막 공격을 일으킬 것이다."[27]

5. **"적대 세력이 궤멸할 것이다.** (중략) 하나님이 직접 적에게 위대한 심판을 내리실 것이다."[28] 마침내 죄의 저주가 벗겨지고, 메시아 시대 즉, 유례없는 평화와 번영의 시대가 올 것이다.

6. **"예루살렘의 회복.** 거룩한 땅에 메시아 왕국이 세워질 것이며(스 9:9 비교), 예루살렘이 회복되어야 한다."[29]

7. **"흩어진 자들이 모여야 한다."** 흩어진 이스라엘이 본토로 돌아오게 되리라는 기대는 "너무나 자명했고, 구약 성경의 예언이 없었다 해도 이미 그러한 바람은 만연해 있었다."[30]

8. **"팔레스타인에 세워진 영예로운 왕국."**³¹ 예루살렘에 메시아 왕국이 세워지면, 이스라엘이 세계의 중심이 될 것이며, 모든 나라가 유대인의 메시아를 섬기게 될 것이다. "**거룩한 땅**이 이 왕국의 중심이 된다. '땅을 유업으로 받는 것'은 메시아 왕국에 동참하는 것을 의미한다."³²

9. **"세상의 회복.** 하늘과 땅의 회복은 이사야 65장 17절, 66장 22절에 근거한다."³³

마지막 때에 대한 이러한 관점은 기독교의 전천년설(그리스도가 재림하여 천 년 동안 세상을 평화롭게 다스릴 것이라는 믿음)과 유사하고 병행되는 면이 너무나 많다. 메시아 왕국에 대한 구약 성경의 약속을 액면 그대로 받아들이고 일반적인 성경 구절의 해석 방법을 그대로 적용한다면, 성경이 말하는 마지막 때의 메시아 통치에 대해 대략적인 윤곽을 그릴 수 있다. 마태복음 24장 21절에서 예수님은 마지막 때의 시작을 이렇게 예언하셨다. "이는 그 때에 큰 환난이 있겠음이라 창세로부터 지금까지 이런 환난이 없었고 후에도 없으리라"(계 7:14 참조). 고대 유대학자들이 생각한 세부적 시간표 역시 계시록의 내용을 연상시키며, 그리스도의 천년 왕국에 대한 부분에서 정점을 이룬다(계 20:4-5).

그런데 예수님 시대의 유대 학자들이 미처 생각하지 못한 내용이 바로 이사야 53장의 주제다. 메시아가 적을 궤멸시키고 예루살렘에 왕국을 건설하기 전, 먼저 죄를 속하기 위해 그가 피를 흘려야 한다는 사실이다. "일찍이 죽임을 당하사 각 족속과 방언과 백성과 나라 가운데에서 사람들을 피로 사서 하나님께 드리시고"(계 5:9). 즉, 유대교의 메시아 신학에는 메시아의 희생, 죽음, 부활이 없다. 어떤 주석가는 이렇게 말한다.

> 그들이 생각하는 메시아의 개념에는 죽음과 부활이 없다. (중략) 그들은 로마 제국의 압제를 무력으로 깨부술 메시아를 고대했다. 유대 관료들에게 붙들려서 로마 제국의 손에 넘겨져 십자가에 못 박히는 메시아, 로마에 대한 전면전이나 무장 폭동, 심지어 게릴라전조차 시도하지 않은 메시아가 도대체 무슨 쓸모가 있단 말인가? 구약 성경에서 예언된 메시아가 죽지 않고 승리를 거두는 해방자라면, 예수님은 이미 자격 미달이다. 그는 죽었다. 부활을 이야기하는 것은 이미 무의미했다.[34]

예수님의 삶과 사역은 유대인의 메시아에 대한 기대와 부합하지 않았다. 그는 가장 낮은 환경에서 태어났다. "첫아들을 낳아 강보로 싸서 구유에 뉘었으니 이는 여관에 있을 곳이 없음이러라"(눅 2:7). 구유는 짐승의 여물통으로, 아기 왕이 누울 자리가 아니었다. 그가 탄생했을 때, 고관대작들의 알현 대신 목동들의 경배를 받았다. 이들은 미숙련 노동자로서 사회 최하위층에 가까웠다. 예수님은 미천한 환경에서 자라셨고, 멸시받는 지역(요 7:41, 52)에 위치한 이름 없는 가난한 마을에서 노동자 계층의 자녀로 성장하셨다.

오만하고 스스로 의로운 체하는 바리새인과 달리(요 7:49, 9:34), 예수님은 세리와 같이 소외받는 사회 계층(마 9:10-11, 11:19, 눅 15:1-2), 도둑, 술주정뱅이, 매춘부 같은 죄인(마 21:31-32, 눅 7:37, 39), 그리고 멸시받던 사마리아인(요 4:4-43)들을 섬기셨다.

그는 사회 지도자, 대제사장, 서기관 및 바리새인들의 인정과 존경을 추구하지 않았다. 사회적으로 부유하고, 정치적으로 힘 있는 사람 중에서 제자를 고르지 않았다. 열두 제자는 대부분 어부였고, 한 명은 세리였다. 가룟 출신의 한 명 외에는 모두 갈릴리 사람이었다. 이들은 예루살렘과 유다의 잘난 사람들에게 멸시를 당했다. 갈릴리 출신이 아니었던 한 제자는 나중에 예수님을 적에게 팔아 넘겼다.

예수님은 랍비 학교에서 교육받지 않았으며, 정치적 야망을 좇지 않았고, 직위나 권력에도 관심이 없었으며, 군대를 모으거나 통치 기반을 닦지도 않았다. 그를 메시아로 인정하고 진정으로 믿고 따른 이들 중에는 "육체를 따라 지혜로운 자가 많지 아니하며 능한 자가 많지 아니하며 문벌 좋은 자가 많지 아니하도다"(고전 1:26).

반면에 그에게는 질병, 죽음, 악한 영들을 다스리는 권세가 있었다(요 2:23, 3:2, 6:2, 7:31 참조). 심지어 그의 적인 대제사장과 바리새인도 이렇게 소리쳐댔다. "이 사람이 많은 표적을 행하니 우리가 어떻게 하겠느냐 만일 그를 이대로 두면 모든 사람이 그를 믿을 것이요 그리고 로마인들이 와서 우리 땅과 민족을 빼앗아 가리라"(요 11:47-48).

예수님의 놀라운 능력과 지혜를 보고 보통 사람들은 그가 그들이 그토록 바라던 메시아가 아닐까 희망을 품었다. 예수님이 갈릴리에서 사역하실 때, 사람들이 그를 강제로 왕으로 옹립하려 했던 시도가 있었다(요 6:14-15). 그리고 예수님이 마지막 유월절을 지키기 위해 예루살렘에 입성했을 때, 사람들은 그를 왕이자 메시아로 맞이했다. 그가 영광스럽게 입성하는 모습을 지켜본 사람들은 희망을 품었고, 엠마오로 가던 길에 예수님을 만난 두 제자 역시 그 당시에는 그렇게 생각했다고 말한다. "우리는 이 사람이 이스라엘을 속량할 자라고 바랐노라"(눅 24:21).

그러나 예루살렘에 입성하신 예수님은 로마를 공격하지도, 하나님의 적을 무찌르지도, 사람들을 모으지도 않았다. 대신 장사로 성전을 더럽힌 종교 지도자들을 공격했는데, 이 성전은 바로 유대교의 심장이었다. 고난 주간 전반에 걸쳐 예수님은 유대교의 잘못된 가르침을 꾸짖었고, 진리를 공개적으로 선포했다. 금요일에 이르자, 지도자들의 사주를 받은 군중은 그에게 등을 돌렸다(마 27:20). 예수님을 심판하기를 머뭇거리는 빌라도에게 군중은 외쳤다. "그를 십자가에 못 박게 하소서 십자가에 못 박게 하소서"(눅 23:21). "그 피를 우리와 우리 자손에게 돌릴지어다"(마 27:25). 그들은 예수님이 자신들이 바라던 왕이 아니라고 판단했다.

그러나 그는 만인의 구세주다. 1세기 유대교는 성경이 강조하는 은혜를 저버리고, 대신 사람의 공로를 주창했다. 그들은 자기들이 아브라함의 자손이기 때문에 스스로 특별하다고 믿었고, 율법의 의례(대부분 의식, 섭생 규칙 등)를 강조했다. 여기에 자신들의 전통을 더해서 손 씻는 법, 엄격한 십일조 법, 성구함과 옷술 부착 법, 죄인들과 먹지 않는 법 등등을 추가했다. 율법과 전통의 준수를 통해 스스로 의를 이룰 수 있다고 믿었다. 이를 통해 하나님 앞에 설 수 있다고 믿었다.

그러나 율법주의(종교적 의례를 통해 죄를 덮으려는 시도를 포함해서)로는 결코 진정한 거룩을 이룰 수 없다. 하나님은 이런 행위를 거듭 정죄하신다(사 1:11-16, 66:3-4, 렘 6:20, 암 5:21-25). 우리의 행위는 이기적 동기, 죄악된 욕망으로 얼룩져 있으며, 여기에는 주를 향한 순전한 사랑이 없다. 성경은 우리의 모든 의로운 행동이 "더러운 옷"에 불과하다고 말한다(사 64:6). 오직 하나님만이 "구원의 옷을 내게 입히시며 공의의 겉옷을 내게 더하"실 수 있다(사 61:10).

예수님은 참된 메시아이며, 그는 언젠가 왕으로 돌아와서 세상을 다스리실 것이다. 그러나 그는 (유대인과 이방인을 향한 모든 축복의 약속대로)왕국을 세우시기 전에 구원을 제공해야 한다. 사람은 죄에서 구원받지 않고서는 고난에서 구원받을 수 없다. 수많은 짐승의 희생을 통해 드린 제사로는 죄를 속하지 못했다. "그렇지 아니하면 섬기는 자들이 단번에 정결하게 되어 다시 죄를 깨닫는 일이 없으리니 어찌 제사 드리는 일을 그치지 아니하였으리요"(히 10:2). 끊임없는 제사는 사람들에게 죄를 일깨우고, 속죄의 필요를 깨닫게 하기 위함이었다. "그러나 이 제사들에는 해마다 죄를 **기억하게** 하는 것이 있나니"(히 10:3). 제사는 예수님을 가리킨다. "보라 세상 죄를 지고 가는 하나님의 어린 양이로다"(요 1:29). 순전한 대속자의 죽음만이 죄의 형벌에 대한 하나님의 공의를 만족시킬 수 있다. 이사야 53장에서 하나님은 친히 순전한 양을 준비하신다고 약속하셨다(창 22:8 참조).

누가 그 메시지를 믿었는가?

이사야 53장은 두 개의 질문으로 시작한다. "우리가 전한 것을 누가 믿었느냐 여호와의 팔이 누구에게 나타났느냐." 질문의 뜻은 이러하다. '우리 중에 누가, **우리가 들었던 그 메시지**를 믿었는가?' 이는 남들이 우리에게서 들은 메시지를 말하는 것이 아니다. 이는 지금 말하고 있는 주체(화자)에게 **주어진 메시지**에 대해 말한다. 이는 복음에 관한 것이며, 이스라엘의 메시아가 백성의 죄를 위해 죽으리라는 소식에 대해 이야기하고 있다. 문맥을 보면 이 사실이 분명하게 드러난다. 이어지는 말씀은 바로 여기에 초점을 맞추고 있다.

누가 '우리'인가? 문맥을 보면 이스라엘이 마침내 그리스도께로 돌아올 때, 온 이스라엘이 하게 될 고백에 대한 이야기다. 물론 여기 나오는 말들은 그리스도를 알면서도 주님이요, 구주라고 받아들이지 않은 모든 사람의 회개임에 틀림없다. 그러나 본문 속에서 이는 이스라엘 전체의 회개이며, 이러한 배경에서 본문을 이해하는 것이 중요하다.

"그 후에 이스라엘 자손이 돌아와서 그들의 하나님 여호와와 그들의 왕 다윗을 찾고 마지막 날에는 여호와를 경외하므로 여호와와 그의 은총으로 나아가리라"(호 3:5). 이때가 되면, 그들은 메시아를 믿지 않은 죄를 인정하고 죄를 고백할 것이다. 그들은 기쁘게 메시아를 받아들였어야 했다. 사도 바울은 이스라엘이 하나님의 택한 백성으로서 누린 특권에 대해서 이야기한다. "범사에 많으니 우선은 그들이 하나님의 말씀을 맡았음이니라"(롬 3:2). "그들은 이스라엘 사람이라 그들에게는 양자 됨과 영광과 언약들과 율법을 세우신 것과 예배와 약속들이 있고 조상들도 그들의 것이요 육신으로 하면 그리스도가 그들에게서 나셨으니 그는 만물 위에 계셔서 세세에 찬양을 받으실 하나님이시니라 아멘"(롬 9:4-5). 복음은 "먼저는 유대인에게" 주어졌다(롬 1:16). 또한 그리스도는 "자기 땅"에 오셨다(요 1:11). 예수님은 복을 받길 원하는 이방인들에게도 은혜를 베푸셨지만, 무엇보다 그의 사역은 유대인에게 초점이 맞추어져 있었다. "예수께서 대답하여 이르시되 나는 이스라엘 집의 잃어버린 양 외에는 다른 데로 보내심을 받지 아니하였노라 하시니"(마 15:24). "내가 말하노니 그리스도께서 하나님의 진실하심을 위하여 할례의 추종자가 되셨으니 이는 조상들에게 주신 약속들을 견고하게 하시고"(롬 15:8).

예수님은 구약 성경에 나오는 메시아에 관한 예언을 이미 이루셨고, 또 이루실 것이다. 그의 많은 기적은 그가 하나님의 기름 부음을 받은 자임을 증거한다. 그의 가르침에는 하나님의 권위가 있었다(마 7:28-29). 따라서 그가 누구인지에 대한 증거는 차고 넘친다. 그러나 요한의 말처럼 "자기 백성"은 그를 영접하지 않았다(요 1:11). 예수님 시대에서부터 오늘날까지 대다수의 유대인은 예수님이 메시아임을 믿지 않으며, 죄의 용서와 온전한 구속에 대한 약속을 거부한다.

물론 그들만 그런 것은 아니다. 대부분의 이방인도 마찬가지다. "좁은 문으로 들어가라 멸망으로 인도하는 문은 크고 그 길이 넓어 그리로 들어가는 자가 많고"(마 7:13). 예수님은 "사람에게는 버린 바가 되었으나 하나님께는 택하심을 입은 보배로운 산 돌"이시다(벧전 2:4). 하나님이 자기를 스스로 온전히 드러내신 자, 곧 하나님의 아들을 거부하는 것은 모든 죄인의 영원한 수치다(골 2:9). 사실 세상의 거의 모든 문화권에서 복음을 거부하고 있다. 타락하고 오만한 인간들은 죄의 용서가 필요하다는 사실을 인정하지 않는다. 그들은 죄의 대가나 하나님의 진노에 대한 언급을 비웃거나 무시한다. 구원의 좋은 소식을 어리석고 기분 나쁜 이야기로 치부한다.

누구든 하나님의 심판을 비웃는다는 것은 너무나 무서운 일이다. 그리스도의 약속을 듣고도 그를 거부하는 자들의 경우는 더욱 그러하다. 예수님의 이름조차 미워하는 이들도 있다. 예수님은 제자들에게 이렇게 말씀하셨다. "세상이 너희를 미워하면 너희보다 먼저 나를 미워한 줄을 알라"(요 15:18). 한 나라 또는 민족이 아니라 온 세상에 예수님을 거부한 죄가 있다.

1세기에 로마와 결탁하여 예수님을 죽게 만든 유대인들부터 오늘에 이르기까지 대다수의 유대인이 메시아에 대한 예언을 듣고도 메시아를 거부했다. 그들은 수많은 영적인 특권을 누려 왔다. 복음은 제일 먼저 그들에게 선포되었다. 대제사장과 종교 지도자들은 예수님이 메시아임을 믿을 만한 충분한 이유를 가지고 있었지만, 기득권을 지키는 것에만 연연해했다. "만일 그를 이대로 두면 모든 사람이 그를 믿을 것이요 그리고 로마인들이 와서 우리 땅과 민족을 빼앗아 가리라"(요 11:48). 그들은 의도적으로 예수님이 메시아라는 사실을 거부했다. 그들은 자신의 불신을 책임져야 한다. 그들에게는 변명의 여지가 없다(롬 1:20).

그들은 수많은 특권을 누렸기에 더욱 죄가 크다. 그들은 예수님을 직접 보고 들었지만, 마음을 굳게 닫았다. 그래서 예수님은 이렇게 말씀하셨다. "그들은 과부의 가산을 삼키며 외식으로 길게 기도하는 자니 그 받는 판결이 더욱 중하리라"(막 12:40). "알지 못하고 맞을 일을 행한 종은 적게 맞으리라 무릇 많이 받은 자에게는 많이 요구할 것이요 많이 맡은 자에게는 많이 달라 할 것이니라"(눅 12:48).

불신은 눈을 멀게 한다. 유대 지도자들은 백성이 예수님을 메시아로 받아들일까 염려했다. 그들 역시 예수님이 메시아임을 알았지만, 불신과 증오가 그들의 눈을 멀게 했다. 그 당시 바울은 바리새인 중에서 떠오르는 별이었다. 그는 유대 지도자들을 개인적으로 잘 알았을 것이다. 그는 예루살렘에서 가말리엘에게 사사를 받았다(행 22:3). 가말리엘은 그 당시 존경받던 랍비였고, 유대교의 최고 의결기관인 공회(산헤드린)의 회원이었다(행 5:34). 바울은 이렇게 말한다. "예루살렘에 사는 자들과 그들 관리들이 (중략) **선지자들의 말을 알지 못하므로**"(행 13:27).

그들은 불신의 죄를 지었다. 변명의 여지가 없다. 그들은 고의적인 죄로 인해 눈이 멀었다. 바울은 이렇게 말한다. "예루살렘에 사는 자들과 그들 관리들이 예수 및 안식일마다 외우는 바 선지자들의 말을 알지 못하므로 예수를 정죄하여 선지자들의 말을 응하게 하였도다 죽일 죄를 하나도 찾지 못하였으나 빌라도에게 죽여 달라 하였으니"(행 13:27-28). 그들은 이스라엘의 영적 지도자로서의 책무를 다

하지 못했다. 그들은 민족 전체를 배교로 이끌었다.

바울은 그 이후 민족 전체가 눈이 멀었다고 말한다. "이방인의 충만한 수가 들어오기까지 이스라엘의 더러는 우둔하게 된 것이라"(롬 11:25). "그런즉 어떠하냐 이스라엘이 구하는 그것을 얻지 못하고 오직 택하심을 입은 자가 얻었고 그 남은 자들은 우둔하여졌느니라 기록된 바 하나님이 오늘까지 그들에게 혼미한 심령과 보지 못할 눈과 듣지 못할 귀를 주셨다 함과 같으니라"(롬 11:7-8). "그러나 그들의 마음이 완고하여 오늘까지도 구약을 읽을 때에 그 수건이 벗겨지지 아니하고 있으니 그 수건은 그리스도 안에서 없어질 것이라"(고후 3:14).

달리 말해서, 구약 성경의 예언에 따라 그들은 의도적인 배교에 대한 형벌로 마음이 완고해졌다. 바울은 이스라엘을 가리켜 이방인을 접붙이기 위해 꺾인 감람나무 가지에 비유한다(롬 11:17-20). 바울은 이방인들을 독려한다. "옳도다 그들은 믿지 아니하므로 꺾이고 너는 믿으므로 섰느니라 높은 마음을 품지 말고 도리어 두려워하라"(롬 11:20).

또한 하나님의 주권이 강조된다. 택함을 받은 자는(유대인을 포함해서) 구원을 받는다. "그런즉 어떠하냐 이스라엘이 구하는 그것을 얻지 못하고 오직 택하심을 입은 자가 얻었고 그 남은 자들은 우둔하여졌느니라 기록된 바 하나님이 오늘까지 그들에게 혼미한 심령과 보지 못할 눈과 듣지 못할 귀를 주셨다 함과 같으니라"(롬 11:7-8). 이스라엘이 눈먼 것은 우연이 아니며, 하나님이 자기 백성을 완전히 버리셨기 때문도 아니다. 이는 목적이 담긴 심판이며, 이스라엘의 불신,

불순종, 마음이 나뉨에 대한 하나님의 형벌이다. 그 궁극적 목적은 유대인들의 나라를 궤멸하려는 것이 아니라 회개시키는 것이다. "그러므로 내가 말하노니 그들이 넘어지기까지 실족하였느냐 그럴 수 없느니라 그들이 넘어짐으로 구원이 이방인에게 이르러 이스라엘로 시기나게 함이니라"(롬 11:11).

이러한 마음에서 바울은 이렇게 말한다. "그러나 그들이 다 복음을 순종하지 아니하였도다"(롬 10:16). 그러나 이스라엘의 거부조차 하나님의 예언과 계획을 성취한다. 바울은 이사야 53장 1절을 인용한다. "이사야가 이르되 주여 우리가 전한 것을 누가 믿었나이까 하였으니"(롬 10:16).

이스라엘이 예수 그리스도에 관한 복음을 거부하는 이유는 무지가 아니라 완고함 때문이다. "이스라엘에 대하여 이르되 순종하지 아니하고 거슬러 말하는 백성에게 내가 종일 내 손을 벌렸노라 하였느니라"(롬 10:21; 사 65:2 참조).

믿는 모든 자의 구원을 위한 하나님의 능력

이사야 53장 1절에 나오는 두 번째 질문이다. "여호와의 팔이 누구에게 나타났느냐." 여호와의 팔은 하나님의 능력을 상징한다(사 51:9, 52:10, 59:16, 62:8, 눅 1:51, 요 12:38). 여기에서는 예수님의 기적을 통해 드러난 하나님의 능력, 궁극적으로 복음을 통해 구원하시는 하나님의 능력을 가리킨다. "이 복음은 모든 믿는 자에게 구원을 주시는 하나님의 능력이 됨이라 먼저는 유대인에게요 그리고 헬라인에게로다"(롬 1:16).

이스라엘은 메시아를 거부했지만, 하나님의 역사는 계속된다. 바울이 말한다. "나의 형제 곧 골육의 친척"이(롬 9:3) "하나님의 의를 모르고 자기 의를 세우려고 힘써 하나님의 의에 복종하지 아니하였느니라"(롬 10:3). 그들은 이 진리를 알지 못했다. "그리스도는 모든 믿는 자에게 의를 이루기 위하여 율법의 마침이 되시니라"(롬 10:4). 즉, 그들은 스스로 하나님 앞에 설 수 없으며, 자기의 공로로 하나님의 은혜를 입을 수 없음을 이해하지 못했다. 따라서 그들은 주의 종이 그들을 위해 희생당해야 할 필요성을 깨닫지 못했다. 그들이 만약 그 사실을 믿었더라면, 메시아의 완벽한 의를 전가받을 수 있었을 것이다(고후 5:21; 벧전 2:24 참조). 그러나 그들은 스스로 의로워지고자 했다. 하나님의 의를 거부하고 자기 행위에 의지함으로써 하나님을 거역했다.

이사야는 자기의 행위에 의지하는 죄를 설명하기 위해 노골적인 표현을 서슴지 않는다. 그들의 상태는 마치 부정한 피가 묻은 옷을 입고 있는 것과 같다고 말한다. 이사야 64장 6절의 문자적 의미가 바로 그것이다. "무릇 우리는 다 부정한 자 같아서 우리의 의는 다 **더러운 옷** 같으며."

스스로 의롭다고 여기는 죄인들이 그러하듯, 그들은 하나님의 거룩하심을 과소평가하고, 자기의 의로움을 과대평가했다. 그들은 하나님의 법이 아니라 자기 법대로 하나님을 상대하려 했다. 그들은 죄를 올바로 이해하지 못했기에, 구세주가 죄 때문에 죽으셔야 하는 이유를 이해하지 못했다.

영광스러운 하나님의 공의를 이해하지 못하는 자는 속죄의 필요성을 이해하지 못한다.

그것이 모든 불신자의 과오다. 이스라엘만의 잘못이 아니다. 세례 요한은 이렇게 말했다. "그가 친히 보고 들은 것을 증언하되 그의 증언을 받는 자가 **없도다**"(요 3:32). 그러나 대다수의 이스라엘이 믿지 않는다는 사실은 비극이 아닐 수 없다. 그들은 메시아를 이 땅에 모셔 오기 위해 선택된 나라였다.

요한복음을 통해 예수님의 기적과 가르침을 경험했던 이들의 실제 생각을 엿볼 수 있다. 요한복음 12장 32절에서 주님께서 그들에게 이렇게 말씀하신다. "내가 땅에서 들리면 모든 사람을 내게로 이끌겠노라." 이는 십자가 죽음을 말씀하신 것이었다(33절). 그런데 그들은 이렇게 대답한다. "우리는 율법에서 그리스도가 영원히 계신다 함을 들었거늘 너는 어찌하여 인자가 들려야 하리라 하느냐 이 인자는 누구냐"(34절). 그들은 그들의 죄를 위해서는 메시아가 죽으셔야 함을 이해하지 못했기에, 메시아의 죽음을 이해할 수 없었다.

예수님은 그들의 완고한 불신을 경고하신다.

아직 잠시 동안 빛이 너희 중에 있으니 빛이 있을 동안에 다녀

어둠에 붙잡히지 않게 하라 어둠에 다니는 자는 그 가는 곳을 알
지 못하느니라 너희에게 아직 빛이 있을 동안에 빛을 믿으라 그
리하면 빛의 아들이 되리라 (요 12:35-36)

요한은 예수님의 경고를 설명하면서 이사야 53장을 인용한다.

이렇게 많은 표적을 그들 앞에서 행하셨으나 그를 믿지 아니
하니 이는 선지자 이사야의 말씀을 이루려 하심이라 이르되 주
여 우리에게서 들은 바를 누가 믿었으며 주의 팔이 누구에게 나
타났나이까 하였더라 그들이 능히 믿지 못한 것은 이 때문이니
곧 이사야가 다시 일렀으되 그들의 눈을 멀게 하시고 그들의 마
음을 완고하게 하셨으니 이는 그들로 하여금 눈으로 보고 마음
으로 깨닫고 돌이켜 내게 고침을 받지 못하게 하려 함이라 하였
음이더라 이사야가 이렇게 말한 것은 주의 영광을 보고 주를 가
리켜 말한 것이라 (요 12:37-41)

대다수의 유대인이 예수님을 거부한 첫 번째 이유는 그들의 신학
이 잘못되었기 때문이다. 그들은 스스로의 노력으로 구원을 얻을 수
있다고 믿었다. 하나님 대신 자기 자신을 믿었다. 따라서 그들은 복
음을 거부했고, 그리스도를 믿는 모든 자에게 구원을 베푸시는 능력
즉, "여호와의 팔"을 거부했다. 그래서 하나님은 믿음이 없는 그들의
눈을 가리고 마음을 완고하게 하셨다.

그들의 불신을 하나님의 탓으로 돌리면 안 된다. 그들이 완고하게 하나님의 아들을 거부한 탓이다.

그는 멸시를 받았고,
우리도 그를 귀히 여기지 아니하였다

이사야 53장 2-3절에는 이스라엘이 예수님을 믿지 않은 세 가지 이유가 나온다. 믿음이 없는 이스라엘은 주의 종을 경멸했다.

첫째, 그들이 볼 때 주의 종은 시작이 미약했다. "그는 주 앞에서 자라나기를 연한 순 같고 마른 땅에서 나온 뿌리 같아서"(2절). 그가 출생했을 때 그가 누구인지를 알아본 사람은 많지 않았다. 목자들(눅 2:8-18), 시므온(눅 2:25-32), 안나(눅 2:36-38), 그리고 "예루살렘의 속량을 바라는 모든 사람"(눅 2:38) 뿐이었다. 그러나 예수님은 하나님 아버지의 사랑 속에서 자랐다. "예수는 지혜와 키가 자라가며 하나님과 사람에게 더욱 사랑스러워 가시더라"(눅 2:52). 예수님이 세례를 받으셨을 때(그리고 모습이 변했을 때), 하나님은 이렇게 말씀하셨다. "너는 내 사랑하는 아들이라 내가 너를 기뻐하노라"(막 1:11; 9:7 참조).

예수님의 고향 나사렛 주민(마 13:53-58)을 비롯해서 대부분의 유대인에게 예수님은 "연한 순 같고 마른 땅에서 나온 뿌리" 같았다. 이스라엘은 농업이 주 산업이었기에, 이 비유는 대부분의 사람이 쉽게 이해할 수 있었을 것이다. "연한 순"으로 번역된 단어는 쓸모없는 곁

가지를 의미한다. 이들은 주가지를 위해서 대부분 제거된다. 이 곁가지들은 감람나무에 많이 생긴다. 나무의 밑동에서 자라기 시작해서 수분과 영양분을 빨아들인다. 이들은 병충해에 특히 취약하다. 따라서 반드시 제거되어야 한다.

주의 종을 곁가지로 비유한 사실을 통해 예수님의 시작 역시 미약하고 볼품없었음을 알 수 있다. 그에게는 메시아의 풍채가 없었다. 그의 부모는 특별한 사회적 지위가 없는 보통 사람이었다. 그는 고향에서 멀리 떠나 노숙자의 거처 같은 곳에서 태어났고, 짐승의 여물통에 뉘여졌다(눅 2:7). 유대교의 문화와 종교 중심지에서 한참 떨어진 갈릴리의 작은 촌 나사렛에서 성장했다. 나사렛은 이름 없는 촌이었기에, 구약 성경, 탈무드, 요세푸스의 책에도 그 이름이 등장하지 않는다. 너무나 미약한 촌이었기에 어떤 이들은 예수님 시대에 이 마을이 실제로 존재하지 않았을 것이라고 주장하기도 했다(이후 이를 반박하는 많은 고고학적 증거가 발견되었다).[35] 나사렛은 선한 것이 나올 수 없는 곳으로 여겨졌다(요 1:46). 그리스도는 사역을 시작하기 전까지 이곳에서 목수 일을 하면서 이름 없이 30년을 사셨다.

둘째, 예수님은 영광스러운 정복자 메시아와 정반대의 이미지였다. "마른 땅에서 나온 뿌리"라는 표현은 "연한 순"에 매우 가까운 의미다. 그런데 그 느낌이 조금 다르다. '마른 황무지에서 나온 뿌리' 즉, 이는 누구도 심지 않았고, 관심도 없는 작은 묘목을 가리킨다(관심이 있었다면 물을 주었을 것이다). 이는 또한 땅에서 삐져나온, 사람이 걸려서 넘어질 수 있는 마른 뿌리를 가리키는 것일 수도 있다. 그는 누구도 원하지 않고, 볼품없으며, 연약해 보이고, 사람들에게 외면받는 그런 자였다. 그는 랍비 학교에서 공부하지 않았으며, 출신, 지위, 학력 등 내세울 것이 하나도 없었다. 그의 제자들 역시 대부분 사회적 지위나 영향력과는 거리가 먼, 교육받지 못한 노동자들이었다.

유대인들은 메시아가 예수님처럼 평범한 사람이리라고는 결코 상상할 수 없었다. 예수님이 고향 나사렛의 회당에서 가르치셨을 때, 그를 어려서부터 보아 온 동네 사람들은 이렇게 말했다. "이 사람이 어디서 이런 것을 얻었느냐 이 사람이 받은 지혜와 그 손으로 이루어지는 이런 권능이 어찌됨이냐 이 사람이 마리아의 아들 목수가 아니냐 야고보와 요셉과 유다와 시몬의 형제가 아니냐 그 누이들이 우리와 함께 여기 있지 아니하냐"(막 6:2-3). 이는 이렇게 바꿔 볼 수 있다. "이런 쓸모없는 가지, 마른 땅에서 나온 뿌리 같은 자가 어떻게 이런 능력을 행하는 것이냐?"

그들의 반응은 냉담했다. 이에 대해 마가는 "예수를 배척한지라"(막 6:3)라고 말했다. 누가의 기록은 보다 충격적이다. "일어나 동네 밖으로 쫓아내어 그 동네가 건설된 산 낭떠러지까지 끌고 가서 밀쳐 떨어뜨리고자 하되 예수께서 그들 가운데로 지나서 가시니라"(눅 4:29-30). 예수님은 기적적으로 군중에게서 빠져나왔다. 군중들이 영적으로 눈먼 상태임을 보여 주기라도 하듯, 예수님은 "그들 가운데로 지나서" 그곳을 빠져나오신다. 이 사건은 천사들이 소돔을 치기 전날 밤, 롯을 보호하기 위해 소돔 사람들의 눈을 멀게 한 사건을 연상시킨다(창 19:11).

요한복음 8장 59절에서는 예수님이 나사렛에서 배척당한 지 2년 후, 자기를 돌로 치려는 군중에게서 다시 탈출하시는 기적 같은 일이 나온다. 그때 유대 지도자들은 예수님을 귀신들린 사마리아인으로 치부했다(요 8:48). "그들이 돌을 들어 치려 하거늘 예수께서 숨어 성전에서 나가시니라"(요 8:59).

예수님은 질병, 죽음, 자연을 다스리는 능력을 보이셨고, 은혜로운 가르침을 전하셨다("그 사람이 말하는 것처럼 말한 사람은 이 때까지 없었나이다" 요 7:46). 그러나 유대인의 반응은 냉담했다. "고운 모양도 없고 풍채도 없은즉 우리가 보기에 흠모할 만한 아름다운 것이 없도다"(사 53:2).

그들은 외모를 중시했다(삼상 16:7 참조). 예수님의 외모는 경외나 감탄을 일으키지 못했다. 또한 그는 "마음이 온유하고 겸손"하셨다(마 11:29). 그토록 온유하고 겸손한 사람이 메시아일 리가 없었다. 어떻게 그런 자가 위대한 정복자가 될 수 있겠는가? 빌라도가 십자가 위에 '유대인의 왕'이라는 명패를 붙였을 때, 분노한 유대 지도자들은 이렇게 요구했다. "유대인의 왕이라 쓰지 말고 자칭 유대인의 왕이라 쓰라"(요 19:21).

이는 그들이 주의 종을 배척한 세 번째 이유로 이어진다. 그의 삶은 비극적으로 끝났다. "그는 멸시를 받아 사람들에게 버림 받았으며 간고를 많이 겪었으며 질고를 아는 자라 마치 사람들이 그에게서 얼굴을 가리는 것 같이 멸시를 당하였고 우리도 그를 귀히 여기지 아니하였도다"(사 53:3). '멸시를 받다'라고 번역된 히브리어는 구약 성경에서 자주 등장하며, 경멸의 표현으로 쓰인다. 이는 이사야 49장 7절에서 주의 종을 묘사하면서도 쓰였다. "여호와께서 사람에게 멸시를 당하는 자, 백성에게 미움을 받는 자, 관원들에게 종이 된 자에게 이같이 이르시되."

에서가 장자의 권리를 가볍게 여겼을 때에도 같은 표현이 쓰였다(창 25:34). 사울이 왕으로 뽑혔을 때, 어떤 이들은 그를 멸시했다(삼상 10:27). 다윗의 아내 미갈(삼하 6:16)과 골리앗(삼상 17:42)도 다윗을 업신여겼다. 예레미야 22장 28절과 다니엘 11장 21절에서는 비천하고 경멸스러운 왕을 묘사하는 표현으로 쓰였다.

이사야 53장 3절에서 이 단어는 주의 종에 대한 이스라엘의 반응을 설명하는 단어로 쓰인다. 그들은 예수님을 비천하고, 경멸스러우며, 수치스러운 존재로 보았다. 왜냐하면 예수님이 로마와 싸우는 대신에 죽어 버렸기 때문이다. 그는 로마 관원에 의해 비참하고 실망스럽게 처형당하고 말았다.

이스라엘 백성은 예수님의 끔찍한 죽음을 보고 그것이 하나님의 희생임을 깨달았어야 했다. "보라 세상 죄를 지고 가는 하나님의 어린 양이로다"(요 1:29). 그들은 하나님이 아브라함을 위해 이삭 대신에 숫양을 예비하신 사건을 떠올렸어야 했다. 그들은 하나님의 진노로부터 이스라엘 백성을 구한 유월절 어린 양의 피가 그리스도의 죽음에 대한 예표임을 알았어야 했다. 그들은 수많은 짐승의 제사로 이루지 못했던 죄의 속량을 위해 예수님이 자기 몸으로 최후의 참된 희생을 드리셨음을 깨달았어야 했다(히 10:4). 예수님은 반복해서 자기의 죽음이 죄인을 위한 대속물임을 말씀하셨다. "인자가 온 것은 섬김을 받으려 함이 아니라 도리어 섬기려 하고 자기 목숨을 많은 사람의 대속물로 주려 함이니라"(마 20:28).

그러나 그들은 자기가 죄인임을 깨닫지 못하였기에, 구약 성경의 제사로 죄의 문제를 해결할 수 있다고 생각했다. 그들은 황소와 염소의 피보다 더 나은 속죄가 필요하다는 사실을 알지 못했다. 그들은 구세주가 아니라 정치 및 군사적 영웅을 고대했다. 그래서 메시아가 간고를 많이 겪자 그를 멸시하였으며, 그러한 태도는 지금까지 이어지고 있다. 랍비들의 저술은 예수님에 대한 조롱과 신성 모독으로 가득하다.[36] 이사야 53장 3절에는 멸시를 받으셨다는 표현이 두 번이나 나온다.

예수님은 적들에게 멸시를 받았을 뿐 아니라 세상 모든 사람에게 배척받았다. 그는 인류에게서 버림받았다. 그는 공개적으로 십자가에서 죽임을 당하셨다. "그는 멸시를 받아 사람들에게 **버림 받았으며**"(사 53:3). 그가 배신당한 그날 밤, "제자들이 다 예수를 버리고 도망"갔다(마 26:56). 그의 곁에는 아무도 없었다.

십자가에 달린 예수님의 모습은 이스라엘이 기대한 메시아의 모습과 정반대였다. "그의 모양이 타인보다 상하였고"(사 52:14), 멸시를 받았으며, 가장 가까운 사람들에게조차 버림받았다. 이스라엘의 원수에게 고통을 안기는 대신에 스스로 간고를 많이 겪었다(53:3). '간고'로 번역된 히브리어는 고통, 아픔, 슬픔 등 그 뜻이 폭넓다. 여기에서는 육체적 아픔보다는 마음의 온갖 고통을 가리킨다. 마음속에서 솟아나는 슬픔뿐 아니라 그에게 가해진 극심한 고문으로 생긴 극도의 괴로움을 말한다.

예수님은 슬픔을 잘 아셨다. 신약 성경에는 예수님이 우셨던 기록이 있지만, 그가 웃으셨다는 기록은 보이지 않는다. 물론 그는 모든 면에서 온전한 인간이셨다(그러나 죄는 없으셨다, 히 4:15). 따라서 예수님이 결코 웃지 않으셨다고 생각하는 것은 옳지 않다. 그러나 성경이 예수님의 감정에 대해서 기술할 때는 언제나 그의 슬픔을 표현했다.

나사로가 죽었을 때 우는 사람들을 본 예수님은 "심령에 비통히 여기고 불쌍히 여기"셨다(요 11:33). 나사로의 무덤가에서 그는 우셨다(요 11:35). 예루살렘으로 가던 그는 도성을 보고 우셨다(눅 19:41). 마지막 유월절을 앞둔 예수님은 상념 속에서 이렇게 말씀하셨다. "지금 내 마음이 괴로우니 무슨 말을 하리요"(요 12:27). 다락방에서의 가르침과 중보 기도에서도 슬픔이 배어나온다(요 13-17장). 배신당하던 밤 동산에서 그는 슬퍼하셨다. "베드로와 야고보와 요한을 데리고 가실새 심히 놀라시며 슬퍼하사 말씀하시되 내 마음이 심히 고민하여 죽게 되었으니 너희는 여기 머물러 깨어 있으라 하시고"(막 14:33-34).

따라서 '간고'를 겪은 자라는 표현은 예수님의 성정에 잘 들어맞는다. 이사야는 십자가를 바라보면서 이 예언을 하였으며, 그의 초점은 예수님이 당하는 신체 및 마음의 고뇌에 맞추어져 있다. 그의 몸과 영혼이 겪는 고통이 너무나 극심했기 때문에 사람들은 그의 얼굴을 외면했다.

이사야가 52장 14절에서 예언한 것을 상기해야 한다. "전에는 그의 모양이 타인보다 상하였고 그의 모습이 사람들보다 상하였으므로 많은 사람이 그에 대하여 놀랐거니와." 십자가 위에서 죽으시기 전 고통에 신음하며 괴로워하는 예수님의 모습을 바라보기는 쉽지 않았을 것이다. 그런 모습은 그들이 기대한 메시아의 모습과 전혀 맞지 않았기에, 그들은 예수님을 귀히 여기지 아니하였다.

'귀히 여기다'로 번역된 히브리어는 회계 용어다. '계산된'이라는 뜻의 헬라어 로기소마이(Logizomai)에 해당하는 단어다. 이는 성경적으로 의롭다 하심에 대한 교리(칭의)에서 매우 중요한 의미가 있는 단어다. 그들은 하나님의 종을 아무 쓸모없는 자로 잘못 계산했다. 그들의 관점에서 볼 때, 예수님이 메시아라는 주장은 전혀 말이 되지 않았다.

그것은 궁극의 경멸적인 표현이다. 그들에게 그는 아무것도 아니었다. 그것은 또한 그의 죽음을 요구했던 자들의 태도였다. 대부분의 유대인을 포함하여, 복음을 듣고도 거부하는 자들의 태도 역시 크게 다르지 않다.

그러나 언젠가 유대인은 돌아올 것이며 예수님을 메시아요, 구세주로 받아들이고 이사야 53장의 고백을 할 것이다. "이 복음은 모든 믿는 자에게 구원을 주시는 하나님의 능력이 됨이라 먼저는 유대인에게요 그리고 헬라인에게로다"(롬 1:16).

CHAPTER 5

대속물이 된 주의 종

> 채찍질은 너무나 중한 형벌이었고, 많은 경우 죽음보다 더 끔찍하게 여겨졌다. 많은 사람이 채찍질을 당하다가 또는 그 직후에 죽음을 맞았다. 우리의 복된 구세주는 채찍에 등을 맡기셨고, 그의 등은 참혹하게 찢기었다. 그 참혹한 참상이란! 어떻게 눈을 들어 감히 그 모습을 볼 수 있겠는가?
>
> — 찰스 스펄전[37]

앞서 2장에서 살펴보았듯이, 이사야 52장 13절부터 이사야 53장 12절 말씀의 중간 부분에 이사야의 예언 중 가장 중요한 요점이 배치되어 있다. 이사야 53장 4-6절은 예수님 사역에 대한 놀라운 예언(사 52:13-53:12)의 다섯 연 중에서 세 번째 연이다. 여기에는 해당 말씀의 주제가 간략하게 잘 표현되어 있다.

> 그는 실로 우리의 질고를 지고
> 우리의 슬픔을 당하였거늘
> 우리는 생각하기를 그는 징벌을 받아
> 하나님께 맞으며 고난을 당한다 하였노라
> 그가 찔림은 우리의 허물 때문이요
> 그가 상함은 우리의 죄악 때문이라
> 그가 징계를 받으므로 우리는 평화를 누리고
> 그가 채찍에 맞으므로 우리는 나음을 받았도다
> 우리는 다 양 같아서 그릇 행하여 각기 제 길로 갔거늘
> 여호와께서는 우리 모두의 죄악을 그에게 담당시키셨도다

이 세 번째 연은 구약 성경에서 가장 위대한 구절이다.

이사야 예언의 주제를 각 구절 별로 따라가면 그 논리적 구성을 쉽게 이해할 수 있다. 첫 번째 연(52:13-15)에는 예수님의 낮아짐, 특히 그의 재판과 십자가 고난에 대해 사람들이 놀라는 모습이 기록되어 있다. 두 번째 연(53:1-3)에는 미래에 이스라엘이 하게 될 회개의 고백이 나오며, 그들이 메시아의 출생과 성장, 외모 및 죽음에 어떻게 반응했는지 기록되어 있다.

세 번째 연(53:4-6)에는 하나님의 종이 **왜** 그런 괴로움을 당하셔야

했는지 불현듯 깨닫게 된 내용이 나온다. 이는 이사야 53장의 신학적 열쇠일 뿐 아니라, 성경이 말하는 속죄 개념의 핵심이다.

53장 4절은 "실로(surely)"라는 단어로 시작되는데, 이는 감탄사다. 이는 '그럼에도 불구하고' 또는 '의심의 여지없이'라는 의미다. 이 표현은 구약 성경에서 적어도 15번 사용되는데, 주로 '진실로'라는 뜻으로 번역되며, '그럼에도 불구하고'라고 번역되기도 한다. 이 표현에는 두 가지 뜻이 다 들어 있다. 야곱은 천사들이 사다리를 오르내리는 꿈을 꾼 뒤 이 표현을 사용했다. "야곱이 잠이 깨어 이르되 여호와께서 **과연** 여기 계시거늘 내가 알지 못하였도다"(창 28:16). 이 단어에는 놀람의 의미가 담겨 있으며, 때론 실망의 의미도 있다. 모세는 애굽 사람을 죽인 일이 탄로 났을 때 이 표현을 사용했다. "모세가 두려워하여 이르되 일이 탄로되었도다"(출 2:14, 킹제임스 버전 영어 성경에서 'Surely the thing is known'이라는 표현을 씀 – 편집자).

이사야 53장 4절에서도 비슷한 의미로 사용된다. 전혀 예상하지 못한 일을 불현듯 깨닫게 된 상황을 묘사한다. 이는 급격한 인식의 전환 즉, 예수님을 향한 이스라엘의 태도가 전면적으로 바뀌었음을 보여 준다. 예수님에 대해 갖고 있던 인식이 완전히 뒤바뀐 것이다. 대대에 걸쳐 그들은 예수님의 십자가 죽음이 그가 아무 존재도 아님을 증명하는 것이라고 믿었다. 한때 승승장구하던 그가 결국 수치와 실패로 끝났다고 생각했다. 그러나 장래에 그들은 예수님이 진정한 메시아임을 고백하게 될 것이다. 예수님은 그들을 정치적 속박에서 구원하는 것이 아니라 영원한 죄의 형벌로부터 구원하실 것이다.

여기에는 놀람과 실망의 감정이 뒤섞여 있다. 이들은 오랫동안 부정해 왔던 진리를 마침내 인정하고 고백한다. 그들은 고난받는 하나님의 종이 죽었지만 그것은 실패가 아님을 고백한다. 또한 그는 자기 죄 때문에 죽으신 것이 아니다. 그는 죄 없는 하나님의 어린 양이었지만, 자기 백성의 죄를 위해서 죽으셨다.

5절은 그 의미가 무엇인지를 놀라운 방식으로 설명한다. 주의 의로운 종은 어린 양처럼 자기 죄가 아니라 백성의 죄를 대신 짊어지고 죽으셨다. "여호와께서는 우리 모두의 죄악을 그에게 담당시키셨도다"(6절).

주의 종이 받은 고난에는 하나님을 거스른 자들의 죄에 대한 하나님의 분노가 담겨 있다. 그는 실로 "**하나님께 맞으며 고난을**" 당하셨다(4절). 다시 말해서, 그의 상처는 죄 때문에 발생한 부수적 결과가 아니다. 그는 순교자도 아니고, 예상하지 못한 피해자도 아니다. 그가 당한 고난은 일련의 사건이 진행되면서 발생한 부수적 결과가 아니다. 하나님 아버지는 의도적으로 죄의 형벌을 그에게 지우셨다.

"그가 찔림은 우리의 허물 때문이요 그가 상함은 우리의 죄악 때문이라"(5절). 그는 고난을 받음으로써 **우리의 죄를 대속**하셨다. 그는 죄의 형벌을 대신 당하셨다. "그가 **징계**를 받으므로 우리는 평화를 누리고"(5절). 그는 죄인이 받아야 할 형벌 즉, 하나님의 모든 분노를 대신 감당하셨다. "하나님의 진노가 불의로 진리를 막는 사람들의 모든 경건하지 않음과 불의에 대하여 하늘로부터 나타나나니"(롬 1:18).

그가 백성을 대신해서 겪은 간고와 질고는 죄의 일시적 결과가 아니다. 하나님의 종은 자기 백성을 대신해서 죄를 지고 대속물이 되셨으며, 그들이 받을 형벌을 대신 받으셨다. 그 외에는 달리 해석될 수 없다.

최근에 이사야 53장 4-6절에 대한 어떤 성경 해설을 보았는데, 그 저자는 이 말씀이 그리스도가 죄인을 대신해서 벌을 받았다는 내용이 아니라고 주장했다. 그는 말씀을 직접 다루는 대신, 인간의 감성에 호소해서 논리를 전개했다. 만약 십자가가 죄에 대한 형벌이라면, 누가 그 벌을 내렸겠는가? 우리 하나님 아버지는 그러실 리가 없다는 주장이다. 그는 형벌적 대속론을 반대했다. 그는 자기주장을 뒷받침하기 위해 성경에서 쓰인 벌, 지불, 형벌에 대한 용어의 색인을 조사했다. 그리고 킹제임스 버전의 영어 성경에서 속죄와 관련하여 이러한 단어를 사용하지 않았으므로 형벌적 대속론 교리는 틀렸다고 주장했다.

그러나 이사야 53장 5절의 메시지는 너무나 자명하다. '징계'라고 번역된 히브리어는 분명히 하나님의 처벌을 의미한다. 10절 역시 그 점을 뒷받침한다. "여호와께서 그에게 상함을 받게 하시기를 원하사 질고를 당하게 하셨은즉 그의 영혼을 속건제물로 드리기에 이르면." 이사야 53장을 근거로 형벌적 대속론을 공격하는 것은 맞지 않다.

또한 성경 용어 색인에서 '지불'이라는 말이 나오지 않는다는 이유로 형벌적 대속론을 부정하는 것은 너무나 어리석다. 예수님은 직접 이렇게 말씀하셨다 "자기 목숨을 많은 사람의 대속물로 주려 함이니라"(마 20:28; 막 10:45). 여기에서 대속물이란 사면을 받기 위해 지

불해야 하는 **값**을 의미한다. 또한 성경은 그리스도가 "우리 죄를 위한 화목 제물"이라고 말한다(요일 2:2; 롬 3:25 참조). 여기에서 **화목 제물**은 죄를 사함받기 위해 드려야 하는 희생제물(또는 치러야 하는 값)을 의미한다.

만약 이 사실이 충격으로 다가온다면, 그것이 바로 이사야가 전하려는 요점이다. 우리 구주께서 자기 백성을 죄와 허물의 속박에서 구하기 위해 치러야 했던 대가는 너무나 참혹했으며, 성경은 그 끔찍한 진상을 가감 없이 전달한다. 성경은 하나님의 의로운 분노의 끔찍한 실체를 결코 감추지 않는다. "살아 계신 하나님의 손에 빠져 들어가는 것이 무서울진저"(히 10:31)라는 말씀을 이해하고 받아들이지 않으면, 죄인을 위해 아들을 보내사 죽게 하신, 우리를 향한 하나님의 자비와 사랑을 제대로 알 수 없다.

사실 십자가의 주제는 진노가 아니라 하나님의 사랑이다. 예수 그리스도께서 기꺼이 하나님의 진노의 잔을 마심으로써 그의 백성이 심판을 면하게 되었다. 이는 말로는 형언할 수 없는 사랑의 행동이다. "사람이 친구를 위하여 자기 목숨을 버리면 이보다 더 큰 사랑이 없나니"(요 15:13).

예수님은 죽음으로써 하나님의 뜻을 성취하셨다. 그가 하나님의 죄를 향한 분노를 감당하셨기에, 그를 구주로 믿는 자는 하나님의 정죄를 받지 않는다.[38] 예수님은 제자들에게 말씀하셨다. "내 말을 듣고 또 나 보내신 이를 믿는 자는 영생을 얻었고 심판에 이르지 아니하나니 사망에서 생명으로 옮겼느니라"(요 5:24). 사도 요한은 그리스도의 희생을 통해 드러난 하나님의 사랑에 대해 이렇게 말했다.

> 하나님의 사랑이 우리에게 이렇게 나타난 바 되었으니 하나님이 자기의 독생자를 세상에 보내심은 그로 말미암아 우리를 살리려 하심이라 사랑은 여기 있으니 우리가 하나님을 사랑한 것이 아니요 하나님이 우리를 사랑하사 우리 죄를 속하기 위하여 화목 제물로 그 아들을 보내셨음이라 (요일 4:9-10)

> 하나님이 세상을 이처럼 사랑하사 독생자를 주셨으니 이는 그를 믿는 자마다 멸망하지 않고 영생을 얻게 하려 하심이라 하나님이 그 아들을 세상에 보내신 것은 세상을 심판하려 하심이 아니요 그로 말미암아 세상이 구원을 받게 하려 하심이라 (요 3:16-17)

고난받는 종에 대한 내용이 중심이 되는 세 번째 연은 죄의 고백이라는 주제로 긴밀하게 서로 연결되어 있다. 각 구절은 마치 동심원처럼 고백의 내용을 확장해서 설명한다. 각 구절은 이스라엘의 죄와 종이 감당한 속죄에 대해서 이야기한다. 이사야의 예언에 따르면, 이스라엘은 타락한 본성 때문에 악한 태도와 행동을 보였지만, 언젠가 회개하고 돌아온 자들이 예수님을 배척한 것에 대한 죄를 고백하게 될 것이다.

그들이 죄악된 태도를 자백하다

이사야 53장 4절에 유대인들이 하게 될 첫 번째 고백이 나온다. "그는 실로 우리의 질고를 지고 우리의 슬픔을 당하였거늘 우리는 생각하기를 그는 징벌을 받아 하나님께 맞으며 고난을 당한다 하였노라." 유대인들은 예수님이 자신들이 생각한 메시아의 모습이 아니었기 때문에 예수님을 멸시했다. 그러나 예수님이 그들을 위해 하신 일은 그들의 기대를 완전히 뛰어넘는 것이었다. 그리스도께서 다시 오시면, 그들의 영적 후손은 예수님에 대한 그들의 태도가 잘못되었음을 깨닫고 죄를 고백하게 될 것이다.

'질고'로 번역된 단어는 '질병', '병약', '재앙' 등으로도 번역될 수 있다. 인간의 죄와 하나님의 속죄라는 문맥에 비추어 볼 때, 이사야가 말하는 질고와 슬픔은 죄로 말미암은 것이다. 인간이 타락하며 죄로 말미암아 우리의 삶은 끊임없이 온갖 종류의 질병과 재앙에 시달리는 문제가 생겼다.

메시아는 우리의 고통을 나누고 우리의 아픔을 공감하지만, 그것이 해당 말씀에서 전하려는 요지는 아니다. 물론 주님은 "자비하고 신실한 대제사장"이시며(히 2:17), "우리의 연약함을 동정"하신다(히 4:15). 그러나 이사야 53장 4절의 요지는 예수님이 우리의 아픔을 이해하고 우리를 불쌍히 여기신다는 것이 아니라, "그는 실로 우리의 질고를 **지고** 우리의 슬픔을 당하"셨다는 것이다. 그는 우리의 죄와 그 대가를 몸소 지셨다. 그러나 그에게는 아무런 죄가 없었다

(히 7:26, 벧전 2:22). 5절에 나오는 '허물'과 '죄악'은 우리가 이런 질고와 슬픔을 부당하게 겪는 것이 아님을 분명히 한다. 이러한 고통은 죄에 따른 대가로 죄과를 아는 것에서 시작해서(시 51:3) 결국 죽음으로 끝난다(약 1:15). 예수님은 자기 백성을 위해서 이 모든 것을 친히 지셨다.

'지다'로 번역된 단어는 문자적으로 '들어 올리다' 또는 '받아들이다'라는 뜻이다. 이는 능동적인 단어다. 이사야 53장의 종은 자기 백성의 모든 죄와 허물 그리고 그로 말미암은 모든 결과를 친히 짊어지고 고난을 당하신다. 죄의 삯인 죽음까지 받아들이신다. 신약성경은 예수님이 죄인을 위해 죽으셨다고 말한다. "그리스도도 많은 사람의 죄를 담당하시려고 단번에 드리신 바 되셨고"(히 9:28). "친히 나무에 달려 그 몸으로 우리 죄를 담당하셨으니 이는 우리로 죄에 대하여 죽고 의에 대하여 살게 하려 하심이라"(벧전 2:24). 예수님의 죽음은 하나님의 공의를 만족시키기 위해 "흠 없는 자기를 하나님께 **드린**"(히 9:14) 완벽한 희생이었다. "그리스도께서 우리를 위하여 저주를 받은 바 되사 율법의 저주에서 우리를 **속량하셨으니**"(갈 3:13). 엄밀히 말해서, 예수님은 자기 백성의 죄를 속량하셨다. 즉, 자기의 죽음으로 그것을 끝내셨다. 그는 백성들 대신에 그들이 받아야 할 죄의 형벌을 치르셨고 그들의 죄를 지심으로써, 그들을 죄에서 해방시키셨다(롬 6:14).[39]

백성의 죄를 대신 지는 주님의 모습은 속죄일에 예시되어 있다. 하나님은 이렇게 명령하셨다.

> 두 염소를 위하여 제비 뽑되 한 제비는 여호와를 위하고 한 제비는 곧 아사셀을 위하여 할지며 아론은 여호와를 위하여 제비 뽑은 염소를 속죄제로 드리고 아사셀을 위하여 제비 뽑은 염소는 산 채로 여호와 앞에 두었다가 그것으로 속죄하고 아사셀을 위하여 광야로 보낼지니라 (레 16:8-10; 20-22 참조)

이 신실한 주의 종은 주 예수 그리스도다. "그가 살아 있는 자들의 땅에서 끊어짐은 마땅히 형벌 받을 내 백성의 허물 때문이라"(사 53:8). 이사야의 예언과 예수 그리스도의 십자가는 도저히 부정할 수 없을 만큼 확실하게 연결되어 있다. 사도 베드로는 이렇게 말했다. "그리스도도 너희를 위하여 고난을 받으사 (중략) 친히 나무에 달려 그 몸으로 우리 죄를 담당하셨으니 이는 우리로 죄에 대하여 죽고 의에 대하여 살게 하려 하심이라 그가 채찍에 맞음으로 너희는 나음을 얻었나니"(벧전 2:21, 24).

우리는 다시 한 번 이 사실을 명심해야 한다. 이사야의 예언은 예수님이 십자가에서 죽기 수세기 전에 쓰였으며, 이사야가 말한 고난 받는 종은 예수님이 분명하지만 그의 백성은 그를 영접하지 않았다 (요 1:11).

신약 성경은 유대인의 불신에 대해서 거듭 이야기한다. "어떤 자들이 믿지 아니하였으면 어찌하리요 그 믿지 아니함이 하나님의 미쁘심을 폐하겠느냐"(롬 3:3). "그러나 하나님의 말씀이 폐하여진 것 같지 않도다 이스라엘에게서 난 그들이 다 이스라엘이 아니요"(롬 9:6).

"이사야는 매우 담대하여 내가 나를 찾지 아니한 자들에게 찾은 바 되고 내게 묻지 아니한 자들에게 나타났노라 말하였고 이스라엘에 대하여 이르되 순종하지 아니하고 거슬러 말하는 백성에게 내가 종일 내 손을 벌렸노라 하였느니라"(롬 10:20-21).

물론 예수님이 하나님 말씀을 가르치고, 많은 사람을 먹이며, 기적을 행할 때는 큰 호응이 있었다. "많은 사람들이 즐겁게 듣더라"(막 12:37). "그 사람들이 예수께서 행하신 이 표적을 보고 말하되 이는 참으로 세상에 오실 그 선지자라 하더라 그러므로 예수께서 그들이 와서 자기를 억지로 붙들어 임금으로 삼으려는 줄 아시고 다시 혼자 산으로 떠나 가시니라"(요 6:14-15). "종려나무 가지를 가지고 맞으러 나가 외치되 호산나 찬송하리로다 주의 이름으로 오시는 이 곧 이스라엘의 왕이시여 하더라"(요 12:13).

그러나 이 땅에서의 예수님의 사역이 그렇게 끝나자, 유대인은 그가 고대하던 메시아가 아니라고 결론 내렸다. "그는 징벌을 받아 하나님께 맞으며 고난을 당한다 하였노라"(사 53:4). 그는 고대하던 모습의 유대인의 왕이 아니었다. 오늘까지 역사 속에서 대부분의 유대인은 예수님이 메시아임을 거부하였다.[40] 바로 이사야가 여기에서 말하는 그런 이유 때문이었다.

한 유대인 웹사이트에 이런 제목의 글이 있다. "왜 유대인은 예수를 믿지 않을까." 여러 이유 중 두 가지를 꼽자면 다음과 같다. "예수는 메시아 예언을 성취하지 않았다." "예수는 메시아로서의 자격 요건을 충족하지 않았다." 이어서 메시아의 천년 왕국 통치에 관한 구약 성경의 인용이 이어진다. 예를 들어, 메시아는 셋째 성전을 지을 것이며(겔 37:26-28), 모든 유대인을 본토로 불러 모을 것이고(사 43:5-6), 세계 평화를 이룰 것이다(사 2:4) 등등. 기본적으로 십자가에서 죽은 자가 사람의 몸을 입은 하나님일 리는 만무하며, 메시아일 수도 없다는 주장이다. "하나님이 사람의 몸을 입었다는 주장은 하나님을 왜소하게 만들며, 그의 신성과 단일성을 침해한다"라고 주장한다.[41]

성육신으로 오신 그리스도에 대한 가장 경이로운 점은 그가 당하신 극심한 고통에 있다. 고난당하신 그리스도는 다시 영원히 영광스러운 모습으로 바뀌신다. "인자가 온 것은 섬김을 받으려 함이 아니라 도리어 섬기려 하고 자기 목숨을 많은 사람의 대속물로 주려 함이니라"(마 20:28). "그리스도께서 하나님의 진실하심을 위하여 할례의 추종자가 되셨으니 이는 조상들에게 주신 약속들을 견고하게 하시고 이방인들도 그 긍휼하심으로 말미암아 하나님께 영광을 돌리게 하려 하심이라"(롬 15:8-9).

예수 그리스도의 낮아짐은 하나님의 사랑을 가장 잘 드러낸다. 신약 성경은 이를 이렇게 설명한다.

> 너희 안에 이 마음을 품으라 곧 그리스도 예수의 마음이니 그는 근본 하나님의 본체시나 하나님과 동등됨을 취할 것으로 여기지 아니하시고 오히려 자기를 비워 종의 형체를 가지사 사람들과 같이 되셨고 사람의 모양으로 나타나사 자기를 낮추시고 죽기까

지 복종하셨으니 곧 십자가에 죽으심이라 이러므로 하나님이 그를 지극히 높여 모든 이름 위에 뛰어난 이름을 주사 하늘에 있는 자들과 땅에 있는 자들과 땅 아래에 있는 자들로 모든 무릎을 예수의 이름에 꿇게 하시고 모든 입으로 예수 그리스도를 주라 시인하여 하나님 아버지께 영광을 돌리게 하셨느니라 (빌 2:5-11)

이사야서를 통해 예수님이 하나님의 종이심이 드러났다. 기꺼이 아버지의 뜻에 순종하는 종이 되셨다.

그러나 유대 랍비 전통에는 섬기고 고난받으며 십자가에서 죽임 당하는 메시아는 없다. 십자가에 달리시던 그날, 예루살렘에서 그의 죽음을 지켜보던 사람들은 예수님을 조롱했다.

지나가는 자들은 자기 머리를 흔들며 예수님을 모욕하여 이르되 아하 성전을 헐고 사흘에 짓는다는 자여 네가 너를 구원하여 십자가에서 내려오라 하고 그와 같이 대제사장들도 서기관들과 함께 희롱하며 서로 말하되 그가 남은 구원하였으되 자기는 구원할 수 없도다 이스라엘의 왕 그리스도가 지금 십자가에서 내려와 우리가 보고 믿게 할지어다 하며 함께 십자가에 못 박힌 자들도 예수를 욕하더라 (막 15:29-32)

복음을 읽거나 듣고도 그리스도를 거부하는 자들의 마음 역시 유대인이나 이방인을 막론하고, 그들과 다르지 않다.

이사야는 장래에 유다의 남은 자들이 홀연히 예수 그리스도를 보고 믿으며 참회할 것을 예언하였다. 그들은 메시아를 거부한 죄에 대한 책임을 온전히 인정하게 될 것이다. NASB 버전의 영어 성경에서는 그들이 진심으로 죄를 통회하는 모습을 잘 표현한다. "**우리는 진정으로 그가 징벌을 받으며, 하나님께 맞으며, 고난을 당한다고 생각했다**"(히브리어 대명사는 일인칭 복수 강조형이다. 진정한 뉘우침과 통회가 잘 표현되어 있다).

그들은 그가 공개적으로 수치를 당한 데는 그럴 만한 이유가 있다고 추정했다. 그가 신성 모독을 했기에 하나님이 그를 치고 징벌하셨다는 것이다. '징벌을 받다'라고 번역된 단어는 로마 군인들이 예수님을 희롱하며 갈대로 머리를 친 사건을 가리키지 않는다 (마 27:30). 이는 보다 치명적인 가격을 의미하며, 이것이 반드시 신체적인 가격을 뜻하지는 않는다. 창세기 12장 17절에서 같은 단어가 쓰였는데, 바로가 아브라함의 아내 사라를 취했을 때 하나님은 "바로와 그 집에 큰 재앙을 내리셨다." 출애굽기 11장 1절에서도 비슷한 의미의 단어가 "내가 이제 한 가지 재앙을 바로와 애굽에 내린 후에야"라는 표현에서 나온다. '맞다'는 '얻어맞다, 죽임을 당하다'라는 뜻이다. '고난을 당하다'는 '수치당하다, 압제당하다, 파괴되다'라는 뜻이다.

이 세 단어는 모두 하나님이 이루신 일을 가리킨다. 따라서 이렇게 의역할 수 있다. **우리는 그가 죄인으로서 하나님의 손에 징벌받고, 맞으며, 고난당하였다고 생각했다.** 따라서 남은 자들은 예수님의 고난이 하나님의 형벌에 따른 마땅한 것으로 여겼음을 자백하게 될 것이다. 그것은 잘못된 태도다. 그들은 예수님을 잘못 판단했다.

그들이 죄악된 행위를 자백하다

언젠가 그들은 예수님의 고난이 자기의 죄 때문이었음을 깨닫게 될 것이다. "그가 찔림은 **우리의** 허물 때문이요 그가 상함은 **우리의** 죄악 때문이라 그가 징계를 받으므로 우리는 평화를 누리고 그가 채찍에 맞으므로 우리는 나음을 받았도다"(사 53:5). 이는 유대인들이 주의 종이 당한 고난이 사실 자신들의 죄 때문이었음을 밝히는 두 번째 고백이다.

5절에 나오는 고난이 징벌에 따른 것임을 부정할 근거는 없다. '상함', '징계', '채찍에 맞음' 등은 모두 징벌로 생긴 상처를 표현하는 단어들이다. 구약 시대에는 돌로 치는 것이 일반적인 사형 방법이었다. 따라서 이사야가 순전히 개인적인 상상으로 십자가 처형법을 생각해 냈다고 보기는 어렵다. 더욱이 로마식 십자가 처형법을 그토록 생생하게 묘사하기는 더욱 어려웠을 것이다. 성령님께서 그가 정확한 단어를 사용하여 주의 종이 받을 고난을 생생하게 묘사할 수 있도록 도우셨다.

'찔림'과 '상함'으로 번역된 단어들에 대해 어떤 히브리어 학자들은 이렇게 말한다.

가장 참혹하고 고통스러운 죽음을 묘사하는 단어들이다. '찔림'은 '찔림으로써 죽음에 이르는 것'이라는 뜻이다(신 21:1, 사 51:9 참조; 시 22:16, 슥 12:10, 요 19:34를 보라). 관련어 칼랄(chalal)은 '죽임을 당함'이라는 뜻이다(사 22:2, 34:3, 66:16). '상함'은 '죽도록 맞음, 파괴됨'이라는 뜻이다. 주의 종은 다른 사람의 죄를 지고 죽음에 이를 정도로 상함을 당하셨다. 그는 다른 이의 죄를 대신 지셨고, 죄에 대한 하나님의 진노를 온몸으로 받아내셨다.[42]

'징계'는 형벌을 뜻하는 용어다. '채찍에 맞음'은 채찍에 맞아서 생기는 상처를 가리킨다. 이사야는 1장에서 같은 단어를 사용한다.

발바닥에서 머리까지
성한 곳이 없이
상한 것과 터진 것과
새로 맞은 흔적뿐이거늘
그것을 짜며 싸매며
기름으로 부드럽게 함을 받지 못하였도다 (사 1:6)

'찔림', '상함', '징계', '채찍에 맞음' 이 네 단어는 모두 예수님께 일어난 일을 묘사한다. 그는 손과 발 그리고 옆구리에 **찔림**을 당하셨다(시 22:16, 슥 12:10, 요 19:34, 37). 그는 공회와(마 26:67) 로마 군인들에게(마 27:29-30, 요 19:3) **상함**을 당하셨다. 그는 부당하게 기소, 재판, 선고, 판결을 받고 공식적이면서 불법적으로 **징계**를 받으셨다(눅 23:16, 22). 그는 로마 군인들의 **채찍에 맞음**으로 심각한 상처를 입으셨다(막 15:15). 이는 모두 "법 없는 자들의 손"이 안겨 준 눈에 보이는 상처였다(행 2:23b).

그러나 예수님은 "하나님께서 정하신 뜻과 미리 아신 대로 내준 바" 되셨다(행 2:23a). 그리스도의 죽음은 죄를 속하기 위해 하나님이 정하신 것이었다. "**여호와께서는** 우리 모두의 죄악을 그에게 담당시키셨도다"(사 53:6). "**여호와께서** 그에게 상함을 받게 하시기를 원하사 질고를 당하게 하셨은즉 그의 영혼을 속건제물로 드리기에 이르면"(53:10). 따라서 주의 종은 실로 "징벌을 받아 **하나님께** 맞으며 고난을" 당하셨다(53:4). 자기 죄 때문이 아니라 자기 백성의 죄에 대한 형벌을 받기 위해서였다.

예수님은 "기쁨을 위하여 십자가를 참으사 부끄러움을 개의치" 않으셨다(히 12:2). 이를 통해 그의 백성은 하나님과 화평을 누리게 되었다. "그가 징계를 받으므로 우리는 평화를 누리고"(사 53:5). 이사야 53장 5절의 평화에 해당하는 히브리어는 '샬롬'이다. 하나님과 죄인 사이의 적대감이 제거된 상태를 의미한다. "곧 우리가 원수 되었을 때에 그의 아들의 죽으심으로 말미암아 하나님과 화목하게 되었은즉"(롬 5:10). "그러므로 우리가 믿음으로 의롭다 하심을 받았으니 우리 주 예수 그리스도로 말미암아 하나님과 화평을 누리자"(롬 5:1).

마찬가지로 이사야 53장 5절 "그가 채찍에 맞으므로 우리는 나음을 받았도다"에서의 나음은 신체적 치유를 뜻하지 않는다. 이 구절은 우리의 허물과 죄악에 대해서 이야기한다. 이는 우리가 하나님에게서 떠난 도덕적, 영적 죄를 의미한다. 여기서 말하는 나음은 죄의 속박에서 벗어나 하나님과의 영적 관계가 회복됨을 의미한다. 이는 신체적 질병의 치유보다 더 획기적인 치유를 의미한다(더 놀라운 하나님의 능력이 드러난다). 이는 영혼이 소생하게 되는 하나님의 기적이다. "허물로 죽은 우리를 그리스도와 함께 살리셨고"(엡 2:5). 이를 통해 우리의 몸도 영화롭게 변하고 영생을 얻는다(이 땅의 그 어떤 육체적 치유보다 더 위대한 치유다).

선지자가 생각하는 병은 그 어떤 암보다 더 심각하고 위험했다. 이는 영혼의 완전한 타락이며, 이에 대해서는 6절에서 더 살펴볼 것이다. 5절의 '나음'은 도저히 가망이 없는 영적 질병 즉, 인간의 타락과 죄의 종노릇에 대한 하나님의 강력한 치료를 뜻한다. 타락과 죄에 대한 종노릇이 바로 우리의 허물과 죄악의 근본 원인이다.

5절은 죄악된 행위에 대한 분명한 고백이다. 이사야는 이스라엘의 남은 자가 하게 될 고백을 기록하고 있지만, 이는 또한 그리스도를 믿는 모든 이의 고백이기도 하다. "모든 사람이 죄를 범하였으매 하나님의 영광에 이르지 못하더니"(롬 3:23). 우리는 모두 사악하고, 하나님의 법을 굽히고 어겼으며, 그리하여 하나님에게서 끊어졌고, 영적으로 병들었으며, 질고와 슬픔에 휩싸였다. 그런데 예수님께서 우리의 죄, 질고, 슬픔을 대신 지셨다. 그는 기꺼이 우리의 죄에 대한 하나님의 징벌을 대신 당하셨다. 그는 우리를 위해 하나님의 평안과 복을 사셨다. 의사가 자기 목숨을 버림으로써 환자를 살려낸 것이다.

그들이 죄악된 본성을 자백하다

이스라엘이 하게 될 마지막 고백은 죄의 가장 깊은 밑바닥에 있는 것이다. "우리는 다 양 같아서 그릇 행하여 각기 제 길로 갔거늘 여호와께서는 우리 모두의 죄악을 그에게 담당시키셨도다"(사 53:6). 이 구절로 삼중 고백이 완성된다. 이스라엘의 남은 자들은 메시아에 대한 그들의 생각이 잘못된 것이었음을 인정한다. 또한 **자신들의** 죄악된 행위를 고백하고, **자신들의** 죄성 때문에 주의 종이 고난받았음을 인정한다. 그들은 자신들의 죄악된 선조에 대한 이사야의 고발에 대해 스스로 유죄를 인정한다.

슬프다 범죄한 나라요
허물 진 백성이요
행악의 종자요
행위가 부패한 자식이로다
그들이 여호와를 버리며
이스라엘의 거룩하신 이를 만홀히 여겨
멀리하고 물러갔도다

너희가 어찌하여 매를 더 맞으려고
패역을 거듭하느냐
온 머리는 병들었고

온 마음은 피곤하였으며

발바닥에서 머리까지

성한 곳이 없이

상한 것과 터진 것과

새로 맞은 흔적뿐이거늘

그것을 짜며 싸매며

기름으로 부드럽게 함을 받지 못하였도다 (사 1:4-6)

이는 단순한 범죄 사실의 나열이 아니다. 또한 유대인에게만 해당하는 것도 아니다. 이는 타락한 인간 본성에 대한 기소다. 인류 전체를 병들게 한 질병에 대해 이야기한다. 즉, 인간의 전적인 타락이다. 죄는 인간의 본성을 속속들이 감염시켰다. 주의 종이 채찍에 맞으심으로 우리는 이러한 질병으로부터 나음을 받았다(사 53:5). 6절은 전혀 다른 비유를 선보인다. 인류를 양에 비유한다. 인간은 영적으로 무력하며, 희망이 없고, 방황하다가 죽을 수밖에 없다. 오직 위대한 목자의 개입만이 우리를 구할 수 있다.

문제는 우리의 생각과 행위뿐 아니라 바로 우리의 본성에 있다. 사악한 본성에서 잘못된 생각과 행동이 흘러나온다. 따라서 진정한 죄의 고백은 겉으로 드러나는 현상뿐 아니라, 그 근본적 원인 즉 마음의 죄를 다루어야 한다. "만물보다 거짓되고 심히 부패한 것은 마음이라 누가 능히 이를 알리요마는"(렘 17:9). 예수님은 이렇게 말씀하신다. "마음에서 나오는 것은 악한 생각과 살인과 간음과 음란과

도둑질과 거짓 증언과 비방이니"(마 15:19; 창 6:5, 8:21, 롬 7:18 참조). 모든 죄인이 이 진리를 붙들어야 한다. 우리의 문제는 생각과 행위의 문제만이 아니다. 진짜 문제는 **우리가 어떤 존재인가** 하는 점이다. 우리는 죄를 지어서 죄인이 아니다. 우리는 죄인이기 때문에 죄를 짓는다.

이스라엘이 스스로를 양으로 비유한 것은 적절하다. 양치는 목자이자 작가였던 필립 켈러는 다음과 같이 말한다.

> 양들은 어떤 이들의 생각처럼 '스스로 알아서 자기를 돌보지' 않는다. 그 어떤 가축보다 더 끊임없는 관심과 돌봄을 필요로 한다. 하나님이 우리를 양으로 표현하신 것은 우연이 아니다. 양과 인간의 행동은 여러 면에서 비슷한 점을 보인다. (중략) 우리의 고집과 아둔함, 비뚤어진 습관 등이 모두 양과 닮았다.[43]

양들은 본래 어리석은 짐승이며, 맘대로 뛰쳐나가 스스로 죽을 위험에 빠지고는 한다. 양들은 사나운 짐승 앞에 무기력하며, 스스로를 지키지 못한다. 예를 들어, 양들은 종종 뒤로 자빠져서는 스스로 일어서지 못한다. 이러한 상황은 치명적인 위험을 초래할 수 있다.

이런 식이다. 뒤룩뒤룩 살이 찌거나 털이 수북하게 자란 양이 약간 움푹 들어간 땅에 옆으로 드러눕는다. 옆으로 몸을 뉘였던 양은 별안간 몸의 중심이 흐트러지면서 등을 땅에 댄 자세로 발이 공중에 들린다. 공황 상태에 빠진 양은 미친 듯이 발을 버둥거린다. 그럴수록 상황은 더욱 악화된다. 이제는 완전히 뒤집혀서 도저히 발을 땅에 디딜 수가 없다. 뒤집혀서 버둥거리는 동안 서서히 위에 가스가 차오른다. 가스가 점점 차오르면서 사지, 특히 다리 쪽 혈액 순환이 점점 더디어진다. 이 상태에서 습하고 더운 날씨라면 수시간 안에 사망할 수 있다. 서늘하거나 비가 오는 상황이라면 이 상태로 며칠을 버틸 수도 있다.[44]

비슷한 양상으로, 사람은 하나님에게서 떠나 길을 잃고 헤매다가 도덕적으로 파산하기 쉽다. 시편 기자는 이렇게 부르짖었다. "잃은 양 같이 내가 방황하오니 주의 종을 찾으소서"(시 119:176; 마 18:12, 눅 15:4-6, 벧전 2:25 참조).

예수님이 말씀하신 잃은 양의 비유는 죄인 개개인에 대해 다루고 있지만, 이스라엘의 고백은 양처럼 선한 목자를 떠난 **인류 전체**에 대해 이야기한다. 목자의 보살핌을 저버리고, 각자 죄의 본성을 따라갔다. "**우리는 다** 양 같아서 그릇 행하여 각기 제 길로 갔거늘"(사 53:6). "그들이 목자 없는 양과 같이 고생하며 기진함이라"(마 9:36).

이미 알고 있는 죄, 내가 어디에서 하나님의 법을 어겼는지에 대해서 정확하게 죄를 고백하는 것은 물론 중요하다. "만일 우리가 우리 죄를 자백하면 그는 미쁘시고 의로우사 우리 죄를 사하시며 우리를 모든 불의에서 깨끗하게 하실 것이요"(요일 1:9). 그러나 진정한 회개는 더 깊이 들어가야 한다. **본성에서부터** 나는 어찌할 수 없는 죄인이며, 내가 "영혼의 목자와 감독되신 이"(벧전 2:25)를 절대적으로 필요로 하는 길 잃은 양임을 고백해야만 참된 회개가 이루어진다. 다윗은 시편 51편에서 이러한 원칙을 노래했다. 그는 자기가 저지른 잘못을 '실수'나 '계산 착오' 따위의 말로 얼버무리지 않았다. "무릇 나는 내 죄과를 아오니 내 죄가 항상 내 앞에 있나이다 내가 주께만 범죄하여 주의 목전에 악을 행하였사오니"(시편 51:3-4). 또한 그는 문제의 본질을 고백했다. 그것은 곧 그의 타고난 전적인 부패성이다. 죄는 그의 인격 한가운데에 또아리를 틀고 있다. 그 역시 전적으로 타락한 부패한 인간이다. "내가 죄악 중에서 출생하였음이여 어머니가 죄 중에서 나를 잉태하였나이다"(시 51:5).

복음의 좋은 소식이 바로 이것이다. "여호와께서는 우리 모두의 죄악을 그에게 담당시키셨도다" (사 53:6). 여기서 '담당시키다'라는 표현의 히브리어를 보면 '달려들다(공격하다)'라는 뜻을 가진다. 여기에는 공격적인 느낌이 있다. 예를 들면 사무엘하 1장 15절에 같은 단어가 쓰였다. 다윗이 사울 왕을 죽였다고 자랑하는 아말렉 사람을 처형하라고 명령한 부분에서 공격적 뉘앙스가 드러난다. "가까이 가서 그를 죽이라." 이에 대한 공격적 뉘앙스는 NASB 버전의 영어 성경에서 더 잘 드러난다. "가서, 그를 쳐 죽이라(Go, cut him down)". 열왕기상 2장에도 같은 단어가 여러 번 사용된다. 솔로몬은 아버지 다윗의 수종을 들던 여인을 아내로 삼게 해 달라고 불의의 청을 한 불충한 자를 처형하라는 명령을 내린다. "여호야다의 아들 브나야를 보내매 그가 아도니야를 쳐서 죽였더라"(왕상 2:25; 29, 31-32, 34, 46 참조).

문자적인 의미는 '(맹렬하게)달려들다'로, 살해의 의미가 분명히 담겨 있다.

이사야 53장 6절에서도 비슷한 의미로 사용되고 있다. "여호와께서는 우리 모두의 죄악을 **그에게 담당시키셨도다**." 폭력적인 개념이 내포되어 있다. 한 주석가는 이렇게 표현한다. "우리의 죄악은 우리를 치는 대신에 하나님의 종을 친다. (중략) 하나님은 우리의 죄악이 그를 치게 하셨다. 즉, 그가 우리 대신에 우리 죄의 형벌을 담당하신 것이다. (중략) 목자가 양들을 위해 자기 목숨을 버리셨다."[45]

사도 바울은 이렇게 말한다. "율법이 육신으로 말미암아 연약하여 할 수 없는 그것을 하나님은 하시나니 곧 죄로 말미암아 자기 아들을 죄 있는 육신의 모양으로 보내어 육신에 죄를 정하사"(롬 8:3). 우리를 위해 대속하신 그리스도의 죽음이 하나님이 전하는 복음의 핵심이며 이사야 53장의 주제다.

그런데 죄가 예수님을 죽인 것이 아니라, 하나님이 그렇게 하셨다는 사실을 기억해야 한다. 고난받는 종의 죽음은 다른 이들이 저지른 죄에 대한 하나님의 형벌이었다. 그것이 바로 형벌적 대속론의 의미다. 당연히 충격적이고 껄끄럽게 들릴 수밖에 없다. 아무렇지도 않게 들린다면, 아마도 그 의미를 이해하지 못했기 때문일 것이다. "우리 하나님은 소멸하는 불이심이라"(히 12:29). 그래서 복음은 "유대인에게는 거리끼는 것이요 이방인에게는 미련한 것"이지만(고전 1:23), "오직 부르심을 받은 자들에게는 유대인이나 헬라인이나 그리스도는 하나님의 능력이요 하나님의 지혜니라"(고전 1:24).

이사야 53장이 형벌적 대속론을 명확하게 말하고 있음을 부인할 수 없다. 또한 여러 성경이 이 교리를 확증한다(고후 5:21, 갈 3:13, 히 9:28, 벧전 2:24 참조). 죄 없는 하나님의 종이 죄인의 죄를 지고, 그들의 죄를 속하기 위해 이루 말할 수 없는 고난을 당하셨다.

메시지에 담긴 분위기는 암울하지만 이는 좋은 소식이다. 더할 나위 없이 영광스러운 소식이다. "우리의 죄를 따라 우리를 처벌하지는 아니하시며 우리의 죄악을 따라 우리에게 그대로 갚지는 아니하셨으니"(시 103:10). 하나님이 우리 죄를 처벌하지 않으시는 이유가 바로 그것이다. 하나님은 자기의 공의를 타협하지 않으셨다. 즉, 우리 죄를 묵과하지 않으셨다. 대신에 자기 아들의 죽음을 통해서 우리 죄를 없애고, 공의를 만족시키셨다. "동이 서에서 먼 것 같이 우리의 죄과를 우리에게서 멀리 옮기셨으며"(시 103:12). "은혜도 또한 의로 말미암아 왕 노릇 하여"(롬 5:21). "곧 이 때에 자기의 의로우심을 나타내사 자기도 의로우시며 또한 예수 믿는 자를 의롭다 하려 하심이라"(롬 3:26).

이스라엘의 구원은 미래에 이루어질 것이다. 그러나 유대인이든 이방인이든, 죄에서 돌이켜 그리스도를 믿고자 할 때 미래까지 기다릴 필요가 없다. "오늘 너희가 그의 음성을 듣거든"(히 3:7) 구원받을 수 있다. "곧 예수 그리스도를 믿음으로 말미암아 모든 믿는 자에게 미치는 하나님의 의"(롬 3:22)는 오늘 가능하다. "누구든지 주의 이름을 부르는 자는 구원을 받으리라"(롬 10:13).

"보라 지금은 은혜 받을 만한 때요 보라 지금은 구원의 날이로다"(고후 6:2).

CHAPTER 6

잠잠한 종

여기에 묘사된 우리 주님의 인내하는 모습보다 더 아름다운 것은 없다. 양털 깎는 자 앞에 선 양처럼 아무런 저항 없이 잠잠하시다. 도살자의 손을 핥는 어린 양처럼, 우리 주님은 모든 고난을 **기꺼이, 잠잠히 받아들인다. 자기를 죽이려는 자들조차 사랑으로 감싼다.**

그의 **잠잠함**은 두 번 기록되었다. 이는 그의 자기 절제를 보여 준다. 어떤 인간도 그 상황에서는 그럴 수 없다. 유명한 성자들조차 입을 열어 하나님과 사람에게 불평을 늘어놓았다. 인내를 대표하는 욥조차 자기가 태어난 날을 저주했다. 수많은 도전에도 흔들리지 않고 온유함을 지켰던 모세조차 입으로 죄를 범했고, 결국 그로 인해 가나안에 들어가지 못했다. 위대한 사도 바울도 자기를 치라고 명령한 하나님의 대제사장을 욕함으로 율법을 어겼다(행 23:4). 그러나 예수님은 "그 입에 거짓도 없으시며"(벧전 2:22), 또한 악하거나 속되게 입을 열지 않으셨다.

―찰스 시미언[46]

<u>이사야 53장 7절은 하나님의 종이</u> 도살당할 어린 양처럼 죽임당하실 것임을 분명하게 밝힌다.

농경 사회였던 이사야 시대의 독자들에게 이 장면의 의미는 매우 분명했다. 그들은 농사와 가축을 돌보는 일에 능숙했다. 특히 양을 치는 것은 그들에게 매우 중요한 생업이었다. 양고기로 배를 채우고, 양털로 옷을 지었다. 그들은 식량과 제사를 위해 양을 흔히 잡았기에, 양의 유순한 성품을 잘 알았다.

이사야 53장은 희생당하는 양의 이미지를 통해 하나님의 종의 놀라운 모습을 소개한다. 강력한 정복자이거나 정치 지도자로만 생각했던 메시아가 양처럼 잠잠하게 도살장으로 끌려가는 모습이다. 물론 양은 자기가 언제 잡혀 죽을지 알지 못한다. 그러나 하나님의 종은 자기에게 닥칠 일을 환히 알면서도, 하나님의 뜻에 순종하기 위해 묵묵히 그 길을 가신다.

언젠가 이스라엘은 메시아 곧 예수님께서 세상 죄를 지고 가는 하나님의 어린 양임을 고백하게 될 것이다(요 1:29). 그것은 곧 주 예수 그리스도를 믿는 **모든 성도**의 고백이다. 또한 복음의 핵심 메시지다.

물론 예수님은 우리의 선생, 주, 대제사장, 구원자 그리고 다시 오실 왕이시다. 그러나 먼저 그가 "우리 죄를 위한 화목 제물"(요일 2:2)임을 알아야만 한다. 그것이 이사야 53장의 교훈이다. "다른 이로써는 구원을 받을 수 없나니 천하 사람 중에 구원을 받을 만한 다른 이름을 우리에게 주신 일이 없음이라 하였더라"(행 4:12).

예수 그리스도를 믿지 않으면 **그 누구도**(아브라함, 이삭, 야곱의 자손이라도) 구원받을 수 없다. 예수님이 우리의 허물과 죄악 때문에 찔리고 상하셨으며, 그가 징벌을 받음으로써 우리가 하나님과 화목하게 되었다. 그가 당한 고난 때문에 우리가 죄에서 해방되었고, 영적으로 나음을 입었다(사 53:5). 하나님은 우리의 죄악을 예수님이 담당하게 하셨고(사 53:6), 예수님은 우리의 죄악 때문에 살아 있는 자들의 땅에서 끊어지셨다(사 53:8). 예수님은 자기 몸을 우리 죄를 위한 속건제물로 드리셨고(사 53:10), 우리 죄를 담당함으로써 우리를 의롭게 하셨다(사 53:11, 12).

이 진리는 모든 신앙 고백서에 명시되어 있다. 이것을 믿는 것이 바로 "주 예수를 믿으라"의 의미다(행 16:31). 사도 바울은 고린도전서 15장 3-4절의 복음의 핵심을 전하면서 이 진리를 간략하게 요약했다. "내가 받은 것을 먼저 너희에게 전하였노니 이는 **성경대로** 그리스도께서 우리 죄를 위하여 죽으시고 장사 지낸 바 되셨다가 **성경대로** 사흘 만에 다시 살아나사"("성경대로"라는 표현을 두 번 강조한 사도 바울은 이사야 53장을 염두에 두고 있었음이 분명하다). 그리스도에 대한 믿음의 핵심은 예수님이 십자가에서 대속의 죽음을 담당하심으로써 우리 죄에 대한 모든 형벌을 치렀다는 사실을 믿는 것이다.

이렇듯 이사야 53장 7-8절의 의미는 분명하지만, 하나님의 종 메시아가 어린 양처럼 죽임을 당하리라는 개념은 유대교 랍비의 전통에서는 발견할 수 없다. 예수님이 십자가에서 죽으시고 부활하신 후, 이사야가 예언한 그 의미는 모든 기독교인에게 분명하게 다가왔다. 이사야 53장은 교회의 가르침과 증언 및 연구의 핵심 주제가 되었다(눅 22:37, 행 8:32-35, 벧전 2:24-25). 사도들의 설교에서 단골 주제가 바로 그것이었다. "뜻을 풀어 그리스도가 해를 받고 죽은 자 가운데서 다시 살아나야 할 것을 증언하고"(행 17:3; 3:18, 26:23, 눅 24:26 참조).

반면 유대교 랍비 전통을 고수하는 자들은 메시아가 위대한 정복자로 오신다고 굳게 믿는다. 그래서 그들은 이사야 53장을 애써 무시하거나, 그것이 메시아에 대한 예언이 아니라고 설명한다. 해당 말씀은 유대교 회당의 가르침과 전례에서 사용되지 않는다(2장에서 기술하였듯이, 오늘날까지도 전 세계 회당의 통독 순서에서 이 말씀은 빠져 있다).

예수님은 유대 지도자들이 종교적 전통을 앞세워 성경의 진리를 거스르는 것을 강력하게 비판하셨다. 이는 예식에 매달리는 모든 종교가 빠지기 쉬운 오류다. 의례와 예식은 건강한 교리를 퇴색시킨다. 예수님은 하나님 말씀의 교훈보다 인간의 전통을 앞세우는 행위를 경멸하셨기에, 서기관과 바리새인들을 이렇게 꾸짖으셨다.

또 이르시되 너희가 너희 전통을 지키려고 하나님의 계명을
잘 저버리는도다 모세는 네 부모를 공경하라 하고 또 아버지나

어머니를 모욕하는 자는 죽임을 당하리라 하였거늘 너희는 이르되 사람이 아버지에게나 어머니에게나 말하기를 내가 드려 유익하게 할 것이 고르반 곧 하나님께 드림이 되었다고 하기만 하면 그만이라 하고 자기 아버지나 어머니에게 다시 아무 것도 하여 드리기를 허락하지 아니하여 너희가 전한 전통으로 하나님의 말씀을 폐하며 또 **이같은 일을 많이 행하느니라** 하시고 (막 7:9-13)

예수님의 엄한 꾸짖음으로 미루어 볼 때, 예수님 시대에 이미 유대교 랍비 전통은 인위적인 해석이나 수정을 통해 하나님의 말씀을 자의적으로 수정하거나 변경하였음을 알 수 있다. 대제사장들과 유대교 학자들로 이루어진 유대교 공회는 자신들이 그리스도의 십자가 죽음을 초래했고, 그리스도의 죽음과 부활이 구약 성경의 예언이 성취된 것임을 인정하지 않았다.

베드로는 솔로몬의 행각에서 이렇게 선포했다. "하나님이 모든 선지자의 입을 통하여 자기의 그리스도께서 고난 받으실 일을 미리 알게 하신 것을 이와 같이 이루셨느니라"(행 3:18). 그러자 유대교 공회원들은 사도들을 붙잡고 예수님에 대해 전하지 말라고 명령했다 (행 4:1-18). 유대 지도자들은 사도들이 전한 진리를 부정할 수 없었다. 그들은 단지 믿으려 하지 않았을 뿐이다.

그들이 베드로와 요한이 담대하게 말함을 보고 그들을 본래 학문 없는 범인으로 알았다가 이상히 여기며 또 전에 예수와 함께 있던 줄도 알고 또 병 나은 사람이 그들과 함께 서 있는 것을 보고 비난할 말이 없는지라 명하여 공회에서 나가라 하고 서로 의논하여 이르되 이 사람들을 어떻게 할까 그들로 말미암아 유명한 표적 나타난 것이 예루살렘에 사는 모든 사람에게 알려졌으니 우리도 부인할 수 없는지라 (행 4:13-16)

이것이 유대 지도자들의 반응이었다. 그렇게 시작된 예수 그리스도에 대한 공식적인 부인은 유대교 전통으로 자리 잡았고, 오늘날까지 이어지고 있다.

그러나 모든 유대인의 반응이 그러했던 것은 아니다. 1세기 오순절(출 34:22에서 확립된 유대교 맥추절) 때는 이름 없는 수천의 유대인들이 예수님을 메시아로 **받아들였다**. "그 말을 받은 사람들은 세례를 받으매 이 날에 신도의 수가 삼천이나 더하더라"(행 2:41). 그리스도 부활 후 적어도 5년 동안 제자들은 여전히 예루살렘과 그 주변에서 사역했고(스데반의 순교 전, 행 8:4), 그 당시 그리스도를 믿은 사람은 사실상 다 유대인이었다. "하나님의 말씀이 점점 왕성하여 예루살렘에 있는 제자의 수가 더 심히 많아지고 **허다한 제사장의 무리**도 이 도에 복종하니라"(행 6:7).

구약 성경의 제사 제도와 "유월절 양 곧 그리스도"(고전 5:7)의 죽음 사이에는 부인할 수 없을 만큼 깊은 연관이 있다. 이스라엘의 제사장 제도와 짐승을 잡아 드리는 희생 제도의 의미를 이해하는 사람이라면 누구나 이사야 53장의 예언이 그리스도의 죽음과 부활을 통해 성취되었음을 쉽게 알 수 있다. 실제로 많은 사람이 그러했다.

이스라엘 역사를 통틀어, 기원후 70년 로마가 성전을 파괴할 때까지 수많은 짐승이 제사를 위해 죽임을 당했다. 유월절뿐 아니라 아침저녁으로 성전에서 제사를 드렸고(출 29:38-42), 개인적인 속죄제도 드렸다(레 5:5-7). 레위기에서 제사 규례가 확립되기 이전에도 이미 아벨의 제사가 있었고(창 4:4-5), 아브라함이 이삭 대신 드린 숫양의 제사가 있었다(창 22:13). 이처럼 유대인은 죄가 사망을 초래한다고 배웠다. "범죄하는 그 영혼은 죽으리라"(겔 18:4, 20). 이스라엘의 유구한 역사 속에서 이어져 온 짐승 제사를 통해 죄의 삯은 사망이라는 사실이 생생하게 전달되었다. 구약 성경에 기록된 모든 의식을 통해서 이 진리는 분명하게 드러난다. "율법을 따라 거의 모든 물건이 피로써 정결하게 되나니 피흘림이 없은즉 사함이 없느니라"(히 9:22).

이미 살펴보았듯이, 끊임없이 반복되어 온 제사를 통해서 짐승 제사가 사람의 죄를 완전하게 속할 수 없음을 알 수 있다. "이는 황소와 염소의 피가 능히 죄를 없이 하지 못함이라"(히 10:4). 그뿐만 아니라 죄가 만약 대속물로써 속죄되는 것이라면, 대속물 역시 죄의 값이 무엇이며, 왜 그 값이 치러져야 하는지 자각해야 맞지 않은가? 우리는 의도와 의지를 가지고 죄를 짓는다. 그러나 죽임당하는 짐승은 자기 의지와 전혀 상관없이, 아무 것도 모른 채 죽임을 당한다.

성경 주석가 알렉 모티어는 그리스도의 죽음에 대해 이렇게 말했다.

기존의 대속 절차에 있는 치명적 흠결이 노출되었다. 짐승에 의한 대속의 실패는 곧 죄의 심각성을 말해 준다. 실패로 인한 죄는 (중략) 불쌍히 여기는 정도로 충분하다. 도덕적 흠으로 인한 죄는 (중략) 문제이긴 하지만, 도와줄 수 없는 문제이므로 비난할 수조차 없다는 주장이 가능할지 모른다. 그러나 **의지적으로 저지른 죄는** (중략) **하나님이 모른 척하실 수 없다.** 우리 죄악성의 핵심은 우리가 원해서 죄를 짓는다는 사실이다. "우리는 이 사람이 우리의 왕 됨을 원하지 아니하나이다"(눅 19:14). 그렇기 때문에 짐승은 대속이 무엇인지를 보여 주는 정도밖에 하지 못한다. 오직 사람만이 사람을 대속할 수 있다. 오직 순종하는 의지만이 반역하는 의지를 대속할 수 있다. 주의 종은 대속을 위한 이런 필수 조건을 충족시킨다. 그는 죄인의 정죄를 자기 것으로 받아들였다(사 53:4-5). 그는 죄가 없으셨다(사 53:9). 그는 거룩하신 하나님이 받으실 만했다(사 53:6, 10). 또한 그는 누구도 하지 못한 일을 하셨다. 그는 의지적으로 대속물의 역할을 받아들이고, 자기를 대속물로 드리셨다.[47]

"해마다 늘 드리는 같은 제사로는 나아오는 자들을 언제나 온전하게 할 수 없느니라 그렇지 아니하면 섬기는 자들이 단번에 정결하게 되어 다시 죄를 깨닫는 일이 없으리니 어찌 제사 드리는 일을 그치지 아니하였으리요"(히 10:1-2).

그러나 그리스도의 죽음이 전혀 새로운 구원의 방법은 아니다. 십자가 이전에도 하나님의 은혜로 죄를 구원받았다. 그들은 하나님이 자비를 베푸셔서 온전한 희생을 제공해 주시리라고 믿었다. 이삭의 질문에 대한 아브라함의 대답은 구약 시대 성도의 이러한 믿음을 잘 대변해 준다. "번제할 어린 양은 하나님이 자기를 위하여 친히 준비하시리라"(창 22:8). 그들은 짐승의 피가 아니라 믿음을 통해서 하나님의 은혜로 구원받았으며, 그들은 메시아가 드릴 완벽한 희생을 고대했다. 짐승 제사는 그러한 실재의 상징이었고, 순종하는 믿음의 표현이었다. 짐승 제사는 구속에 결코 효과가 없었다. 구약 성경에 나오는 하나님의 용서는 하나님의 참으심에 대한 표현이었다. 속죄를 위해 그리스도께서 흘리신 피가 하나님이 구약 시대에 간과하셨던 모든 죄를 마침내 실제로 구속했다(롬 3:25).

죽임당한 짐승은 죄의 삯이 죽음임을 생생하게 보여 주었다. 또한 하나님께서 참회하는 죄인을 대신해서 기꺼이 죄 없는 대속물을 친히 준비하신다는 사실도 보여 주었다. 하나님이 창세 전부터 궁극적인 희생물로 정하신 이가 바로 주 예수님, 곧 메시아다(벧전 1:19-20). "이튿날 요한이 예수께서 자기에게 나아오심을 보고 이르되 보라 세상 죄를 지고 가는 하나님의 어린 양이로다"(요 1:29).

세례 요한은 구약 성경의 마지막이자 최고의 선지자로서 메시아의 전령이었다. 그는 참된 메시아를 이스라엘에게 소개하는 특권을 부여받았다. 이사야는 세례 요한에 대해 이렇게 말했다.

> 외치는 자의 소리여 이르되

> 너희는 광야에서 여호와의 길을 예비하라
>
> 사막에서 우리 하나님의 대로를 평탄하게 하라
>
> 골짜기마다 돋우어지며
>
> 산마다, 언덕마다 낮아지며
>
> 고르지 아니한 곳이 평탄하게 되며
>
> 험한 곳이 평지가 될 것이요
>
> 여호와의 영광이 나타나고
>
> 모든 육체가 그것을 함께 보리라
>
> 이는 여호와의 입이 말씀하셨느니라 (사 40:3-5; 말 3:1, 4:5-6, 마 3:3, 11:13-14, 요 1:23 참조)

세례 요한이 예수님을 향해 "세상 죄를 지고 가는 하나님의 어린 양"(요 1:29, 36)이라고 했을 때, 그는 확실히 이사야 53장을 염두에 두고 말했다. 베드로 역시 이사야의 예언을 염두에 두고 이렇게 말했다. "너희가 알거니와 너희 조상이 물려 준 헛된 행실에서 대속함을 받은 것은 은이나 금 같이 없어질 것으로 된 것이 아니요 오직 흠 없고 점 없는 어린 양 같은 그리스도의 보배로운 피로 된 것이니라"(벧전 1:18-19). 이스라엘은 살아 있는 메시아를 왕으로 모시게 되겠지만, 그 전에 그리스도는 먼저 "도수장으로 끌려가는 어린 양"처럼 죽임을 당하셔야 했다(사 53:7).

주의 종이 고난을 당하면서도 기이하게 잠잠한 모습은 이사야 예언의 실현에 대한 징조 중에 하이라이트다.

고발자 앞에서 잠잠하다

들어가며와 1장 서두를 통해 이사야서에 메시아에 관한 예언의 노래가 네 번 나옴을 살펴보았다(사 42:1-9, 49:1-13, 50:4-11, 52:13-53:12). 모든 노래가 주의 종이 유순하고 자비로움을 노래한다. 또한 주의 종이 미움받고 거부당함을 노래한다(49:7, 50:6). 두 번째와 세 번째 노래에서는 주의 종이 직접 말씀하시지만, 첫 번째와 네 번째 노래에서는 그가 잠잠하다("그는 외치지 아니하며 목소리를 높이지 아니하며 그 소리를 거리에 들리게 하지 아니하며" 사 42:2, "그가 곤욕을 당하여 괴로울 때에도 그의 입을 열지 아니하였음이여 마치 도수장으로 끌려 가는 어린 양과 털 깎는 자 앞에서 잠잠한 양 같이 그의 입을 열지 아니하였도다" 사 53:7). 그는 첫 번째와 네 번째 노래에서는 말씀하시지 않는다. 이사야 42장은 그의 유순함과 평정심을 강조하고, 이사야 53장은 하나님에 대한 그의 순종과 죽음에 이르는 대가를 치르더라도 반드시 하나님께 복종하겠다는 그의 의지를 보여 준다.

이사야 53장 7절에서 '괴로움'으로 번역된 단어는 주의 종이 체포되고 재판을 받으면서 당한 고난과 학대를 가리킨다. 이는 강조의 의미로 쓰였기에, '진실로 괴로울 때에도'라고 번역될 수 있다.

겟세마네에서 잡히시던 그 순간부터, 예수님은 신체적, 심리적, 정서적 학대를 당했다. 그는 말도 안 되는 불공정한 재판을 받았다. 거짓 증인들의 거짓 증언으로 고발을 당했다. 그가 범죄를 저질렀다는 증거는 전혀 제시되지 않았고, 헤롯 왕(눅 23:14-15)과 빌라도 총독(눅

23:4, 14, 22) 모두 공식적으로 그의 무죄를 선언했다. 또한 빌라도의 아내(마 27:19)와 참회한 강도(눅 23:41), 백부장과 사형 집행수(마 27:54) 들도 그의 무죄를 주장했다. 그러나 빌라도는 유대인들과 그 지도자들의 요구에 굴복하여 예수님이 십자가에 못 박히도록 넘겨주었다. 그가 당한 육체적 학대는 너무나 지독했다. "전에는 그의 모양이 타인보다 상하였고 그의 모습이 사람들보다 상하였으므로 많은 사람이 그에 대하여 놀랐거니와"(사 52:14). 유대 지도자와 로마인들이 예수님에 대한 학대를 끝냈을 때, 그의 상처는 너무 위중하여 사람들이 "그에게서 얼굴을 가리는" 정도였다(사 53:3).

주의 종은 또한 "곤욕을 당하"였다. 이사야 53장 7절의 동사는 수동태이며, 이는 그가 스스로 곤욕당하였음을 의미한다. 이는 '그가 스스로 낮추었다'라고 번역될 수 있다. 같은 단어가 출애굽기 10장 3절에서 쓰였다. 애굽 왕 바로는 하나님 앞에서 자신을 낮추지 않았다. 이는 '낮아지다, 내려놓아지다'라는 뜻이다. 바울 역시 그리스도에 대해서 말하면서 이사야 53장 7절을 염두에 두었을 것이다. "사람의 모양으로 나타나사 **자기를 낮추시고** 죽기까지 복종하셨으니 곧 십자가에 죽으심이라"(빌 2:8).

예수님은 아버지의 계획에 죽기까지 복종하셨다. 인간의 판단으로 하나님의 계획을 뒤집을 수는 없다. 예수님은 빌라도에게 이렇게 말씀하셨다. "위에서 주지 아니하셨더라면 나를 해할 권한이 없었으리니"(요 19:11). 공회도 헤롯도 빌라도도 그리스도를 심판할 권세가 없다. 그들은 단지 "하나님의 권능과 뜻대로 이루려고 예정하신 그것"(행 4:28)을 실행에 옮겼을 뿐이다. 그렇다고 해서 그들이 주어진 권세를 잘못 사용한 책임을 면할 수 있는 것은 아니다. 사도행전 2장 23절에서 베드로는 이렇게 말한다. "그가 하나님께서 정하신 뜻과 미리 아신 대로 내준 바 되었거늘 너희가 법 없는 자들의 손을 빌려 못 박아 죽였으나." 하나님이 인간 세계의 사건들을 주권적으로 통제하시지만, 그렇다고 해서 인간이 자기가 저지른 악행에 대해 하나님의 주권을 핑계삼을 수는 없다.

주의 종은 겸손하였기에, 자기 "입을 열지 아니하였"다. 평범한 인간은 압제와 고통 속에서 그처럼 잠잠할 수 없다. 부당하게 고통받는 사람은 울부짖으며 억울함을 토로하거나 신음하기 마련이다. 이스라엘 자손 역시 애굽에서 종노릇할 때 그러했다(출 2:23). 욥(욥 7:1-21, 23:2-4)과 바울(행 23:3) 역시 아무런 잘못 없이 곤욕당할 때, 입을 열어 저항했다. 사람은 보통 묵묵히 고통당하지 않는다. 고난이 부당하고 심할수록 더욱 그러하다.

그러나 주의 종은 "그가 곤욕을 당하여 괴로울 때에도 그의 입을 열지 아니하였음이여 마치 도수장으로 끌려 가는 어린 양과 털 깎는 자 앞에서 잠잠한 양 같이 그의 입을 열지 아니하였도다"(사 53:7).

예수님은 마치 범죄자처럼 한밤중에 체포당했고(눅 22:52), 유다에게 배신당했으며, 유대인과 로마인에게 심하게 학대당했고, 마침내 사형장으로 끌려갔다. 그러나 그는 아무런 불평도, 저항도 하지 않았다. 신약 성경에 따르면 그 모든 곤욕을 당하면서도 그는 철저히 잠잠했다. 대제사장에게 취조를 당할 때도, 그는 아무 말씀도 하지 않았다(마 26:63). 공회에서 재판받을 때도 그는 입을 열지 않았다(막 14:61). 유대 지도자들이 빌라도에게 그를 고발했을 때도 그는 말이 없었다(마 27:12). 헤롯이 그에게 질문을 던졌을 때, 그는 대답하지 않았다(눅 23:9). 빌라도가 그를 심문할 때도 그는 묵묵부답이었다(요 19:9). 물론 각 경우에 그가 꼭 필요한 말 몇 마디를 하셨다. 하지만 그것은 자기의 무죄를 변호하거나 부당한 처우를 항의하기 위함이 아니었다. "털 깎는 자 앞에서 잠잠한 양 같이 그의 입을 열지 아니하였도다."

여기서 그의 잠잠함을 통해 죽음을 기꺼이 받아들이려는 그의 결심을 엿볼 수 있다. 예수님의 죽음은 위대한 계획의 실패가 아니었다. 예수님은 이렇게 말씀하셨다. "내가 내 목숨을 버리는 것은 그것을 내가 다시 얻기 위함이니 이로 말미암아 아버지께서 나를 사랑하시느니라 이를 내게서 빼앗는 자가 있는 것이 아니라 내가 스스로 버리노라 나는 버릴 권세도 있고 다시 얻을 권세도 있으니"(요 10:17-18). 예수님이 이 땅에 오신 이유는 세상의 죄를 없애기 위해 하나님의 어린 양으로서 자발적으로 죽기 위함이었다. 십자가를 생각하던 예수님은 이렇게 탄식하셨다. "지금 내 마음이 괴로우니 무슨 말을 하리요 아버지여 나를 구원하여 이 때를 면하게 하여 주옵소서 그러나 **내가 이를 위하여 이 때에 왔나이다**"(요 12:27).

그리스도의 침묵은 또한 심판의 침묵이었다. 유대인들은 마음을 닫고, 집요하게 그의 말을 듣지 않았다. "이렇게 많은 표적을 그들 앞에서 행하셨으나 그를 믿지 아니하니"(요 12:37). 그러한 그들에게 예수님은 마지막으로 권고하셨다. "예수께서 이르시되 아직 잠시 동안 빛이 너희 중에 있으니 빛이 있을 동안에 다녀 어둠에 붙잡히지 않게 하라 어둠에 다니는 자는 그 가는 곳을 알지 못하느니라 너희에게 아직 빛이 있을 동안에 빛을 믿으라 그리하면 빛의 아들이 되리라"(요 12:35-36).

그 이후에는 심판의 침묵이 이어졌다. "예수께서 이 말씀을 하시고 그들을 떠나가서 숨으시니라"(요 12:36).

주의 종은 죄인을 위하여 조용히, 저항 없이 불의한 사람의 판단과 의로운 하나님의 심판을 받아들이셨다. 여기에서 구약의 구원론이 정점에 이른다. "인애와 진리가 같이 만나고 의와 화평이 서로 입맞추었으며"(시 85:10).

이것이 복음의 메시지다. 죄와 심판의 메시지요, 대속의 속죄, 용서, 그리고 무엇보다 하나님의 사랑의 메시지다. 진정한 메시아(이사야 53장의 잠잠한 종)만이 죄를 위한 대속물이 될 수 있으며, 우리의 유월절 양으로서 하나님에게 희생되시기에 합당하다(고전 5:7).

죽음 앞에서 잠잠하다

이사야 53장 8절에 나오는 '곤욕'과 '심문'은 법적 용어다. '곤욕'은 7절과 관련하여, 주의 종이 체포당하고 재판받는 과정에서 당한 불의와 고난을 가리킨다. 두 용어는 서로 연관이 있으며, 불의한 심문은 곤욕이 된다. 여기에 나오는 '심문'은 예수님이 당하신 모든 재판 과정을 망라한다. '끌려갔다'는 표현은 판결 집행을 위해 그가 사형장으로 끌려간 것을 가리킨다. 예수님은 결코 공정한 재판을 받지 못했다. 여러 사람이 그의 무죄를 주장했지만, 그는 결국 화난 군중의 요구대로 사형 집행인의 손에 넘겨졌다. 그의 죽음은 국가의 용인하에 이루어진 살인이었다.[48]

주의 종이 십자가에 못 박히도록 최종적으로 명령한 것은 빌라도였다(종들은 주로 십자가형을 받았다). 8절에서 "그가 살아 있는 자들의 땅에서 끊어짐은"이라는 말은 죽임당함을 의미하는 히브리식 표현이다(렘 11:19, 단 9:26 참조). 여기에서는 주의 종이 타락한 인류에 대한 하나님의 공의로운 심판을 받아 참혹한 죽음을 당하신 것을 가리킨다. 메시아는 사형을 당하셨다. 사법적으로 살인을 당하셨다. 도수장에 끌려가는 어린 양처럼 죽임을 당하셨다(렘 11:19 참조). 예수님은 몸을 입고 오신 하나님이었으며, 누구도 하지 못한 기적을 베푸셨고(요 15:24), 예수님처럼 말한 사람은 이때까지 없었다(요 7:46; 마 7:28-29 참조). 그런 그가 사형을 당하셨다. 그랬기에, 그의 죽음은 인류 역사상 가장 끔찍하게 불의한 일이었다.

"그 세대 중에 누가 생각하기를 그가 살아 있는 자들의 땅에서 끊어짐은 마땅히 형벌 받을 내 백성의 허물 때문이라 하였으리요." 이 진술은 진정 사실이다. 예수님께서 당하신 불의에 대해 진지하게 생각한 사람이 있었던가? 그가 당한 참혹한 고문과 죽음에 항거한 이가 있었던가? 유대 지도자들 중에 올곧은 이가 있었던가? 대제사장과 유력한 제사장들은 무엇을 했던가? 서기관, 바리새인, 사두개인,

그리고 율법에 정통하다고 자처한 자들은 무엇을 했는가? 예수님의 제자들은 어디 있었는가? 스가랴 13장 7절의 예언대로, 그들은 모두 예수님을 버렸다(마 26:56). 오직 요한만이 여자 몇 명과 함께 십자가를 찾았고, 그의 죽음을 조용히 지켜보았다. 왜 그리스도는 중범죄를 다루는 엄격한 사법 절차 대신 편파적인 재판에 넘겨져 사형을 선고받았을까?

19세기에 이루어진 유대 사법 체계에 대한 유명한 연구에 따르면, 1세기 당시 유다의 공정한 재판 과정은 다음과 같다.

> 재판일, 사법부의 명령에 피고가 출두한다. 장로들과 감사관들이 자리한다. 공소장이 낭독되고, 이어서 증인들이 출두한다. 재판관이 증인들에게 이야기한다. "여러분이 이 자리에 온 것은 세간의 소문 때문이 아닙니다. 막중한 책무가 있음을 명심하십시오. 이 자리는 복구배상 가능한 금전적 문제와 같은 사소한 문제를 다루는 것이 아닙니다. 만약 여러분이 억울하게 고발당한 사람을 유죄로 판결나게 한다면, 그 사람과 그 후손의 피에 대해 여러분이 책임을 져야 합니다. 하나님이 여러분에게 책임을 물으실 것입니다. 아벨의 피에 대해 가인에게 책임을 물었던 것처럼 말입니다. 자, 이제 말하십시오."

여자는 증인이 될 수 없었다. 여자는 피고에 맞설 용기가 없다고 보았기 때문이다. 아이 역시 증인이 될 수 없었으며, 노예, 평판이 나쁜 사람, 도덕적 판단이 힘든 장애가 있는 사람도 증인이 될 수 없었다. 한 개인의 증언이나 한 선지자의 선언으로는 정죄가 성립되지 않았다. "한 사람의 증언은 유효하지 않다는 것이 원칙이다. 법정에서 이루어진 한 사람의 증언은 믿을 수 없다. 적어도 두 사람의 증언이 있어야만 사실로 받아들일 수 있다. 여호수아 시대에 아간이 받은 사형 판결의 경우는 특수한 상황 하에서의 예외적 경우였다. 우리의 법은 피고에 대한 하나의 증언, 한 선지자의 선언만으로 피고를 정죄하지 않는다."

증인은 피고의 신원을 확인해야 하고, 범죄 현장 및 범죄 발생의 일시를 정확히 증언해야 한다. 증거를 확인한 후 피고의 무죄를 믿는 재판관은 그 이유를 진술하고, 피고의 유죄를 믿는 재판관은 심사숙고를 거친 후, 나중에 진술한다. 피고의 추천을 받거나 스스로 피고의 변호를 자처하는 감사관은 자리를 배정받아 재판관과 방청객에게 진술한다. 그러나 피고의 유죄를 주장하는 경우에는 이런 기회가 제공되지 않는다. 마지막으로 피고가 직접 진술을 원할 경우, 모두들 최대한 경청한다.

토론이 끝나면, 한 재판관이 사건을 요약하고, 모든 방청객을 내보낸다. 두 명의 기록원이 재판관들의 표결을 센다. 한 명이 피고의 무죄 주장을 세고, 다른 한 명이 유죄 주장을 센다. 스물세 표 중에서 열한 표가 무죄를 주장하면, 무죄가 선고된다. 그러나 유죄가 선고되려면, 열세 표가 유죄를 주장해야 한다. 만약 한 명의 재판관이라도 판결에 필요한 정보가 충분히 제공되지 않았다고 주장하면, 총 예순두 명의 대 공회를 이룰 때까지 두 명씩의

하나님이 전해 주신 복음 159

장로가 계속 충원된다. 다수표가 무죄를 주장하면, 피고는 즉시 석방된다. 유죄 주장이 많으면, 재판관은 선고를 삼 일 후까지 미룬다. 그동안 재판관들은 술, 과식을 금하고 판결이 공정했는지를 심사숙고한다.

    삼 일째 아침에 그들은 다시 재판정으로 돌아온다. 여전히 유죄를 확신하는 재판관들은 이렇게 말한다. "나는 이 사람이 유죄라는 주장을 그대로 유지합니다." 처음에 유죄를 주장했던 사람도 이때 무죄로 의견을 바꿀 수 있다. 그러나 처음 무죄를 주장했던 사람이 다시 유죄로 의견을 바꿀 수는 없다. 다수가 유죄를 최종 판결하면, 두 명의 집행관이 죄인을 처형장으로 이동시킨다. 장로들은 자리를 뜨지 않는다. 재판정 입구에는 한 관리가 손에 작은 깃발을 들고 서 있다. 또 다른 관리는 말을 타고 죄수를 따른다. 그는 진행하면서 계속 뒤를 돌아본다. 그동안 만약 누군가 죄수에게 유리한 새로운 증거를 장로들에게 제시하면, 첫 번째 관리가 깃발을 흔들고, 그것을 본 두 번째 관리는 즉시 죄수를 법정으로 되돌린다. 만약 죄수가 집행관에게 미처 기억하지 못한 사실이 생각났다고 말하면, 집행관들은 그를 다섯 번까지 재판관 앞으로 되돌려야 했다. 만약 아무런 이런 일이 없을 경우에는 처형장으로 천천히 이동했고, 전령이 앞서 가면서 사람들에게 큰 소리로 외쳤다. "이 사람(성과 이름)은 이런저런 죄목으로 처형을 받는다. 그의 유죄를 주장한 증인들은 누구누구다. 만약 이 사람에게 유리한 증거가 있는 사람은 지금 즉시 앞으로 나오라." (중략)

처형장에 가까워지면 죄수가 자기 죄목을 고백하게 했고, 죽음의 고통을 덜어 주기 위해 죄수에게 마취 음료를 마시게 했다.⁴⁹

예수님의 재판과 십자가 처형을 주도한 이들은 왜 이러한 법의 원칙을 어기었을까? 왜 유월절이란 대명절을 앞두고 그의 처형을 그토록 서둘렀을까? 그들에게 사악한 의도가 있었던 것은 아닐까?

기독교 역사를 보면 일찍이 그런 의문이 제기되었다. 탈무드에는 유대 지도자들의 관점에서 기록된, 예수님의 처형에 대한 거짓 기록이 남아 있다.

이러한 전통의 기록이 있다. 유월절 전, 안식일 전날에 예수가 십자가에 달렸다. 전령은 그 전, 사십 일 동안 이렇게 울부짖었다. "예수는 처형될 것이다. 그는 마술을 행하였고, 이스라엘이 하나님에게서 멀어지게 했다. 예수를 변호할 증거가 있는 자는 앞으로 나와 제시하라." 그러나 아무런 증거도 제시되지 않았고, 따라서 그는 안식일 전날 십자가에 달렸다. 랍비 울라는 이렇게 말했다. "너희는 그가 무죄를 주장할 수 있다고 보는가? 그는 유혹하는 자였고, 하나님은 이렇게 말씀하셨다. '너는 그를 따르지 말며 듣지 말며 긍휼히 여기지 말며 애석히 여기지 말며 덮어 숨기지 말고'(신 13:8)"⁵⁰

달리 말하면, 랍비 울라의 주장은 예수님의 범죄가 너무나 끔찍하기 때문에 그를 변호하기 위한 증언을 구할 필요가 없다는 것이다. 그러나 탈무드는 랍비의 주장이 거부되었다고 말한다(그래서 예수님은 40일 동안 증거를 수집하여 소명할 기회를 얻었다고 주장한다). 왜냐하면 "**그는 왕국에 가까운 위치에 있었기 때문이다.**" 즉, 예수님은 다윗 왕가의 후손이었기 때문이다.[51]

예수님이 이 땅에서 보낸 마지막 행적에 대해서 복음서(마태, 마가, 누가, 요한복음)는 일관되게 자세히 기록한다. 그 기록은 탈무드 전설보다 적어도 1세기 이상 앞선다. 따라서 예수님이 40일 동안 공정한 재판을 받았다는 탈무드의 이야기는 믿을 수 없다. 그러나 그 이야기에는 몇 가지 흥미로운 점이 있다.

먼저, 이들 수정론자의 기록은 예수님의 혐의가 '마술'과 도덕적 타락이라고 주장한다. 그들은 예수님의 혈통에 의문을 제기하지는 않았다. 오히려 무언으로 긍정했다. 19세기의 데이비드 배런은 유대교에서 기독교로 개종하였으며, 몇 권의 역작을 남긴 사람이다(이사야 53장에 대한 훌륭한 주석서도 썼다). 그는 유대인 당국이 예수님의 처형을 정당화하려고 한 사실을 통해 그들 역시 예수님의 진정한 정체를 알고 있었음이 틀림없다고 말한다. 배런은 이렇게 기술한다. "유대인들은 그리스도가 다윗 왕가의 후손이라는 사실을 깊이 인식하고 있었다. 랍비들은 자기 정당화를 위해 예수님에 대한 날조된 기록을 만들어 냈지만, 이 사실을 감출 수는 없었다."[52]

예수님에 대한 탈무드의 기록에서 보이는 그리스도에 대한 깊은 적대감은 예수님 시대의 공회에서 시작되었고(막 3:6, 요 11:53), 지금도 여전히 남아 있다. 전통적 유대교를 신봉하는 일부 신도들은 예수님을 지칭할 때 이름 대신 경멸적인 표현을 쓸 정도로 반감을 표시한다. 한 유대교 웹사이트는 무디성경학교에서 유대학 프로그램을 시작하는 것을 조롱하면서, 다음과 같은 글을 게재했다.

> 이디시어(독일어에 히브리어, 슬라브어가 섞인 유대인 언어 – 편집자)에는 다른 언어와 달리, 기독교에 대한 세간의 암묵적 추정을 거부하는 용어들이 있다. 무디성경학교가 이제 이 프로그램을 시작한다고 하지만, 예수는 이디시어를 사용하는 사람들 사이에서 이미 오랜 세월 공포와 조롱의 대상이 되어 왔다. 예수는 요이첼(Yoizel), 게첼(Getzel) 그리고 요시케 판드레(Yoshke Pandre) 등의 별명으로 불렸다. 이 중 마지막 별명에 담긴 속뜻은 놀랍다. 접사 "ke"가 붙은 요시케는 "작은 조(Joe)"로 해석될 수 있다. 이는 예수님이 마리아의 남편과 혈연으로 연결되어 있지 않음을 꼬집는 것이다. 판드레는 이디시어로 "팬서(panther)"를 뜻한다. 이는 예수님의 아버지가 하나님이 아니고, 요셉도 아니며, 로마 군인 판테라("팬서"에 해당하는 라틴어)라는 주장[이단자 셀수스가 주창하고, 탈무드에 기록된 주장]을 가리키는 것이다. 따라서 이 별명으로 미루어 보면 예수는 혼외 출생을 하였고, 그의 생부는 성폭행범 또는 바보였다는 것이다.[53]

이 글에는 예수님에 대한, 필설로 옮길 수 없을 만큼 저속한 이디시어 표현들이 계속 나온다. 예수님에 대한 경멸은 예수님 시대의 공회에서 시작되었고, 탈무드를 거쳐, 오늘날까지 이어지고 있다.

물론 모든 유대인이 예수님을 그토록 능멸하는 것은 아니다. 일부가 그를 혐오하며, 다른 이들은 단지 그를 거부한다(예수님을 위한다는 명목으로 유대인에게 행해진 악행 때문에 예수님에 대한 유대인의 증오가 악화된 점도 사실임을 지적하고 싶다. 유대인은 그 어느 민족보다 민족적, 인종적 증오심에 사로잡힌 수많은 독재자와 종교적 열성분자들에게 더 많은 학대를 받았다).

여전히 대부분의 유대교 주요 분파들은 예수님에 대한 주장을 거부하며, 예수님이 메시아임을 부정한다. 유대교인들은 예수님을 믿는 유대인(messianic jews)을 배교자로 낙인찍으며, 더 이상 유대인으로 인정하지 않는다. 정통 유대교인은 만약 공동체 가운데 예수님을 믿는 사람이 생기면, 가까운 친족이 죽었을 때 실시하는 7일 간의 통곡, '싯팅 쉬바(sitting shiva)'를 행하기도 한다.

"우리도 그를 귀히 여기지 아니하였"다는 이사야 53장 3절의 고백은 예수님을 믿게 된 모든 사람의 고백이겠지만, 유대인들에게는 특별한 의미가 있다. 왜냐하면 그들은 메시아가 이 세상에 오시도록 선택된 민족이고, 성경이 그들을 통해 주어졌으며, 그 어떤 민족도 누리지 못했던 영적 특권과 하나님과의 특별한 관계를 누린 민족이기 때문이다(롬 3:1-2, 9:4-5). 그러나 성경은 말한다. "자기 땅에 오매 자기 백성이 영접하지 아니하였으나"(요 1:11). 그들의 대제사장들이 예수님을 죽이는 일에 앞장섰다.

유대 지도자들은 예수님을 모질고 부당하게 대했지만, 예수님은 **그들을 위해** 기꺼이 자기 목숨을 바치셨다. 이사야는 말한다. "마땅히 형벌 받을 내 백성의 허물 때문이라"(사 53:8). 이사야는 유대 민족을 가리키는 말로서 "내 백성"이라는 표현을 20번 이상 사용한다. "소는 그 임자를 알고 나귀는 그 주인의 구유를 알건마는 이스라엘은 알지 못하고 나의 백성은 깨닫지 못하는도다 하셨도다"(사 1:3; 3:12, 5:13, 32:13, 40:1 참조).

또한 이 구절은 '내 종'과 '내 백성'을 뚜렷이 구분한다. 따라서 이스라엘은 이사야 53장의 주의 종이 될 수 없다. "그[내 종]가 살아 있는 자들의 땅에서 끊어짐은 마땅히 형벌 받을 내 백성의 허물 때문이라 하였으리요." 백성은 주의 종이 "**하나님께** 맞으며 고난을 당한다"고 생각했지만(4절), 그가 당하는 곤욕이 종의 죄 때문이 아니라, 백성(그리고 세상 모든 민족, 모든 사람의 죄) 때문이라는 사실을 깨닫지 못했다.

요한복음에는 대제사장 가야바가 예수님을 죽이려는 모의 중에 예수님을 죽이는 것이 차악이라고 주장하는 대목이 나온다. "한 사람이 백성을 위하여 죽어서 온 민족이 망하지 않게 되는 것이 너희에게 유익한 줄을 생각하지 아니하는도다"(요 11:50). 요한은 이에 대해 이런 설명을 덧붙인다. "이 말은 스스로 함이 아니요 그 해의 대제사장이므로 예수께서 **그 민족을 위하시고 또 그 민족만 위할 뿐 아니라** 흩어진 하나님의 자녀를 모아 하나가 되게 하기 위하여 죽으실 것을 미리 말함이러라"(51-52절).

이스라엘은 단체로 예수님을 잘못 판단했다. 그들은 고발자들의 주장대로 예수님이 하나님께 죄를 지어 죽임을 당했다고 믿었다. 예수님이 하나님께 맞은 것은 사실이지만, 그것은 자기 백성의 죄 때문이었고, 유대인과 이방인 모두에게 구원을 주시기 위함이었다(행 20:21, 롬 1:16, 3:29-30, 9:24, 고전 1:24, 12:13, 엡 2:12-14).

무덤에서 잠잠하다

이사야 53장 9절에는 놀라운 사실이 소개된다. "그의 무덤이 악인들과 함께 있었으며." 예수님은 죄수들과 함께 십자가에 못 박히셨기에, 예수님의 시체 역시 그들과 함께 처리되는 것이 당연했다. 로마에서는 십자가형을 받은 중죄인의 시체를 경고의 표시로 십자가에 매달아 둔 채 날짐승이나 짐승들의 밥이 되도록 내버려 두는 것이 일반적인 관행이었다. 고대 사회에서는 시체를 매장하지 않고 내버려 두는 것이 죽은 사람에 대한 최악의 모욕으로 간주되었다. 그래서 블레셋 사람들은 사울 왕과 그의 아들들의 시체를 그대로 방치했다(삼상 31:10-12). 또한 마지막 대환란 때, 적그리스도를 따르는 무리도 두 증인의 시체를 그렇게 할 것이다(계 11:7-9, 렘 25:33을 보라).

사체를 그렇게 내버려 두는 것은 하나님이 엄하게 금하신 일이었다(신 21:22-23). 그러나 로마인들은 의도적으로 십자가형을 받은 시체를 내버려 두었다. 십자가형은 주로 잘 보이는 대로변에서 이루어졌다. 이는 로마에 대항하는 자들에게 일종의 경고의 표시로 활용하려는 의도였다. 일정 기간이 흐르고 나면, 관리들이 사체를 수습하여 공동묘지에 갖다 버렸다. 예루살렘 근처에서는 남쪽 외곽에 위치한 힌놈의 골짜기가 바로 그런 곳이었다.

힌놈에는 어두운 역사가 있다. 여기에서 갓난아이들이 암몬의 사악한 우상 몰렉을 위해 불태워졌다(왕상 11:7, 왕하 17:17, 21:6, 렘 32:35). 이는 하나님이 엄격하게 금하는 끔찍한 짓이었다(레 18:21, 20:2-5, 렘 7:31-32, 32:35). 이 골짜기의 아람어 이름이 신약 성경에서 헬라어로 음역되었는데, '지옥'이라는 이름으로 쓰였다. 영어로는 '게헨나'로 음역되었다. 구약 시대에는 이 장소가 '도벳'으로 불리었다. 그 의미는 불확실하다. 대부분의 학자는 '불타는 곳'일 것으로 추정한다(아궁이를 뜻하는 아람어에서 추측함). 이는 적절한 설명이다. 어떤 언어학자들은 '북'을 뜻하는 히브리어에서 파생한 단어로 보기도 한다. 산 채로 불태워진 아이들의 절규를 덮기 위해 끊임없이 울려 퍼지던 북소리를 가리킨다는 설명이다. 예레미야는 이곳이 "죽임의 골짜기"로 불리리라고 말했다(렘 19:6).

예수님 시대에 힌놈의 골짜기는 쓰레기 소각장이었으며, 쓰레기를 소각하는 불의 연기가 끊임없이 피어올랐다(사 66:24, 마 3:12, 막 9:48 참고). 날짐승에게 뜯어 먹히고 남은 죄수의 사체는 이곳 불 속으로 던져졌다.

그러나 주의 종은 그렇게 되지 않을 것이다. 시편 16편 10절에서 메시아가 말씀하셨다. "이는 주께서 내 영혼을 스올에 버리지 아니하시며 주의 거룩한 자를 멸망시키지 않으실 것임이니이다"(행 2:27-31, 13:35-37 참고). 놀랍게도 이사야는 이렇게 이야기한다. "그가 죽은 후에 부자와 함께 있었도다"(사 53:9).

그 부자는 아리마대 사람 요셉이었다(마 27:57). "아리마대 사람 요셉은 예수의 제자이나 유대인이 두려워 그것을 숨기더니 이 일 후에 빌라도에게 예수의 시체를 가져가기를 구하매 빌라도가 허락하는지라 이에 가서 예수의 시체를 가져가니라"(요 19:38). 그는 예수님을 장사지내기 위해 사용하지 않은 무덤을 제공했으며(눅 23:53), 대담하게 빌라도에게 예수님의 시신을 요구했다(마 27:58). 그와 마찬가지로 예수님의 제자가 된 유력자 니고데모와 함께 예수님의 시신을 무덤에 안치했다(요 19:39-42). 따라서 예수님의 시체는 부패된 후 예루살렘의 쓰레기장에 버려지는 대신, 부자의 사용되지 않은 새 무덤에 안치되었다. 이는 7세기 전에 이사야가 예언한 그대로였다. 하나님은 아들을 명예롭게 장사지냄으로써, 아들 곧 그의 종, 이스라엘의 메시아가 무죄임을 만천하에 공표했다.

9절을 통해 주의 종의 매장이 지니는 중요한 의미를 파악할 수 있다. 이는 그리스도의 무죄를 입증하는 하나님의 방식이었다. 그는 당신의 아들이 더 이상 수욕을 당하는 것을 허락하지 않았다. "그는 강포를 행하지 아니하였고 그의 입에 거짓이 없었으나." 이 구절은 예수님의 완벽한 무죄에 대한 아버지의 증언이었다.

이는 또한 그의 높아짐으로 나아가는 작은 첫 걸음이었다.

CHAPTER 7

고난받는 그리고 영광받는 종

선지자는 여기에서 두 가지 상반된 것을 대조하고 있음이 분명하다. 즉, (1) 예수 그리스도는 오랜 시간, 말하자면 감추어지고, 이를테면 지옥의 바닥으로 떨어뜨려지며, 심지어 올 때 사람들의 환영을 받을 만한 모습으로 오지 않고 그와는 정반대로 거부당할 것이다. 그리고 그는 경멸받을 것이기에 아무도 그를 통해 구원이 이루어지리라고 생각하지 않을 것이다. 그러나 (2) 그렇다고 그가 덜 영화롭게 되지는 않을 것이다.

―존 칼빈 (신학자, 목회자, 종교개혁의 완성자)[54]

<u>예수님은 부활하신 바로 그날</u>, 예루살렘에서 인근 엠마오로 가

던 두 제자와 마주쳤다. 마가복음 16장 12-13절에는 그 사건이 잠깐 언급만 되었다. 누가는 그 사건을 자세히 설명한다.

엠마오로 가는 길은 7마일이었다(눅 24:13). 잰걸음으로 걸어도 두 시간은 족히 걸리는 거리였다. 사람들은 몇몇이 어울려 여행을 하고, 걸으면서 담소를 나누는 경향이 있기 때문에 그들의 보행 속도는 좀 더 완만했을 것이다. 따라서 엠마오로 가는 길은 두 시간 반 내지 세 시간이 소요되었을 것이다. "그 날에 그들 중 둘이 예루살렘에서 이십오 리 되는 엠마오라 하는 마을로 가면서 이 모든 된 일을 서로 이야기하더라"(눅 24:13-14). 그들은 지난 삼 일간 있었던 일을 되돌아보면서 그 의미를 되새기고 있었다. 예수님은 목요일 밤 체포되셨고, 금요일에 십자가에 못 박혀 죽으신 후 무덤에 안치되었는데, 일요일 아침에 빈 무덤이 발견되었다.

그때 그들은 혼자 길을 가던 한 사람과 마주친다. "그들이 서로 이야기하며 문의할 때에 예수께서 가까이 이르러 그들과 동행하시나"(15절).[55] 예수님이 그들에게 물으셨다. "너희가 길 가면서 서로 주고받고 하는 이야기가 무엇이냐"(17절). 그들이 대답했다.

> 나사렛 예수의 일이니 그는 하나님과 모든 백성 앞에서 말과 일에 능하신 선지자이거늘 우리 대제사장들과 관리들이 사형 판결에 넘겨 주어 십자가에 못 박았느니라 우리는 이 사람이 이스라엘을 속량할 자라고 바랐노라 이뿐 아니라 이 일이 일어난 지가 사흘째요 (눅 24:19-21)

그리고 이어서 말했다. "우리 중에 어떤 여자들이 우리로 놀라게 하였으니 이는 그들이 새벽에 무덤에 갔다가 그의 시체는 보지 못하고 와서 그가 살아나셨다 하는 천사들의 나타남을 보았다 함이라 또 우리와 함께 한 자 중에 두어 사람이 무덤에 가 과연 여자들이 말한 바와 같음을 보았으나 예수는 보지 못하였느니라 하거늘"(22-24절).

이 두 사람은 자기들이 부활한 주님과 이야기하고 있다는 사실을 깨닫지 못했다!

그때 예수님이 그들을 꾸짖으며 말씀하셨다. "미련하고 선지자들이 말한 모든 것을 마음에 더디 믿는 자들이여 그리스도가 이런 고난을 받고 자기의 영광에 들어가야 할 것이 아니냐"(25-26절).

주님은 그들에게 메시아의 삶이 두 부분으로 나뉜다고 설명하셨다. 그것은 **고난**과 **영광**이다. 그들이 만약 선지서를 읽고 이 간단한 원리를 이해했다면 믿음이 그토록 흔들리지 않았을 것이다.

마침내 자기들이 누구와 대화하고 있었는지 눈치 챈 그들은 이렇게 말했다. "길에서 우리에게 말씀하시고 우리에게 성경을 풀어 주실 때에 우리 속에서 마음이 뜨겁지 아니하더냐"(32절).

그날 밤, 예수님은 유대인들을 피해 예루살렘의 은신처에 숨어 있던 열한 제자 및 그들과 함께한 자들에게 나타나셨다(요 20:19). 그리고 자신을 유령으로 알고 놀라고 무서워하는 제자들에게 부활하신 몸을 확인시켜 주셨다.

내가 너희와 함께 있을 때에 너희에게 말한 바 곧 모세의 율법과 선지자의 글과 시편에 나를 가리켜 기록된 모든 것이 이루어져야 하리라 한 말이 이것이라 하시고 이에 그들의 마음을 열어 성경을 깨닫게 하시고 또 이르시되 이같이 그리스도가 고난을 받고 제삼일에 죽은 자 가운데서 살아날 것과 (눅 24:44-46)

달리 말하면, 예수님은 일찍이 그날 두 제자들에게 하셨던 말씀을 반복하셨다. 즉, 구약 성경은 메시아가 고난받아야 함을 가르친다는 것이다. 메시아는 먼저 고난받으신 후 영광스럽게 높아지실 것이다. 예수님은 죽은 자 가운데서 부활하시어 아버지 우편에 앉으심으로 높아지셨다.

고난이 영광에 선행한다는 사실을 모르는 자는 복음의 기본을 이해하지 못한 것이다. 이 주제는 기독교 메시지의 근간이 된다(마 26:64, 행 2:33, 7:55, 롬 8:34, 엡 1:20, 골 3:1, 히 1:3, 벧전 3:22).

그러나 앞서 살펴보았듯이, 메시아가 고난을 받는다는 믿음은 유대인이 가진 메시아 사상과 맞지 않는다. 유대교 신학자들은 메시아의 영광에만 초점을 맞추고, 그의 고난은 외면했다. 그들은 메시아가 왕국을 건설하고 이스라엘을 적으로부터 구원하실 것이라 기대했다. 그들은 이날이 속히 오기를 열렬히 고대했다. 그러나 그들은 메시아가 정복과 통치를 시작하기 전에 먼저 고난받고 죽으셔야 한다는 구약 성경의 가르침을 이해하지 못했다.

메시아가 즉시 자기 왕국을 이 땅에 건설하리라는 기대감은 매우 완강했다. 그래서 제자들은 승천하려는 예수님께 이렇게 물었다. "주께서 이스라엘 나라를 회복하심이 이 때니이까"(행 1:6). 그러나 예수님은 왕국에 대한 그들의 희망을 산산이 깨뜨리셨다. "때와 시기는 아버지께서 자기의 권한에 두셨으니 너희가 알 바 아니요"(7절). 그러고는 몇 분 안에 그들을 떠나셨다. "이 말씀을 마치시고 그들이 보는데 올려져 가시니 구름이 그를 가리어 보이지 않게 하더라"(9절).

결국에는 그들도 고난이 메시아 사역에서 반드시 필요하다는 것을 이해하고 받아들였다. 베드로는 나중에 이렇게 말한다. "이 구원에 대하여는 너희에게 임할 은혜를 예언하던 선지자들이 연구하고 부지런히 살펴서 자기 속에 계신 그리스도의 영이 그 받으실 **고난**과 후에 받으실 **영광**을 미리 증언하여 누구를 또는 어떠한 때를 지시하시는지 상고하니라"(벧전 1:10-11).

고난과 영광 이 두 가지를 제쳐 두고 예수 그리스도의 인격과 사역을 이해하기란 불가능하다. 이 두 가지는 구약 성경에 담긴 메시아에 대한 예언의 전 범위를 아우른다. 선지자들의 모든 메시지에는 이 두 가지 주제가 면면히 흐른다. 예수님은 아마도 엠마오로 가는 두 시간 반 동안 구약 성경 도처에 널린 말씀을 설명하셨을 것이다 ("이에 모세와 모든 선지자의 글로 시작하여 모든 성경에 쓴 바 자기에 관한 것을 자세히 설명하시니라" 눅 24:27).

구약 성경의 여러 말씀에는 예수님의 고난을 가리키는 상징들이 담겨 있다. 이삭을 번제로 드리려는 아브라함의 순종, 유월절 어린양, 광야에서 들린 놋뱀(요 3:14), 제사 제도의 피 흘림, 시편 22편의 찔림과 조롱당함, 시편 69편과 118편 및 기타 시편에 나오는 메시아의 고난, 스가랴 11장 12-13절과 12장 10절에 나오는 배반과 찔림 등.

그중에서도 구약 성경에서 고난과 영광의 두 가지 주제가 가장 또렷하고 자세하게 묘사된 곳은 이사야 52장 13절에서 53장 12절 말씀이다. 이제까지 이 정도로 설명했으면 메시아에 대한 이사야의 이 자세한 예언이 왜 그토록 중요한지 이해해야만 한다. 이 말씀은 메시아의 삶, 죽음, 부활 그리고 높아짐에 대해서 너무나 많고 정확한 역사적 사실들을 예언한다. 그것도 메시아가 태어나기 7세기 전에 말이다.

이사야 53장 10-12절은 주의 종에 대한 예언의 마지막인 네 번째 노래 중 마지막 다섯 번째 연이다. 처음 네 연은 주의 종을 놀라운 종, 거부당한 종, 대속물이 된 종, 그리고 잠잠한 종으로 묘사한다. 그러나 이 "다섯 번째 연은 모든 생각의 큰 물줄기가 흘러 모이는 저수지와 같다."[56] 이 연은 승리의 약속으로 시작하여 승리의 선언으로 끝난다.

마지막 연을 이해하기 위해서는 네 번째 노래의 첫 부분, 이사야 52장 13-15절로 돌아가야 한다. 13절에는 주의 종, 메시아에 대한 수수께끼 같은 진술이 나온다. "받들어 높이 들려서." 받들어 높이 들린다는 표현은 그의 신성에 대한 것이다. 같은 표현이 이사야 6장 1절과 57장 15절에서 하나님에 대하여 쓰였다. 주의 위엄과 영광에 나라들은 놀랄 것이며, 그가 영광 가운데 돌아오실 때 세상 통치자들은 놀라서 말문이 막힐 것이다(52:15).

다른 한편으로, 주의 종은 사람이다. 14절에서는 이렇게 말한다.

"전에는 그의 모양이 타인보다 상하였고 그의 모습이 사람들보다 상하였으므로 많은 사람이 그에 대하여 놀랐거니와." 그는 하나님으로서 높이 영광을 받으시며, 사람으로서 상하고 망가지셨다.

이 점이 구약 시대 사람들은 이해할 수 없는 미스터리였다. 어떻게 이리도 영광스럽고 놀라운 구원자 하나님인 동시에 가장 참혹하게 상하고 망가진 사람일 수 있을까? 그 해답은 메시아가 이 땅에 오셔서 먼저 낮아지고 고난받으셔야 한다는 사실을 이해하는 데 있다. 바울은 말한다. "사람의 모양으로 나타나사 자기를 낮추시고 죽기까지 복종하셨으니 곧 십자가에 죽으심이라"(빌 2:8). 그 이후에 그는 아버지로부터 높임을 받으실 것이다. 그리스도가 기꺼이 아버지께 순종하였기에, "이러므로 하나님이 그를 지극히 높여 모든 이름 위에 뛰어난 이름을 주사 하늘에 있는 자들과 땅에 있는 자들과 땅 아래에 있는 자들로 모든 무릎을 예수의 이름에 꿇게 하시고 모든 입으로 예수 그리스도를 주라 시인하여 하나님 아버지께 영광을 돌리게 하셨느니라"(빌 2:9-11).

주의 종이 낮아지고 또한 높아지는 것이 하나님의 계획이시다. 이스라엘의 고백 전후에 하나님이 하시는 말씀이 나온다. 이사야 52장 13-15절은 종의 고난에 대해서 이야기하고, 53장 11절 뒷부분부터 12절은 그의 높아짐에 대해서 이야기한다. 예수 그리스도께 일어난 일은 예상 밖의 불행한 사건이 아니다. 그것은 하나님의 계획이 정확하게 그대로 이루어진 것이다. 고난받는 주의 종은 힘없는 희생자가 아니었다. 그는 (십자가의 참혹한 고난 가운데서도)승리한 하나님의 아들이다. 그는 아버지께 선택받았고, 성령님께 힘을 얻었으며, 고난받았고, 영광스럽게 높임을 받으셨다. 이는 모두 자기 백성에게 죄의 용서와 천국의 영원한 삶을 주기 위함이었다. 오직 그만이 세상의 모든 죄를 없애기에 합당한 제물이었다(요 1:29).

따라서 하나님이 직접 자기의 종에 대한 이스라엘의 궁금증에 대한 해답을 제공한다. 하나님은 이사야 53장 12절에서 이렇게 말씀하신다. "그러므로 내가 그에게 존귀한 자와 함께 몫을 받게 하며 강한 자와 함께 탈취한 것을 나누게 하리니 이는 그가 자기 영혼을 버려 사망에 이르게 하며 범죄자 중 하나로 헤아림을 받았음이니라." 주의 종은 먼저 수욕을 당하였지만, 하나님은 그를 다시 존귀하게 하실 것이다. 이것이 인류에게 밝혀진 가장 영광스럽고 중차대한 진리다. 주의 종의 죽음으로 죄인들이 구원을 받는다는 좋은 소식이다. 이 모든 것이 이사야 53장을 통해 유대인들에게 예언되었다.

사람들이 그에게로 나아갈 것이라
무릇 그에게 노하는 자는 부끄러움을 당하리라

이사야 53장은 이스라엘 백성이 마침내 진정한 메시아를 깨닫고 받아들이게 되면 하게 될 고백을 기록한 것이다. 이사야 53장은 회개한 이스라엘의 관점에서 주의 종의 죽음에 대해 이야기한다. 이러한 관점은 마지막 연의 초반부(53장 10절과 11절 앞부분)까지 이어진다.

그런데 다섯 번째 연의 후반부(11절 뒷부분과 12절)에서 관점과 화자가 바뀐다. 11절 뒷부분부터는 더 이상 회개한 이스라엘의 고백이 아니다. 여기서부터는 종의 고난과 죽음에 대한 하나님의 판결이 제시된다. "나의 의로운 종"이란 표현에 나오는 소유대명사를 통해 화자가 바뀌었음을 알 수 있다. 이제 하나님께서 말씀을 시작하시며, 이스라엘의 고백이 진실하다고 인정하신다.

그러므로 이사야 52장 13-15절, 그리고 53장 11-12절은 하나님이 하시는 말씀이다. 하나님은 주의 종의 신실함을 칭찬하신다. 이 두 선언 사이에 먼 미래에 이스라엘의 회개에 대한 예언이 기록된 것이다.

하나님은 성실하시므로, 그날은 반드시 올 것이다. 새 언약(렘 31:31-36)에 대한 약속이 다음의 말씀에 확증되어 있다. "여호와께서 이와 같이 말씀하시니라 위에 있는 하늘을 측량할 수 있으며 밑에 있는 땅의 기초를 탐지할 수 있다면 내가 이스라엘 자손이 행한 모든 일로 말미암아 그들을 다 버리리라 여호와의 말씀이니라"(렘 31:37). 달리 말하자면, 무한대를 측정하는 것이 불가능한 것처럼, 하나님께서 자기가 선택한 백성을 버리시는 것도 불가능하다. 사도 바울은 이 문제에 대해 명료하게 대답한다. "그러므로 내가 말하노니 하나님이 자기 백성을 버리셨느냐 그럴 수 없느니라 나도 이스라엘인이요 아브라함의 씨에서 난 자요 베냐민 지파라"(롬 11:1). 에스겔 36장 22-38절은 하나님께서 이스라엘을 버리지 않으셨다는 사실에 대한 확장된 약속이다. "내가 너희 조상들에게 준 땅에서 너희가 거주하면서 내 백성이 되고 나는 너희 하나님이 되리라"(겔 36:28).

바울은 이 문제를 로마서 9-11장에서 자세하게 다룬다. 말미에서 그는 이스라엘에 대한 모든 옛 언약이 성취될 것이라고 단언한다. 이스라엘의 배교에 대한 위협과 저주가 문자 그대로 성취된 것처럼, 약속의 땅으로의 회복에 대한 약속 역시 그대로 성취될 것이다.

> 형제들아 너희가 스스로 지혜 있다 하면서 이 신비를 너희가 모르기를 내가 원하지 아니하노니 이 신비는 이방인의 충만한 수가 들어오기까지 이스라엘의 더러는 우둔하게 된 것이라 그리하여 온 이스라엘이 구원을 받으리라 기록된 바
>
> 구원자가 시온에서 오사
>
> 야곱에게서 경건하지 않은 것을 돌이키시겠고
>
> 내가 그들의 죄를 없이 할 때에
>
> 그들에게 이루어질 내 언약이 이것이라 함과 같으니라
>
> (롬 11:25-27)

이것은 최근에 만들어진, 마지막 때에 대한 기독교 교리가 아니다. 예수님께서 먼저 이렇게 말씀하셨다. "예루살렘은 **이방인의 때가 차기까지** 이방인들에게 밟히리라"(눅 21:24). 교회 역사를 통틀어 개혁 신학을 포함한 많은 신학자가 이스라엘의 회복에 대해서 말했다. "원 가지인 이 사람들이야 얼마나 더 자기 감람나무에 접붙이심을 받으랴"(롬 11:24). 즉, 그들은 결국 불신에서 돌이켜 예수님을 메시아로

받아들이고 아브라함과 다윗에게 약속한 모든 복을 상속받게 될 것이다.

이러한 견해는 많은 교부의 가르침이기도 했다. 순교자 유스티누스, 오리게네스, 요하네스 크리소스토모스, 예로니모, 알렉산드리아의 키릴로스 등이 그러했다. 초기 기독교 교부인 테르툴리아누스는 다음과 같이 말했다. "마지막 때에 다시 오실 그리스도는 할례당이나 아브라함의 후손마저 받아들이고 복을 주실 것이며, 그들은 곧 그를 인정하게 될 것이다."[57]

초기 기독교의 위대한 신학자 아우구스티누스 역시 장래에 이스라엘이 구원받을 것이라고 믿었으며, 이는 그가 살던 시대의 일반적인 견해였다. "신자들의 마음과 대화 속에서 이는 친근한 주제다. 최후의 심판 전 마지막 때에 위대한 선지자 엘리야가 유대인들에게 율법을 설명할 것이며, 그들은 진정한 그리스도 즉, 우리 주 예수 그리스도를 믿게 될 것이다."[58]

중세 로마 가톨릭 교회에서 가장 유력한(아마도 최고의) 신학자였던 토마스 아퀴나스 역시 이스라엘의 구원을 믿었다. 그는 마지막 때에 "이스라엘의 남은 자가 돌이킬 것"이라고 믿었다.[59] 그는 이렇게 썼다. "유대인이 망함으로써 적이었던 이방인이 화해를 이루었듯, 세상 마지막 때에 유대인이 돌이킨 후에 일반적인 부활이 있을 것이다. 죽었던 자들이 다시 살아나 영원한 삶을 얻게 될 것이다."[60] 그는 또 이렇게 썼다. "구원받기로 선택된 이방인이 모두 믿음을 받아들일 때까지 유대인의 눈멂이 지속될 것이다. 이는 바울의 말과도

일치한다. (중략) 유대인들의 구원, 즉, 이방인들이 돌이킨 후에, 모든 이스라엘이 구원을 받을 것이다."⁶¹

종교 개혁가 중에서 가장 유능한 신학자였던 존 칼빈은 이사야 59장 20절에 대한 주석에서 이렇게 말했다.

> 바울은 이 구절(롬 11:26)을 인용하면서 유대인에게 아직 희망이 남아 있음을 보여 준다. 유대인들은 지독히도 완고했기에, 그들은 모두 버려져 영원한 죽음에 던져지리라고 생각했다. 그러나 하나님은 자기 언약을 잊지 않고 기억하셨다. "하나님의 은사와 부르심에는 후회하심이 없느니라"(롬 11:29). 따라서 바울은 유대인 가운데서 그리스도에게 나아와 그가 예비한 구원을 얻을 자가 없을 수는 없다고 결론지었다. 그러므로 필경은 유대인이 이방인과 함께 부르심을 받을 것이며, 그들은 그리스도 아래서 "한 무리"가 될 것이다(요 10:16).⁶²

제네바 성경은 원조 영국 개혁가들의 성경이었다. 킹제임스 성경이 나오기 전까지 가장 영향력 있는 성경이었다. 또한 당대 권위 있는 개신교 신학자들의 해설이 첨부되어 있다. 로마서 11장 24절과 25절에 대한 제네바 성경의 해설 일부를 보자.

> 그[바울]는 일부가 아닌 전체에 대해서 말하고 있다. (중략) 주님이 유대인 중에서 택한 사람이 하나도 없을 정도로 유대인의

눈멂이 보편적인 것은 아니며, 또한 유대인의 눈멂이 영원히 지속되지도 않을 것이다. 언젠가 그날이 오면, 그들 역시(선지자들이 예언하였듯이) 이제껏 완고하게 거부해 왔던 것을 받아들이게 될 것이다.

영국과 미국의 많은 청교도들, 존 오웬, 토마스 맨튼, 존 플라벨, 윌리엄 퍼킨스, 토마스 보스톤, 인크리스 매더, 코튼 매더 역시 이스라엘 전체의 회심을 믿었다.

미국이 낳은 위대한 신학자 조나단 에드워즈는 이렇게 말했다. "로마서 11장에 유대인 나라 전체의 회심이 가장 분명하게 예언되어 있다. 또한 같은 의미로 해석될 수밖에 없는 많은 구절이 구약 성경에 기록되어 있다."[63]

18세기 영국 침례교 신학자 존 길 역시 "유대인들의 회심, 그리고 그들의 본토 정착"을 믿었다.[64] 그는 이렇게 기록한다.

> 유대인들의 회심은 (중략) 적그리스도가 멸망하면 시작될 것이다. (중략) 그들의 회심에 대한 많은 예언이 있다. 그들은 단번에 태어날 것이다. 가시적인 나라가 아니라, 영적인 의미의 유대 나라가 세워질 것이다. 그들은 물과 진리로 거듭나게 될 것이다. 그들은 자기 죄를 전적으로 시인할 것이며, 진정으로 그에 대해 통곡할 것이다. 특별히 참된 메시아를 고집스럽게 거부한 죄와 그를 계속해서 믿지 아니한 죄를 고백할 것이다. 그들은 울부짖

고 탄원할 것이며, 주 하나님과 다윗 왕 메시아를 찾을 것이며, 그를 영접하고 그에게 복종할 것이다. 그들은 기독교회의 일원이 될 것이며, 그리스도의 법에 복종할 것이다. 이 일은 전면적으로 발생하여 모든 이스라엘이 구원을 받을 것이며, 나라 전체가 단번에 거듭나게 될 것이다. 이를 위해 그들은 수백 년 동안 유별한 백성으로 지켜져 왔고, 다른 민족들과 섞이거나 동화되지 않았다. 이는 놀라운 하나님의 섭리이며, 하나님은 그들을 통해 그리고 그들을 위해 놀라운 일들을 행하셨음을 명백히 보여 준다.[65]

19세기의 유명한 장로교 신학자인 찰스 하지는 이렇게 말한다. "교회의 믿음에 따르면, 두 번째 위대한 사건은 그리스도의 재림 전에 발생할 유대 민족의 회심이다."[66]

찰스 스펄전은 "수확과 수확기"라는 제목의 설교에서 장래 이스라엘의 돌이킴에 대해 이렇게 이야기했다.

유대 민족이 다윗의 자손 나사렛 예수님을 자기의 왕으로 삼게 될 것은 분명하다. 그들은 본토로 돌아올 것이며, 무너진 옛 터전을 재건하고, 폐허를 다시 일으키고, 수대에 걸쳐 버려진 옛 도성들을 보수하게 될 것이다.[67]

스펄전 시대의 성공회 주교 존 찰스 라일 역시 언젠가 이스라엘이 회복되리라고 확신했다.

> 바벨론의 성벽이 무너지리라는 예언을 문자 그대로 믿은 것처럼, 시온의 성벽이 재건되리라는 예언도 문자적으로 받아들여야 할 것이다. 그리고 예언에 따라 유대인들이 문자적으로 흩어진 것처럼, 예언대로 유대인들이 문자 그대로 다시 모이게 되리라고 믿어야 할 것이다.[68]

현대의 신학자들, 게르할더스 보스, 조지 엘든 라드, 존 머레이, 윌리엄 헨드릭슨, 로버트 찰스 스프로울, 밀러드 에릭슨, 웨인 그루뎀 등도 장래에 이스라엘이 회심하리라고 가르쳤다.

그날이 오면, 유대인들은 자기들이 찔렀던 그분을 바라보고 그에 대한 생각을 바꾸게 될 것이다. 그들은 예수님이 신성 모독을 범한 죄인이었기 때문에 하나님께 맞으며 곤욕을 당한다고 생각했다. 그러나 그때가 되면, 그가 당한 고난은 자기들의 죗값이었으며, 그가 대신 죄를 담당하심으로(고후 5:21) 죄인들이 영적으로 고침을 받고 복을 받게 되었음을 알게 될 것이다.

고난받는 종

이사야 53장의 가장 놀라운 점은 미래의 유대인 신자들이 그리스도의 십자가의 중요성을 완전히 이해하고 있다는 사실이다. 마침내 그들은 이 고대 예언을 기반으로 복음을 올바르고 온전히 이해하게 될 것이다. 그들은 이렇게 고백할 것이다. "그는 강포를 행하지 아니하였고 그의 입에 거짓이 없었으나"(사 53:9). "여호와께서 그에게 상함을 받게 하시기를 원하사 질고를 당하게 하셨은즉 그의 영혼을 속건제물로 드리기에 이르면"(사 53:10). 그리스도의 대속 속죄의 모든 중요한 사실이 이 진술에 다 들어 있다. 이것이 기독교 신앙의 핵심 진리라고 해도 과언이 아니다.

확실히 그들은 주의 종에게 가장 악독한 짓을 했다. 그들에게 학대를 받은 종은 사람처럼 보이지 않을 정도였다(사 52:14). 그들은 예수님을 거부했고, 억눌렀으며, 학대했고, 심지어 죽일 때조차 예수님을 욕보이려 했다(사 53:3, 7, 8, 9). "그가 하나님께서 정하신 뜻과 미리 아신 대로 내준 바 되었거늘 너희가 법 없는 자들의 손을 빌려 못 박아 죽였으나"(행 2:23).

그러나 이미 강조하였듯이, 말씀은 놀랍게도 다음과 같이 전한다. "여호와께서 그에게 상함을 받게 하시기를 원하사 질고를 당하게 하셨은즉"(사 53:10). 하나님은 끔찍하고, 말로 설명할 수도 없으며, 도무지 이해할 수 없는 일이 자기의 종에게 일어나게 하셨다. 종의 죽음은 하나님의 계획에 따라 하나님께서 하신 일이었다. 사도행전 2장 23절 앞부분은 이렇게 말한다. "그가 하나님께서 정하신 뜻과 미리 아신 대로 내준 바 되었거늘." 일어난 일의 사악함을 전혀 가감 없이 표현하면서, 성경은 이것이 정확히 "하나님의 권능과 뜻대로 이루려고 예정하신 그것"(행 4:27-28)이라고 가르친다. 우리 죄를 위해 그를 찌르고, 우리에게 평화를 주기 위해 그를 징벌하며, 우리를 고치기 위해 그를 상하게 하고, 우리 죄를 그에게 담당하게 한 것은 궁극적으로 **주 하나님**이었다.

더욱 놀라운 것은 악한 자의 죽음조차 기뻐하지 않으시는 하나님께서(겔 18:23, 32, 33:11) 의로운 자기 종의 죽음을 기뻐하셨다는 사실이다. '원하다(will)'로 번역된 부분을 히브리어로 보면 문자적으로 '기뻐하다' 또는 '즐거워하다'라는 뜻이다. NASB 버전의 영어 성경은 이 구절을 문자적으로 번역한다. "여호와께서 그를 상하게 하시기를 **기뻐하사**."

"질고를 당하게 하셨은즉"이라는 구절은 매우 강한 표현으로, 그리스도께서 당하신 고난의 강도를 잘 나타낸다. 그리스도는 이 고난을 받음으로써 모든 기력이 완전히 소진되셨다. 하나님은 단순히 종을 상하게 함으로써 죽인 것이 아니라, 인간이 할 수 있는 가장 끔찍한 방법으로 죽게 하신 것이다.

이미 여러 번 강조했듯이, 예수님은 선의의 순교자로서 죽음을 당하신 것이 아니다. 교회 역사 속의 순교자들은 하나님께 찬송을 드리고, 주님에 대한 믿음을 자신 있게 고백하면서 죽었다. 그들은 따뜻한 은혜의 위로 아래 있었으므로 희망과 기쁨 가운데 죽었다.

그러나 예수님은 그 어떤 도움이나 위로 없이 죽으셨다. 그는 끊임없는 공포와 떨림 속에서 죄에 대한 하나님의 분노와 진노를 고난으로 받아내셨다. 하나님은 암흑 가운데 골고다로 찾아오셨고, 죄인이 아니라 아들에게 심판을 내리셨다. 하나님은 지옥의 어두움으로 골고다를 뒤덮고, 장차 예수 그리스도를 믿게 될 모든 사람의 죄에 대한 극한의 진노를 쏟아내셨다.

극한의 의로움이 극한의 분노를 초래했고, 극한의 분노는 영원한 아들에 대한 극한의 형벌을 불러왔다.

"제자 중 여럿이 듣고 말하되 이 말씀은 어렵도다 누가 들을 수 있느냐 한대"(요 6:60). 심지어 많은 기독교인도 징벌적 대속의 진리를 거부한다. 그들은 징벌적 대속이 "하나님의 아동 학대"라고 비유한다. 어떤 이는 다음과 같이 냉소적으로 말한다. "만약 하나님이 우리를 용서해 주고 싶다면, 그냥 그렇게 하면 되지 않나? 죄 없는 사람을 벌주는 것이 무슨 도움이 되는가? 그것은 어마어마한 불의를 하나 더 만드는 셈 아닐까? 이건 마치 하나님의 아동 학대처럼 보인다. 안 그런가?"[69] 그러나 하나님 아버지가 자기 아들의 영혼을 죄에 대한 제물이 되게 하셨다는 사실은 인간에 대한 하나님의 사랑을 최대한으로 표현한 것이다. "사랑은 여기 있으니 우리가 하나님을 사랑한 것이 아니요 하나님이 우리를 사랑하사 우리 죄를 속하기 위하여 화목 제물로 그 아들을 보내셨음이라"(요일 4:10).

예수님은 단 세 시간 동안 영원한 지옥의 무한한 심판을 다 받아내실 수 있는 분이었다(그리고 죽은 자 가운데서 다시 살아나셨다). 왜냐하면 그 자신이 무한한 능력이 있는 무한한 하나님이셨기 때문이다. 성경은 이에 대해 분명하게 말한다. "그 몸으로 우리 죄를 담당하셨으니"(벧전 2:24). "죄를 알지도 못하신 이를 우리를 대신하여 죄로 삼으신 것"(고후 5:21). "그가 찔림은 우리의 허물 때문이요 그가 상함은 우리의 죄악 때문이라"(사 53:5). "그리스도께서 우리를 위하여 저주를 받은 바 되사"(갈 3:13). 이것이 바로 예수님이 겟세마네에서 가능하면 옮겨 달라고 아버지께 간구했던 잔이었다.

주님은 제 구시에 울부짖으셨다. "엘리 엘리 라마 사박다니 하시니 이를 번역하면 나의 하나님, 나의 하나님 어찌하여 나를 버리셨나이까"(막 15:34). 이 간구를 통해 어두움이 걷힐 때 아버지가 아들을 즉시 위로하지 않았음을 알 수 있다. 신약 성경에서 예수님이 하나님을 부를 때 '아버지'라고 하지 않은, 유일한 예외가 바로 이것이다. "나의 하나님, 나의 하나님"이라는 중복된 표현에는 실망 섞인 애정이 드러난다(눅 10:41, 13:34, 22:31 참조). 이때의 아버지는 심판의 진노 속에는 계셨지만, 위로 속에는 계시지 않았다.

그러나 하나님 아버지의 부재는 필수적이었다. 지옥에는 징벌을 위한 하나님의 분노는 있지만, 위로와 연민은 없다. 만약 예수님이 지옥의 모든 고통을 받으시려면, 거기에는 하나님의 징벌은 있되 위로는 없어야만 한다.

하나님은 어떻게 그러한 괴로움과 고통을 아들에게 주면서 "기뻐"할 수 있으신가? 하나님을 기쁘게 한 것은 **결과**이지 **고통**이 아니다. 예수님이 상하고 슬픔에 빠졌을 때 하나님이 느끼셨던 기쁨은 아들에게 가해진 고통 때문이 아니라, 아들이 아버지의 뜻을 이루었기 때문이다. 아들의 고통이 아니라 아들이 이루어 낸 것, 아들의 고난이 아니라 고난으로 이루어진 구원이 아버지를 기쁘게 했다. 하나님은 종이 기꺼이 자기를 속건제물로 드리고, 죄인을 구하기 위해 자기 목숨을 버렸기 때문에 기뻐하셨다.

구약의 속건제는 레위기에 나오는 5대 제사 중 하나다. 레위기 첫 일곱 장에는 번제, 소제, 화목제, 속죄제, 속건제에 대한 규정이 나온다. 번제, 소제, 화목제는 개인이 자발적으로 드리는 제사이며, 속죄제와 속건제는 의무적으로 드리는 제사다. 속죄제와 속건제는 매일 아침, 저녁 그리고 안식일에 드려야 했다(민 28:1-10). 소제를 제외한 네 제사에는 짐승의 희생이 포함된다. 이는 죄의 치명적인 결과와 "범죄하는 그 영혼은 죽으리라"는 냉혹한 현실을 보여 준다(겔 18:4, 20). 그러나 거기에는 희망도 담겨 있다. 하나님은 죄인 대신에 죽임을 당할 대속물을 허락하셨다. 이는 죄를 위한 궁극적 희생이 될 그리스도의 죽음을 예표한다(고후 5:21, 엡 5:2, 히 7:27, 9:26, 10:12).

그런데 다섯 번째이자 마지막 제사인 속건제에는 다른 제사에서 볼 수 없는 중요한 측면이 추가된다. 그것은 바로 보상, 충족 또는 속죄의 원리다. 누군가 다른 이(하나님 또는 다른 인간)의 권리를 박탈하면, 보상해야만 했다. 따라서 속건제는 5대 제사 중 가장 완결된 제사였다.

장래에 유대 나라는 그리스도의 제사를 통해 이 모든 것을 보게 될 것이다. 그리스도의 제사는 공의에 대한 하나님의 요구를 완전히 충족하고, 온전한 보상을 제공하며, 전적인 속죄를 이룬다. 죄인의 빚이 다 탕감되었다. "우리를 거스르고 불리하게 하는 법조문으로 쓴 증서를 지우시고 제하여 버리사 십자가에 못 박으시고"(골 2:14). 회개한 죄인은 그리스도의 죽으심에 연합함으로써 죄에 대해서 죽었으니(롬 6:2-4), 죄의 책임에서 자유롭게 된다(롬 6:11, 18, 22, 8:2). 예수님의 죽으심이 그를 믿는 모든 사람의 죄에 대한 속죄가 된다(요일 2:1-2).

영광받는 종

이스라엘의 고백에서 결론 부분 즉, 이사야 53장 10절과 11절 앞부분에서 이스라엘의 남은 자들은 하나님에게 상함을 받은 종의 고난에서 이후 종에게 주어질 영광으로 시선을 옮긴다. 그들은 하나님이 어떻게 자기 종을 영화롭게 하시는지 네 가지 측면에서 살펴본다.

첫째, "그가 씨를 보게 되며." 인간이 볼 수 있는 후손은 아들, 잘해야 손자, 드물게 증손자 정도지만, 메시아는 그의 모든 영적 후손을 보게 될 것이다. 그는 이들을 "형제라 부르기를 부끄러워하지 아니" 하셨다(히 2:11). 아버지께서 그들을 예수님께 주셨으며(요 6:37), 그리스도는 그들을 이끌어 영광에 들어가게 하신다(히 2:10).

그가 그렇게 할 수 있음은 "그의 날이 길 것"이기 때문이다. 이 표현은 히브리어로 긴, 영속적인 삶을 의미한다(신 4:40, 잠 28:16, 전 8:13 참고). 요한계시록 1장 18절에서 예수님은 이렇게 말씀하신다. "내가 전에 죽었었노라 볼지어다 이제 세세토록 살아 있어." 히브리서 저자는 이렇게 기록했다. "그러므로 자기를 힘입어 하나님께 나아가는 자들을 온전히 구원하실 수 있으니 이는 그가 항상 살아 계셔서 그들을 위하여 간구하심이라"(히 7:25; 7:16 참고).

주의 종은 하나님의 상하게 함과 심판을 기꺼이 받아들임으로써 구속 사역을 완성하였기에 영화롭게 되실 것이다. 이를 통해 "그의 손으로 여호와께서 기뻐하시는 뜻을 성취하리로다"(사 53:10). 그리스도께서 성취하신 구속 사역은 하나님의 영광의 찬송이 되었다(엡 1:12). "이러므로 하나님이 그를 지극히 높여 모든 이름 위에 뛰어난 이름을 주사 하늘에 있는 자들과 땅에 있는 자들과 땅 아래에 있는 자들로 모든 무릎을 예수의 이름에 꿇게 하시고 모든 입으로 예수 그리스도를 주라 시인하여 하나님 아버지께 영광을 돌리게 하셨느니라"(빌 2:9-11).

마지막으로, 주의 종은 구속의 계획이 완성된 것을 봄으로써 영광을 받게 될 것이다. "그가 자기 영혼의 수고한 것을 보고 만족하게 여길 것이라"(사 53:11). 주의 종은 자기의 영적 후손 곧 구속받은 자들이 하나님의 나라에 모이는 것을 보는 즐거움을 누리실 것이다. 그들은 그의 보좌를 둘러설 것이며, 그를 경배하고 섬기며, 그의 영광을 영원히 찬송할 것이다. 특별히 그는 이스라엘의 구원을 보고 기뻐하실 것이다.

> 나는 시온의 의가 빛 같이,
> 예루살렘의 구원이 횃불 같이 나타나도록
> 시온을 위하여 잠잠하지 아니하며
> 예루살렘을 위하여 쉬지 아니할 것인즉
> 이방 나라들이 네 공의를,
> 뭇 왕이 다 네 영광을 볼 것이요

> 너는 여호와의 입으로 정하실
>
> 새 이름으로 일컬음이 될 것이며
>
> 너는 또 여호와의 손의 아름다운 관,
>
> 네 하나님의 손의 왕관이 될 것이라
>
> 다시는 너를 버림 받은 자라 부르지 아니하며
>
> 다시는 네 땅을 황무지라 부르지 아니하고
>
> 오직 너를 헵시바라 하며
>
> 네 땅을 쁄라라 하리니
>
> 이는 여호와께서 너를 기뻐하실 것이며
>
> 네 땅이 결혼한 것처럼 될 것임이라
>
> 마치 청년이 처녀와 결혼함 같이
>
> 네 아들들이 너를 취하겠고
>
> 신랑이 신부를 기뻐함 같이
>
> 네 하나님이 너를 기뻐하시리라 (사 62:1-5)

무엇보다도 예수님은 자기의 대속적 구속 사역이 완성되었기에 기뻐하실 것이다. 그는 십자가에서 마지막 승리의 외침을 외치셨다. "다 이루었다"(요 19:30). 그는 죽으시기 전날 밤 아버지께 이렇게 고백하셨다. "아버지께서 내게 하라고 주신 일을 내가 이루어 아버지를 이 세상에서 영화롭게 하였사오니"(요 17:4; 4:34, 5:36 참고).

CHAPTER 8

죄를 담당하는 종

"여호와께서는 우리 모두의 죄악을 그에게 담당시키셨도다." 그리스도를 자기 백성을 위한 대속물로 정하신 것은 하늘의 주권적 결정이었다. 어느 누구도 이 일을 자임할 수 없다. 심지어 하나님의 아들도 이 짐을 자청하지 않았다. 예수님은 하나님의 택함 가운데 언약의 머리로 선택되셨다. 그는 하나님의 뜻 가운데 자기 백성을 대속하기로 작정되었다. 하나님 아버지는 자기가 지명한 희생제물을 거부하실 리가 없다. 옛 아브라함은 이렇게 말했다. "내 아들아 번제할 어린 양은 하나님이 자기를 위하여 친히 준비하시리라." 하나님은 친히 구세주를 준비하셨다. 하나님은 자신이 준비하신 어린 양을 받으실 수밖에 없고, 받으실 것이다.

-찰스 스펄전[70]

이사야 53장은 타락한 인간이 던질 수 있는 가장 중요한 질문에 대한 해답을 제시한다. **어떻게 죄인이 하나님과 완전한 화해를 이룰 수 있을까?** 이 질문은 누구나 결국에는 맞닥뜨려야 할 문제다. 이 질문은 우리가 죄의 무게에 짓눌려 고민할 때, 죄의 결과로 고통받을 때, 죗값으로 극심한 비통함을 느낄 때 흔히 발생한다. 욥이 고난당할 때, 욥과 그 친구들은 한 번 이상 이 질문을 제기했다. 욥이 물었다. "인생이 어찌 하나님 앞에 의로우랴"(욥 9:2). "누가 깨끗한 것을 더러운 것 가운데에서 낼 수 있으리이까"(욥 14:4).

욥의 친구 빌닷은 인간의 고민을 토로했다. "그런즉 하나님 앞에서 사람이 어찌 의롭다 하며 여자에게서 난 자가 어찌 깨끗하다 하랴 보라 그의 눈에는 달이라도 빛을 발하지 못하고 별도 빛나지 못하거든 하물며 구더기 같은 사람, 벌레 같은 인생이랴"(25:4-6).

누구도 이 문제에서 자유롭지 못하다. 그 누구도 하나님의 심판을 면할 만큼 의롭지 않다. 솔로몬은 이렇게 말했다. "선을 행하고 전혀 죄를 범하지 아니하는 의인은 세상에 없기 때문이로다"(전 7:20). 사도 바울은 이렇게 선언한다. "의인은 없나니 하나도 없으며"(롬 3:10). "차별이 없느니라 모든 사람이 죄를 범하였으매 하나님의 영광에 이르지 못하더니"(롬 3:22-23). 성경은 인간의 타락과 죄의 보편성을 말한다. 이는 우리가 죄인으로서 져야 할 책임을 결코 회피하거나 외면할 수 없다는 뜻이다. 어느 누구도 이렇게 생각할 수 없다. '나는 그렇게 나쁘지 않아. 결국 모든 사람이 죄인인 걸.' 성경은 모든 사람이 죄를 지었다고 말한다. 이는 구세주가 아니면, 인류 전체에 아무런 희망이 없다는 사실을 강조하는 것이다.

욥의 난제에 대한 참되고 확실한 해답이 이사야 53장에 나온다. 어떻게 하나님이 "경건하지 아니한 자를 의롭다 하시는"지 여기에 나온다(롬 4:5). 어떻게 인간이 하나님과의 관계를 회복할 수 있는지, 어떻게 하나님이 죄인을 의롭다고 하시면서 자기의 의로움을 유지할 수 있는지가 여기에 나온다(롬 3:26 참고). **"나의 의로운 종이 자기 지식으로 많은 사람을 의롭게 하며 또 그들의 죄악을 친히 담당하리로다"**(사 53:11).

이 구절을 자세히 살펴보면, 이 짧은 진술 안에 신약의 복음 전체가 들어 있음을 확인하게 된다. 성경적 구속의 교리를 이해하기 위한 필수적인 교리가 이 안에 다 들어 있다. 죄 없는 희생제물을 통한 속죄, 오직 믿음을 통해 은혜로 얻는 구원, 예수님의 의로움이 전가됨으로 인해 의로워지는 칭의, 징벌적 대속에 의한 구속.

따라서 이사야 53장은 복음을 요약할 뿐 아니라 그것의 명확하고 온전한 해석을 제공한다. 조직신학을 공부한 사람이라면 누구나 이사야의 구원론이 바울과 사도들의 구원론과 놀라울 만치 동일함을 알 수 있을 것이다.

당연하다. 이사야 53장은 하나님이 전하시는 복음이다. 신약 성경의 예수님과 사도들이 같은 메시지를 전한다는 사실 역시 우연이 아니며, 전혀 놀랍지 않다. 오직 하나의 참된 복음이 있을 뿐이다(갈 1:8-9 참고).

종의 사역에 대한 하나님의 과정

이사야 53장에는 매우 흥미로운 점이 있다. 여기에서 이사야가 분명하게 강조하는 복음의 원리들이 유사 기독교나 이단 종파, 거짓 선생들, 성경보다 전통을 중시하는 종교 단체들로부터 가장 많은 공격을 받는 교리들이라는 사실이다. 이사야는 이사야서 53장에서 오직 믿음으로만 의롭다 함을 얻음(이신칭의), 전가된 의, 대속적 구속, 하나님과의 화목 제물로 드려진 메시아의 죽음 등의 교리를 명백하게 주장한다.

종교 개혁가들이 수세기에 걸친 잘못된 교회의 전통과 오류 속에서 죽어 가던 교회를 되살리기 위해 회복한 교리들이 바로 이 교리들이다. 종교 개혁가들은 이 교리들을 깨닫고, 그 중요성을 재발견하였으며, 이것이 복음의 핵심 진리임을 선포했다. 영국과 미국의 청교도들 가슴에 불을 지핀 것 역시 같은 진리다. 조지 휘트필드, 조나단 에드워즈, 찰스 스펄전 등 청교도의 영적 후예들 역시 같은 교리를 수호했다. 성경의 권위를 믿은 설교가들은 이 진리를 분명하고 담대하게 가르쳤으며, "하나님의 말씀"으로 선포했다(살전 2:13). 하나님은 이 진리를 통해 사람들을 그리스도에게로 인도하며, 공동체를 변화시키고, 때로는 문화를 개혁했다.

최근 들어서 이 교리들에 대해 자칭 개신교 작가들의 공격이 이루어지고 있다. 그들은 성경 연구의 목적이 전통적 교리들에 대한 새로운 관점을 만들어 내고, 핵심적 성경 구절에 대한 새로운 해석을 찾아내며, 심지어 새로운 종류의 기독교를 고안해 내는 것이라고 주장한다.

그러나 그들의 주장은 전혀 새롭지 않다. 복음의 핵심 진리들은 사도 시대부터 끊임없이 공격받아 왔다. 신약의 서신서 대부분은 초대 교회의 신앙과 영적 건강에 위협이 되는 교리적 오류를 다루고 있다. 그중 대표적 예는 갈라디아서다. 바울은 갈라디아교회에 만연했던 오류를 바로잡기(그리고 정죄하기) 위해 이 서신서를 썼다. 거짓 선생들은 오직 믿음이라는 원칙을 공격했고, 이방인 출신 기독교인에게 믿음만으로는 의롭다 하심을 얻기에 부족하다고 가르쳤다. 갈라디아교회의 거짓 선생들은 이방인 기독교인에게 먼저 할례를 받아야 한다고 말했다. 오늘날에도 세례 예식이 예수님께서 요한복음 3장에서 말씀하신 거듭남이라고 말하는 오류를 범하는 이들이 있다. 그들은 세례받지 않으면 구원받을 수 없다고 주장한다. 따라서 기독교인의 삶으로 들어가기 위한 필수 요소인 믿음에 세례(꼭 행해져야 하는 일)가 슬며시 더해졌다. 최근에 유행하는 또 하나의 주장은 의로움은 하나의 과정일 뿐이며, 하나님이 최후 심판에서 의롭다고 선언하기 전까지는 완결되지 않는다는 주장이다. 그들의 주장은 결국 하나님이 의롭다고 하시는 판결은 (적어도 부분적이나마)심판받는 사람의 선한 행위로써 결정된다는 것이다.

이 모든 견해는 믿는 자가 (나중이 아니라)지금 구원받았다는 진리를 파괴한다. "너희는 그 은혜에 의하여 믿음으로 말미암아 구원을 받았으니 이것은 너희에게서 난 것이 아니요 하나님의 선물이라 **행**

위에서 난 것이 아니니 이는 누구든지 자랑하지 못하게 함이라"(엡 2:8-9). 예수님은 이렇게 말씀하셨다. "내 말을 듣고 또 나 보내신 이를 믿는 자는 영생을 얻었고 심판에 이르지 아니하나니 사망에서 생명으로 옮겼느니라"(요 5:24). 동사의 시제가 중요하다. 믿는 자는 현재 시점에서 "영생을 얻었고", 과거의 실재로서 그 사람은 이미 "사망에서 생명으로 옮겨졌느니라."

성경에는 이 복음의 진리를 확증하는 진술들로 가득하다. "그를 믿는 자는 심판을 받지 아니하는 것이요 믿지 아니하는 자는 하나님의 독생자의 이름을 믿지 아니하므로 벌써 심판을 받은 것이니라"(요 3:18). "우리도 그리스도 예수를 믿나니 이는 우리가 율법의 행위로써가 아니고 그리스도를 믿음으로써 의롭다 함을 얻으려 함이라 율법의 행위로써는 의롭다 함을 얻을 육체가 없느니라"(갈 2:16). "일을 아니할지라도 경건하지 아니한 자를 의롭다 하시는 이를 믿는 자에게는 그의 믿음을 의로 여기시나니"(롬 4:5). "우리를 구원하시되 우리가 행한 바 의로운 행위로 말미암지 아니하고 오직 그의 긍휼하심을 따라 중생의 씻음과 성령의 새롭게 하심으로 하셨나니"(딛 3:5). "만일 은혜로 된 것이면 행위로 말미암지 않음이니 그렇지 않으면 은혜가 은혜 되지 못하느니라"(롬 11:6).[71]

징벌적 대속, 피의 구속, 속죄 등의 교리 역시 여러 성경을 통해 확증된다.[72] 여러 중요한 성경 말씀이 이 점을 분명히 밝히고 있다. 하나님께서 그리스도가 죄를 대속하기 위하여 죽도록 정하셨으며, 하나님이 십자가에서 그에게 형벌을 내리셨다(눅 2:44-46, 행 2:23-24,

4:26-28, 롬 8:32, 요일 4:10). "그러나 하나님이 모든 선지자의 입을 통하여 자기의 그리스도께서 고난 받으실 일을 미리 알게 하신 것을 **이와 같이 이루셨느니라**"(행 3:18).

그런데 신약 성경이 쓰이기 전에, 이미 이사야 53장은 가장 확실한 언어로, 하나님의 목소리를 통해 이 모든 진리를 확증하였다. 이사야는 다음과 같이 말한다. "여호와께서 그에게 상함을 받게 하시기를 원하사 질고를 당하게 하셨은즉"(사 53:10). 그리고 하나님이 말씀하신다. "나의 의로운 종이 자기 지식으로 많은 사람을 의롭게 하며 또 그들의 죄악을 친히 담당하리로다"(사 53:11).

이 말씀은 인간의 생각으로 만들어 낸 모든 종교와는 정반대다. 인간의 종교는 사람이 어떠한 노력을 해야 신의 은총을 입거나, 열반에 들거나, 해탈하거나, 도를 깨우칠 수 있는지를 가르치는 반면, 하나님이 전하는 복음은 하나님의 종, 이스라엘의 메시아 즉, 교회의 주님이 죄인을 의롭게 하기 위해 필요한 모든 것을 다 한다고 선포한다. 특히 하나님은 죄인을 의롭다고 여기시는데, 이는 그의 종이 그들의 죄를 담당했기 때문이다. 그의 "영혼의 수고한 것"(11절) 때문에, 그들의 죄가 속죄함을 입었다.

또한 이 말씀이 오늘날 교회에서 유행하는 인간 중심의 복음과 얼마나 대조를 이루는지 주목해야 한다. 말씀에서는 죄인들에게 하나님으로 만족하라고 간청하지 않는다. 대신 주의 종이 죄인들을 위해 하신 일을 하나님께서 만족해하신다고 선포한다.

이사야의 메시아에 대한 예언의 마지막 두 절의 화자는 하나님이다. 대명사가 복수에서 단수로 바뀐다. "**나의** 의로운 종." "**내가** (중략) 나누게 하리니." 또한 문맥을 보면 하나님이 말하는 주체임을 분명히 알 수 있다. 고난받는 종은 하나님의 종이다. 이것은 의문의 여지없이 하나님의 목소리다.

이사야 52장 13-15절에서 말씀하셨던 것처럼 하나님의 목소리로 53장을 마무리 짓는다. 52장에서는 종의 삶이 영광(13과 15절)과 고난(14절)이라고 말씀하셨다. 53장 1절부터는 메시아가 다시 오실 때 회개하는 이스라엘의 고백이 나온다. 그들은 메시아를 거부한 죄를 고백한다. 마지막 53장 11절에서 다시 화자의 목소리와 관점이 바뀐다. 하나님이 실시간(이사야 시대 백성들의 시간)으로 말씀하신다. 11절과 12절 앞부분에서 하나님은 십자가 사건을 미래의 사건으로 보고 말씀하신다. 이 말씀은 회개하는 이스라엘의 고백을 확증한다. 특히 구속이 그리스도께서 우리를 대신하여 죄값을 치르신 희생으로 이루어진다는 고백이 옳다고 인정한다. "그가 많은 사람의 죄를 담당하며"(12절).

주석가 알렉 모티어는 이스라엘의 고백에서 대속적 구속의 교리가 분명하고 포괄적으로 드러난다고 이야기한다.

> 이사야 53장 11절은 구속신학을 가장 포괄적으로 진술하고 있다. (1) 주의 종은 구속을 위해 무엇이 필요하고, 무엇을 해야 하는지 아신다. (2) 그는 "나의 의로운 종"으로서, 하나님이 받으실 만하고, 또한 이 일을 위해 하나님에게 선택받으셨다. (3) 그

는 의로운 자이기에 우리의 죄에 감염되지 않는다. (4) 그는 우리의 죄와 필요를 친히 담당하셨다. (5) 그는 해야 할 일을 온전히 성취하셨다. 그는 우리의 죄를 담당하심으로, 우리의 의를 이루셨다.[73]

하나님은 또한 종의 인성을 확증한다. "그가 자기 영혼을 버려 사망에 이르게 하며 범죄자 중 하나로 헤아림을 받았음이니라"(12절). 신약 성경은 오직 하나님이며 사람인 자만이 이러한 역할을 수행할 수 있다고 말한다. 이러한 자격을 갖춘 자는 인류 역사상 단 한 사람뿐이다(이에 대해서는 곧 다시 살펴볼 것이다).

하나님은 자기 종을 "의로운 자"라고 부르신다. 이 진술 역시 역사상 단 한 사람, 주 예수 그리스도에게만 해당한다. 이 장의 전체에서 살펴보았듯이, 성경은 반복적으로, 확실하게 아무도 의롭지 않다고 말한다.

> 범죄하지 아니하는 사람이 없사오니 (왕상 8:46)

> 내가 내 마음을 정하게 하였다
> 내 죄를 깨끗하게 하였다 할 자가 누구냐 (잠 20:9)

> 여호와께서 하늘에서 인생을 굽어 살피사
> 지각이 있어 하나님을 찾는 자가 있는가 보려 하신즉

다 치우쳐 함께 더러운 자가 되고

선을 행하는 자가 없으니 하나도 없도다 (시 14:2-3)

만일 우리가 죄가 없다고 말하면 스스로 속이고 또 진리가 우리

속에 있지 아니할 것이요 (요일 1:8)

죄 없는 사람은 오직 주 예수 그리스도뿐이었다. "너희 중에 누가 나를 죄로 책잡겠느냐"(요 8:46)라고 예수님께서 물으셨을 때, 그의 적들은 아무 말도 하지 못했다. "죄를 알지도 못하신 이"(고후 5:21), "죄는 없으시니라"(히 4:15), "그는 죄를 범하지 아니하시고"(벧전 2:22), "거룩하고 악이 없고 더러움이 없고"(히 7:26), "그에게는 죄가 없느니라"(요일 3:5). 오직 주의 종 메시아만이 '의로운 자'라고 불릴 수 있다. 신약 성경은 예수님을 '의로운 자'라고 지칭한다. "너희가 거룩하고 의로운 이를 거부하고"(행 3:14).

베드로는 담대하게 유대인들을 질책했다. 재판을 받던 스데반은 겁 없이 고발자들을 다그쳤다. "너희 조상들이 선지자들 중의 누구를 박해하지 아니하였느냐 의인이 오시리라 예고한 자들을 그들이 죽였고 이제 너희는 그 의인을 잡아 준 자요 살인한 자가 되나니"(행 7:52). 바울이 다메섹으로 가는 길에 부활하신 그리스도를 만났을 때, 아나니아는 이렇게 말했다. "우리 조상들의 하나님이 너를 택하여 너로 하여금 자기 뜻을 알게 하시며 그 의인을 보게 하시고 그 입에서 나오는 음성을 듣게 하셨으니"(행 22:14).

하나님은 선언하신다. "나의 의로운 종이 자기 지식으로 많은 사람을 의롭게 하며." 여기서 많은 사람은 하나님의 백성이다. 이들은 메시아를 믿으며, 메시아는 그들의 죄를 위해 죽으셨고, 구속을 이루셨다(롬 5:15, 19, 고전 10:33, 히 9:28). 그의 의가 그들에게 전가될 것이며, 오직 그로 말미암아(그들의 공로 때문이 아니라, 그리스도께서 그들을 위해 하신 일 때문에) 그들은 하나님 앞에서 의롭다 여김을 받는다.

많은 사람이 '자기 지식'으로 의롭게 여김을 받을 것이다. 어떤 이는 이 표현이 종의 지식을 가리킨다고 본다. 물론 이사야는 이렇게 말한다. "그의 위에 여호와의 영 곧 지혜와 총명의 영이요 모략과 재능의 영이요 지식과 여호와를 경외하는 영이 강림하시리니"(사 11:2). 예수님도 이렇게 말씀하셨다. "내 아버지께서 모든 것을 내게 주셨으니 아버지 외에는 아들을 아는 자가 없고 아들과 또 아들의 소원대로 계시를 받는 자 외에는 아버지를 아는 자가 없느니라"(마 11:27).

그러나 여기서 말하는 요점은 의로운 자의 특별한 지식에 대한 것이 아니다. 그는 뛰어난 지식이 있어서 죄인을 의롭게 하시는 것이 아니다. 그가 지적으로 뛰어나 많은 이를 의롭게 만드신 것이 아니다. 또한 그의 지식이 의롭게 하는 도구인 것이 아니다. 그것은 바로 죄인의 믿음이다. 바로 그것이 이 말씀에서 전하는 '자기 지식'이다. 이 히브리어 표현의 의미는 이러하다. '나의 의로운 종이 **자신에 대한 지식**으로 많은 사람을 의롭게 하며.' 이 지식은 예수님이 대제사장의 기도에서 말씀하신 바로 그 지식이다. "영생은 곧 유일하신 참 하나님과 그가 보내신 자 예수 그리스도를 아는 것이니이다"

(요 17:3). 이는 또한 바울이 빌립보서 3장 10절에서 이야기한 바로 그 지식이다. "내가 그리스도와 그 부활의 권능과 그 고난에 참여함을 알고자 하여."

이 말씀은 죄인이 어떻게 의롭다 하심을 얻는지 간략하게 진술한다. 그들이 하나님 앞에 바로 설 수 있는 것은 그들이 **의로워졌기 때문이 아니다**(만약 그렇다면, 우리는 정말 의롭게 되었는지를 알기 위해 최후 심판까지 기다려야 할 것이다). 말씀의 뜻은 분명하다. 믿는 자가 하나님 앞에 바로 설 수 있는 것은 그들이 **의롭다 여김을 받았기 때문이다**. "일한 것이 없이 하나님께 의로 여기심을 받는 사람"(롬 4:6). "아브람이 여호와를 믿으니 여호와께서 이를 그의 의로 여기시고"(창 15:6).

요컨대 그들의 것이 아닌 의가 그들에게 전가되었다 즉, 그들의 것으로 여겨졌다. 바울이 빌립보서 3장 9절에서 말한 것도 바로 이것이다. "그 안에서 발견되려 함이니 내가 가진 의는 율법에서 난 것이 아니요 오직 그리스도를 믿음으로 말미암은 것이니 곧 믿음으로 하나님께로부터 난 의라." 바울이 동족 이스라엘에 대해서 말한 것 역시 바로 이것이다. "내가 증언하노니 그들이 하나님께 열심이 있으나 올바른 지식을 따른 것이 아니니라 하나님의 의를 모르고 **자기 의를 세우려고 힘써 하나님의 의에 복종하지 아니하였느니라**"(롬 10:2-3). 이후 같은 장에서 바울은 구원이 그리스도를 아는 지식으로써만 이루어진다는 진리를 다시 강조한다. "누구든지 주의 이름을 부르는 자는 구원을 받으리라"라고 선포한 바울은(롬 10:13) 연이어 질문을 던진다.

그런즉 그들이 믿지 아니하는 이를 어찌 부르리요 듣지도 못한 이를 어찌 믿으리요 전파하는 자가 없이 어찌 들으리요 보내심을 받지 아니하였으면 어찌 전파하리요 기록된 바 아름답도다 좋은 소식을 전하는 자들의 발이여 함과 같으니라 (롬 10:14-15)

죄인이 그리스도를 믿고자 한다면 **그리스도에 대한 지식**이 있어야 한다.

한편 로마서 10장은 예수 그리스도의 메시지를 땅끝까지 선포해야만 하는 급박함에 대한 하나님의 증언이다. 회개하고 하나님을 믿는 믿음으로 나아오는 자들은 그들의 죄악을 담당하기 위해 자기 목숨을 드린 하나님의 종을 **알고**, 또한 이를 **믿어야** 의롭다 하심을 받을 수 있다.

이사야 53장 12절 뒷부분에서 동사의 시제는 다시 과거형으로 바뀐다. 화자는 여전히 하나님이시지만 종의 죽음을 과거의 사건으로 말씀하신다(하나님은 시간과 영원을 초월하기 때문에 그것이 가능하다). "나의 의로운 종"이 기꺼이 드리는 희생에 대해서 말씀하시는데, 그 종은 "자기 영혼을 버려 사망에 이르게" 한다. 여기서 나오는 히브리어 동사는 '발가벗기다'라는 뜻이다. 문자적으로 해석하면, '그가 자기 영혼을 죽음에 노출시켰다'가 된다. 즉, 예수님은 자기 영혼을 넘겨주셨다. 그는 기꺼이 자기 영혼을 포기하셨다. 이는 7절에 나오는 이스라엘의 고백을 연상시킨다. 그는 "마치 도수장으로 끌려가는 어린양"처럼 죽임을 당하셨다.

초점은 기꺼이 희생을 치르려는 주의 종의 태도에 있다. 예수님은 이렇게 말씀하셨다. "내가 내 목숨을 버리는 것은 그것을 내가 다시 얻기 위함이니 이로 말미암아 아버지께서 나를 사랑하시느니라 이를 내게서 빼앗는 자가 있는 것이 아니라 내가 스스로 버리노라 나는 버릴 권세도 있고 다시 얻을 권세도 있으니 이 계명은 내 아버지에게서 받았노라 하시니라"(요 10:17-18). "이는 그가 자기 영혼을 버려 사망에 이르게 하며"(사 53:12). 그는 분명한 목적을 가지고 행동하셨다. 그는 강제로 그러한 고난을 받도록 강요당하지 않았다.

주의 종은 또한 "범죄자 중 하나로 헤아림을 받았"다. 이는 직접적으로 예수님이 두 강도 사이에서 십자가에 못 박히신 것을 가리키는 것이 아니다(물론 그 장면은 본문에서 말하는 극심한 수치를 잘 보여 주는 사례다). 이는 먼저 육신을 입음으로써 범죄자들과 같이 되려고 한 그의 자발적 태도를 가리킨다. 예수님은 사실 하나님의 영광을 가지셨고, 하나님 아버지와 같은 권위를 가지셨으며, 천국의 높고 거룩한 곳에서 계셨다. 그러나 "하나님과 동등됨을 취할 것으로 여기지 아니하시고 오히려 자기를 비워 종의 형체를 가지사 사람들과 같이 되셨고 사람의 모양으로 나타나사 자기를 낮추시고 죽기까지 복종하셨으니 곧 십자가에 죽으심이라"(빌 2:6-8).

그는 인간의 아기로 태어나, 가난하게 자랐고, 죄인들 속에서 살았으며, 죄인들과 어울렸고, 결국 죄인을 대신해서 죽으셨다. 겉으로 보기에 예수님은 다른 사람들과 별로 다르지 않았다. 수세기에 걸쳐 그려진 예수님의 초상화에서 보이는 그런 후광 따윈 결코 없었다.

외모로만 보면 그에게 결코 초자연적인 힘이 있는 것처럼 보이지 않았다. 사실 그는 평범한 외모와 비범한 능력 사이의 괴리 때문에 많은 사람에게 배척당했다(사 53:2). 그래서 그들은 이 평범해 보이는 자가 지닌 신비한 능력은 사탄이 준 것임이 틀림없다고 결론을 내렸다.

예수님은 죄 있는 육신의 모습으로 이 땅에 오셨기에 비록 범죄자 중 하나라고 여겨졌지만, 그 어떤 인간도 하지 못한 일을 해내셨다. 그는 많은 사람의 죄를 친히 담당하심으로 "육신에 죄를 정하"셨다(롬 8:3).

종에 대한 아버지의 마지막 말씀은 이것이다. "그가 많은 사람의 죄를 담당하며." 중보자란 두 사람 또는 집단 사이에서 연결고리의 역할을 하는 자다. 예수 그리스도께서 하나님과 죄인 사이의 다리가 되셨다. "하나님은 한 분이시요 또 하나님과 사람 사이에 중보자도 한 분이시니 곧 사람이신 그리스도 예수라"(딤전 2:5). 그는 우리를 위해 하나님께 간청하고, 우리 죄를 위한 죗값으로 자기를 희생하셨다.

사도 요한은 의도적으로 이사야 53장 12절을 염두에 두고 이렇게 말한다. "아버지 앞에서 우리에게 대언자가 있으니 곧 의로우신 예수 그리스도시라"(요일 2:1). 사실 그리스도는 죽기 전에 이미 성도들을 위해 제사장의 중보를 하셨다. 요한복음 17장에 기록된 예수님의 대제사장 기도를 통해 자기 백성을 위해 중보하는 그의 대제사장 역할을 엿볼 수 있다. 자기를 속죄의 제물로 드린 것은 대제사장 사역의 정점이었으며, 주님은 지금도 여전히 대제사장의 역할을 수행하고 계신다. "그러므로 자기를 힘입어 하나님께 나아가는 자들을 온전히 구원하실 수 있으니 이는 그가 항상 살아 계셔서 그들을 위하여 간구하심이라"(히 7:25).

이사야 53장 12절 뒷부분에서 '버리다', '헤아림을 받다', '담당하다'로 번역된 동사들은 모두 완료 시제로서, 동작이 이미 완료되었음을 강조한다. 그러나 '기도하다'로 번역된 동사는 미완료 시제로서, 계속 진행되는 동작을 의미한다. 예수님은 쉬지 않는 우리의 수호자이며 중보자시다(롬 8:34, 히 7:25, 요일 2:1).

하나님께서 그리스도의 대속 희생만이 자기의 공의를 만족시키고 죄인을 의롭게 할 수 있는 제물임을 친히 증거하셨다. 하나님은 오직 그리스도를 아는 자만을 의롭다고 칭하신다. 따라서 그리스도를 아는 지식이 매우 중요하다. 그리스도를 아는 구원의 지식 없이는 아무도 천국에 갈 수 없다. 따라서 기독교인의 책무는 자긍심을 높이는 것이 아니며, 하나님을 이용해서 건강과 부를 취하는 것도 아니고, 마케팅을 이용하여 대형 교회를 이루는 것도 아니다. 오직 복음을 전파하여 예수 그리스도의 구원에 대한 지식을 세상에 널리 알려야 한다. 우리 주는 이렇게 명령하셨다. "너희는 가서 모든 민족을 제자로 삼아 아버지와 아들과 성령의 이름으로 세례를 베풀고 내가 너희에게 분부한 모든 것을 가르쳐 지키게 하라 볼지어다 내가 세상 끝날까지 너희와 항상 함께 있으리라 하시니라"(마 28:19-20).

하나님은 이사야 53장 12절에서 친히 말씀하신다. "그러므로 내가 그에게 존귀한 자와 함께 몫을 받게 하며 강한 자와 함께 탈취한 것을 나누게 하리니." 이 위대한 구절은 52장 13절에서 예수 그리스도의 높아짐으로 시작하여, 여기에서 끝을 맺는다. 그리스도는 다시 오셔서 하나님에 대한 세상의 반역을 제압하고, 불의한 자를 심판하며, 그의 영광스러운 천년 왕국을 이 땅에 세우실 것이다(계 19:11-20:6). "세상 나라가 우리 주와 그의 그리스도의 나라가 되어 그가 세세토록 왕 노릇 하시리로다"(계 11:15). "하늘에 있는 자들과 땅에 있는 자들과 땅 아래에 있는 자들로 모든 무릎을 예수의 이름에 꿇게 하시고"(빌 2:10).

'존귀한 자'와 '강한 자'는 그리스도께서 자기 피를 흘려 죄사함을 얻게 하신 많은 사람이다(마 26:28). 그들의 힘은 육체가 아니라, 그들 안에 거하시는 성령님으로부터 나온다. 그들 역시 그리스도와 함께 상속자로 높임을 받을 것이다(롬 8:17). 각 시대에 구속받은 모든 자들이 주와 함께 영원히 교제할 것이다. 새 하늘과 새 땅에서 그리스도께서 소유하신 영원한 영광을 우리도 누리게 될 것이다. 우리는 천년 왕국에서 그와 함께 이 땅을 다스릴 것이며, 새 하늘과 새 땅에서 영원히 그리할 것이다.

명심하자. 하나님은 이사야 53장에 나오는 믿음의 고백이 그리스도의 십자가 사역에 대한 진리이자 바른 이해임을 절대적으로 단언하신다. 이는 그리스도를 믿으러 나오는 모든 자의 고백이어야만 한다. 그리스도가 죄를 속하기 위한 유일한 희생임을 인정해야만 하고, 그가 나를 대신해서 죽으셨음을 전적으로 받아들여야 하며, 그가 죽은 자 가운데서 다시 살아나셨음을 고백해야 한다. 그것만이 구원에 이르는 유일한 길이다(요 14:6, 행 4:12).

이사야 53장을 요약하는 일곱 개의 중요 질문

일련의 질문을 통해 이사야 53장을 요약할 수 있다.

첫째, **이 장의 주제는 무엇인가?** 바로 고난이다. 이는 끔찍하고, 참혹하며, 충격적이고, 극히 고통스러운 고난이다. 주의 종은 "간고를 많이 겪었으며 질고를 아는 자"이셨다(3절). 그는 질고를 지고 슬픔을 당하였으며, "징벌을 받아 하나님께 맞으며 고난을 당한" 분이셨다(4절). 그는 찔리고, 상하며, 징계를 받고, 채찍에 맞으셨다(5절). 그는 괴로웠고, 도수장에 끌려가는 어린 양처럼 곤욕을 당하셨다(7절). 그는 곤욕과 심문을 당하고 끌려갔으며, 살아 있는 자들의 땅에서 끊어졌고, 백성의 허물 때문에 형벌을 받으셨다(8절). 그는 상함을 받고 질고를 당하셨다(10절). 11절은 그의 영혼이 수고하였음을 언급한다.

둘째, **그는 고난받을 만했나?** 아니다. 고난받은 자는 전혀 고난받을 이유가 없었다. "그는 강포를 행하지 아니하였고 그의 입에 거짓이 없었으나"(9절). "마음에 가득한 것을 입으로 말"하게 된다(마 12:34). 그의 입에 거짓이 없었던 이유는 그의 마음에 악독과 거짓이 없었기 때문이다. 그래서 그는 11절에서 "의로운 종"으로 인정받는다.

셋째, **하나님은 종을 고난으로부터 보호하려 하셨는가?** 아니다, 그렇지 않다. "여호와께서 그에게 상함을 받게 하시기를 원하사 질고를 당하게 하셨은즉"(10절).

넷째, **하나님이 잠잠하고 죄 없는 종을 보호하지 않은 사실은 하나님의 의로운 본성과 합치하는가?** 그렇다. 왜냐하면 종의 고난은 백성을 위한 것이었고, 종의 죄 때문이 아니라 다른 사람의 죄를 위한 것이었기 때문이다. "그가 찔림은 우리의 허물 때문이요 그가 상함은 우리의 죄악 때문이라 그가 징계를 받으므로 우리는 평화를 누리고 그가 채찍에 맞으므로 우리는 나음을 받았도다"(5절). "여호와께서는 우리 모두의 죄악을 그에게 담당시키셨도다"(6절). "그가 살아 있는 자들의 땅에서 끊어짐은 마땅히 형벌 받을 내 백성의 허물 때문이라"(8절). "나의 의로운 종이 자기 지식으로 많은 사람을 의롭게 하며 또 그들의 죄악을 친히 담당하리로다"(11절). "그가 많은 사람의 죄를 담당하며"(12절).

다섯째, **왜 주의 종은 아버지의 뜻에 기꺼이 복종하는가?** 왜 의로운 자가 끔찍한 고통을 받고, 하나님께 버림받으며, 자기가 짓지 아니한 죄로 인해 고난받으셔야 하는가? 주의 종은 기꺼이, 성실하게 아버지의 뜻에 복종하셨다. 그는 남의 죄를 위한 속건제물로 자신을 드리셨다(10절). 그는 스스로 "자기 영혼을 버려 사망에 이르게" 하셨다(12절). 예수님은 의로운 분이셨지만, 기꺼이 남을 대신해서, 하나님의 보호 없이, 안 받아도 될 고난을 심하게 받으셨다.

여섯째, **그가 고난받은 결과는 무엇인가?** 첫째, 그는 고난으로 많은 사람을 의롭게 할 것이다. 그는 그들에게 자기 의를 줄 것이다. "그가 자기 영혼의 수고한 것을 보고 만족하게 여길 것이라 나의 의로운 종이 자기 지식으로 많은 사람을 의롭게 하며 또 그들의 죄악을 친히 담당하리로다"(11절). 둘째, 그는 존귀하게 될 것이다.

> 보라 내 종이 형통하리니
> 받들어 높이 들려서 지극히 존귀하게 되리라
> 그가 나라들을 놀라게 할 것이며
> 왕들은 그로 말미암아 그들의 입을 봉하리니
> 이는 그들이 아직 그들에게 전파되지 아니한 것을 볼 것이요
> 아직 듣지 못한 것을 깨달을 것임이라 (사 52:13, 15)

일곱째, 이러한 고난을 기꺼이 받아들인 이 종은 과연 누구인가? 이 사람은 단연코 주 예수 그리스도이시다. 과연 누가 그 사실을 깨닫지 못할 수 있단 말인가?

만약 여기까지 이 책을 읽었다면, 당신은 그 진리를 분명하게 알게 되었을 것이다. 당신이 유대인이든 이방인이든, 겸손하게 이사야 53장의 메시지를 스스로 고백하기를 간절하게 바란다. 성경에서 이보다 더 중요한 진리는 없다.

"그는 실로 우리의 질고를 지고 우리의 슬픔을 당하였거늘 우리는 생각하기를 그는 징벌을 받아 하나님께 맞으며 고난을 당한다 하였노라 그가 찔림은 우리의 허물 때문이요 그가 상함은 우리의 죄악 때문이라 그가 징계를 받으므로 우리는 평화를 누리고 그가 채찍에 맞으므로 우리는 나음을 받았도다"(사 53:4-5).

THE GOSPEL ACCORDING TO GOD

PART 2

선지자 이사야의 삶과 시대

CHAPTER 9

내가 여기 있나이다
나를 보내소서

이사야는 의심의 여지없이 가장 위대한 히브리 선지자였으며, 당대의 가장 유력한 인물이었고, 아마 다윗 다음으로 이스라엘 역사에서 가장 유명한 인물일 것이다. 그는 지난 2700여 년 동안 그 어떤 선지자보다 더 강력하게 유대인과 기독교인에게 영향을 미쳤다. 그는 이스라엘 역사의 파란만장한 시대 가운데서 선지자, 정치인, 개혁가, 선생, 저술가, 웅변가 그리고 시인이었다.

―W. 그레이엄 스크로기 (목회자, 설교자)[74]

<u>이제 이사야의 삶과 사역</u> 그리고 그의 저술의 시대적 배경에 대해서 살펴보고자 한다. 이사야 53장이 이사야가 쓴 광범위한 예언적

메시지에서 어떤 위치를 점하는지를 살펴보면 도움이 된다. 이 보석 같은 예언은 이사야의 삶과 예언들 속에서 더욱 화려하게 빛난다.

우리는 들어가며에서 이사야의 이름이 '구원'을 뜻함을 살펴보았다. 이는 '여호와가 구원하다' 또는 '여호와는 구원이다'로 해석될 수 있다. 그 이름은 이사야의 예언 메시지를 잘 요약하고 있다. 이사야의 메시지는 53장에서 가장 크게 울려 퍼진다.

이사야는 여러 면에서 수수께끼 같은 인물이다. 구약 성경의 역사서에서 그는 크게 중요한 인물로 언급되지 않는다. 그는 열왕기하에서 열세 번, 역대하에서 세 번 언급되며, 그것도 그의 예언과 관련하여 언급될 뿐이다. 이사야 8장 3절을 통해 그가 기혼임을 알 수 있지만, 아내의 이름은 알 수 없다. 그는 그녀를 '여선지자(prophetess)'라고 부를 뿐이다. 두 사람은 적어도 두 명의 아들을 낳았는데, 그 이름은 스알야숩(사 7:3)과 마헬살랄하스바스(8:3)이다. 이러한 개인적인 정보는 이사야 자신의 기록을 통해 알 수 있는 것이 전부다. 구약의 역사서에는 이사야의 아버지의 이름을 제외하고는 그 어떤 개인적 정보도 없다.

이사야는 1장 1절에서 자신을 "아모스의 아들"이라고 소개한다. 그는 열왕기하, 역대하, 이사야에서 총 열세 번을 그렇게 불린다. 어쩌면 성경이 기록될 당시 이사야의 아버지가 워낙 유명한 인물이었기에 다른 배경 설명이 필요 없었는지도 모른다. 그러나 아모스 역시 이사야의 아버지로서만 성경에서 언급될 뿐이다. 따라서 후대의 독자들에게 이사야의 가족에 대해서는 거의 알려진 게 없다고 보아도 무방하다. 심지어 그가 어느 지파의 후손인지도 알려진 바 없다. 고대의 유대교 구전에 의하면 이사야가 웃시아 왕의 사촌이었다고 하지만, 성경적인 근거는 없다.

하지만 이사야가 유력한 가문 출신이었음을 암시하는 실마리는 더러 있다. 그는 임의로 왕을 만날 수 있을 만큼 사회적 지위가 있었다(사 7:3). 또한 그는 제사장 우리야 및 선지자 스가랴를 자기의 선지자직을 확증해 줄 증인으로 세울 만큼 그들과 두터운 친분이 있었다(8:2).

이사야가 언제 어떻게 죽었는지는 알 수 없다. 이는 그처럼 저명한 성경 인물로서는 매우 이례적인 일이다. 유대교에서 고대부터 구전으로 내려오던 것을 기록한 책인 미슈나에 따르면, 이사야는 유다의 마지막 왕들 중 하나인 므낫세에게 살해되었다고 한다. 이후 10장에서는 므낫세 왕의 통치에 대해서 자세히 살펴볼 것인데, 미슈나의 기록은 므낫세의 인품에 대한 성경의 기록과 잘 부합한다. "므낫세가 유다에게 범죄하게 하여 여호와께서 보시기에 악을 행한 것 외에도 또 무죄한 자의 피를 심히 많이 흘려 예루살렘 이 끝에서 저 끝까지 가득하게 하였더라"(왕하 21:16). 기원후 2세기까지 거슬러 올라가는 유대교 및 기독교 구전에 따르면, 이사야는 나무 켜는 톱으로 썰렸다고 한다.[75] 히브리서 11장 37절은 "톱으로 켜는 것"을 당한 구약 성도의 믿음에 대해서 말하는데, 이는 이사야의 순교를 가리키는 것일 수도 있다.

이사야는 때때로 구약 성경의 '바울'이라 불리는데, 적절한 비유다. 이사야는 바울처럼 하나님의 말씀에 대한 깊은 지식을 갖추었다. 이사야 메시지의 중심 초점은 메시아의 약속과 하나님의 은혜로운 방법으로 메시아가 자기 백성에게 구원을 베푸신다는 것이다. 그것은 사도 바울의 핵심 주제이기도 했다. "예수 그리스도와 그가 십자가에 못 박히신 것"(고전 2:2. 또한 1:23을 보라). 지금까지 살펴본 바와 같이 이사야 53장 역시 그리스도의 십자가 죽음과 부활, 대속적 구속, 오직 믿음으로 의롭다 함을 얻음, 하나님의 주권 등 바울 신학의 뚜렷한 특색인 구속 교리를 다루고 있음을 알 수 있다.

역사적 배경

이사야는 장수하였음이 분명하다. 그는 "웃시야와 요담과 아하스와 히스기야 시대에"(사 1:1), 즉 적어도 네 왕의 통치 기간에 걸친 선지자였다. 이사야서의 첫 구절을 통해서 이사야의 사역이 정확히 구약 연대기의 어디쯤에 해당하는지를 추론해 볼 수 있다. 그의 사역은 적어도 기원전 739년(웃시야의 통치가 끝난 해)에 시작되며, 히스기야 시대 이후까지 이어진다. 히스기야는 기원전 686년경에 사망했다. 이사야는 히스기야보다 오래 살았다. 왜냐하면 역대하 32장 32절에 따르면 이사야가 히스기야의 생애에 대한 기록을 남겼기 때문이다(이 기록은 정경에 포함되지 않았으며, 또한 후대에 전해지지 못했다. 이사야가 영감을 받아 기록한 문서는 구약의 이사야서가 유일하다).

이사야는 자기의 예언들을 모아서 후대를 위해 기록으로 남겼으며, 아마도 히스기야 사후 10년 안에 그 작업을 마쳤을 것이다. 이 연대는 이사야가 실제 **역사적 사건**(예언이 아니라)으로 기록한 마지막 사건이 앗수르의 왕 산헤립의 암살(사 37:36-38)이라는 사실에서 추정한 것이다. 앗수르 왕 산헤립은 기원전 681년에 자기의 두 아들에게 살해당하였다. 이는 히스기야 사후 5년쯤의 일이다.

이를 통해 이사야의 사역이 60년쯤(혹은 그 이상) 되었을 것으로 생각된다. 이미 살펴보았듯이, 이 연대를 고려하면 이사야 53장은 적어도 예언의 사건이 실제로 발생하기 700여 년 전에 쓰인 셈이 된다.

이 책의 2장에서 이사야가 이사야서를 주제에 따라 크게 두 부분으로 배열하였음을 살펴보았다. 그 분기점은 39장과 40장 사이에 있다. 1-39장은 유다 왕국에 닥쳐올 **심판과 포로**로 잡혀갈 것에 대한 경고의 예언으로 시작되고 끝을 맺는다. 다음 40-66장에는 **은혜와 구원**의 예언이 선포된다.

이사야서의 두 번째 부분은 구원에 관한 하나의 메시지인데, 이사야가 사역 전반에 걸쳐 받았던 별개의 여러 예언을 하나로 모은 것으로 생각된다. 이사야 40-66장에는 '여호와께서 이르시되'라는 표현이 많이 나오는데 이는 모두 이사야가 받았던 별개의 예언이며, 이사야는 성령의 감동하심을 받아 영화로운 환상을 하나로 묶어냈다 (벧후 1:21 참고). 이는 메시아가 오심으로써 하나님의 백성에게 주실 영광스러운 구원의 계시다.

이사야서의 후반부 27개의 장은 이스라엘이 포로에서 해방되고,

죄인이 죄의 속박과 죄책감에서 구원받을 것뿐 아니라 세상 모든 나라와 민족이 사탄의 지배로부터 풀려날 것을 예언한다. 즉, 하나님의 구원 약속에 대한 이사야의 예언은 하나의 긴 크레센도(점강음)처럼 점점 강해져서, 어떻게 창세기 3장 17-19절의 저주가 메시아의 천년 왕국을 통해서 완전히 소멸되는지 보여 준다. 이 책의 2장에서 살펴보았듯이, 이사야는 각기 아홉 장씩 세 개의 악장(무브먼트)을 통해 이 크레센도를 만들어간다. 40-48장은 주로 **유다가 바벨론의 포로에서 해방**될 것에 관한 내용이다. 49-57장의 주제는 **죄로부터의 구속**이다. 그리고 58-66장에서 메시아가 예루살렘에 왕위를 세우게 되실 때, **이 땅에 임하게 될 의의 통치**에 관한 예언으로 정점에 이른다. 하나님께서 말씀하신다. "보라 내가 그에게 평강을 강 같이, 그에게 뭇 나라의 영광을 넘치는 시내 같이 주리니"(사 66:12).

이사야 시대의 백성은 메시아 왕국의 평화에 대한 약속에 열광할 이유가 충분했다. 이사야의 사역 기간 전반에 걸쳐 예루살렘은 포악한 적들에게 빈번히 포위당했다. 불안한 평화는 언제 깨질지 알 수 없었다. 이 '평화'조차 이방 통치자들과의 불의한 연합, 그리고 사악한 제국에게 조공을 바치며 구걸해 얻어낸 것에 불과했다(그 시대 유다의 그나마 나은 왕들조차 국제 관계에 있어서는 현실에 타협하는 일이 빈번했다). 그 결과 유대 나라 전체는 영적인 타락이 가속화되었고, 신앙을 지킴으로써 받게 되는 복을 잃어버렸다.

하나님의 백성은 어떻게 그러한 파괴의 악순환에 빠지게 되었는가?

분열된 왕국

구약 전체의 역사에 익숙한 독자라면, 기원전 930년경 솔로몬의 사후에 이스라엘이 두 개의 왕국으로 분열된 사실을 알 것이다. 이 사건을 통해 이스라엘의 황금기는 종지부를 찍었다.

이스라엘이라는 이름을 유지한 북 왕국은 이스라엘의 열두 지파 중 열 지파의 연합체로 세워졌으며, 사악한 왕들이 연이어 통치했는데 이들은 다윗의 왕권에 대한 합법적 승계권이 없는 자들이었다. 열 개 지파가 솔로몬 이후 합법적 승계자였던 르호보암을 거부함으로써 분열이 일어났기 때문이다. 사실상 그들은 하나님이 선택한 왕통을 거부한 것으로, 결국 성경의 메시아 약속을 멸시한 것과 다름없었다.

반란을 일으킨 북 이스라엘은 자기들끼리 여로보암에게 기름을 부어 왕으로 삼았다. 그들은 예루살렘, 성전, 그리고 레위 제사장직을 버리고 사마리아를 새 수도로 삼았다. 이후 200여 년에 걸쳐 반란을 일으킨 왕들이 통치를 이어갔다. 이 왕들은 모두 배교자였으며, 이후 북 이스라엘의 영적인 상태는 악화 일로를 치달았다. 하나님께서 그들에게 선지자들을 보내셨으나(엘리야와 후계자 엘리사), 북 이스라엘은 결코 참된 회개를 하지 않았다. 마침내 기원전 722년, 수도 사마리아는 앗수르에 함락되고, 대부분의 백성은 추방당했으며, 이후 결국 하나님을 섬기는 나라로 회복되지 못했다(왕하 17:24).

남 왕국인 유다는 유다와 베냐민 두 지파로 이루어졌다. 솔로몬이 죽고 왕국이 분열될 때, 이들만이 다윗의 왕위에 대한 충성을 고수했다(왕상 12:21).[76] 유다는 이스라엘 열두 지파 중에서 가장 컸고, 베냐민은 가장 작은 지파였다. 그러나 예루살렘 성은 베냐민 영토 내에 위치했으며, 유다 지파는 베냐민 영토 남단부터 가데스 바네아까지의 광대한 지역을 차지했다(가데스는 시내 광야에 있는 지역으로, 모세 시대의 이스라엘은 이곳을 지나 약속의 땅으로 들어갈 계획이었다. 그러나 그들은 하나님을 거역하여, 이후 40년간 광야를 떠돌게 되었다).

영토와 인구를 합하면, 유다와 베냐민은 북 왕국을 이룬 열 지파의 3분의 2에 해당하는 규모의 왕국을 이루었다. 이후 북 왕국의 대부분이 앗수르에 포로로 잡혀갔을 때, 각 지파의 남은 자와 에브라임, 므낫세, 시므온 등 북 왕국의 세 지파의 상당수가 땅을 버리고 남 유다로 넘어 왔다(대하 15:9). 따라서 유다는 이들과 함께 상당히 강력한 나라를 이루었다.

그러나 유다의 대부분의 왕은 북 왕국의 왕들에 비해 별반 나은 점이 없었다. 다윗의 왕조에서 경건한 개혁가는 몇 명 되지 않았다. 전체적으로 유다 왕국의 영적 역사는 간헐적 부흥의 역사다. 오랜 불순종과 쇠퇴의 시기 사이에 간헐적으로 부흥과 축복의 시기가 있었지만, 이러한 개혁의 시기는 대체로 한두 세대 이상 지속되지 못했다.

이사야는 유다 왕국에서 수십 년 동안, 적어도 네 왕의 통치 기간 동안 사역했다. 이사야서 서두에 언급되는 네 왕은 선한 왕과 악한 왕을 망라한다. 그러나 이사야는 예언을 시작하면서 유다를 이렇게 평가한다. "범죄한 나라요 허물 진 백성이요 행악의 종자요 행위가 부패한 자식이로다"(사 1:4). 그리하여 이사야 1-39장은 유다의 왕들과 백성에 대한 경고로 가득하며, 그들의 사촌인 북 왕국의 부패한 길을 답습하지 말 것을 강력하게 권고한다. 그러나 유다 왕국은 이러한 경고를 전혀 받아들이지 않았다.

웃시야와 요담

이사야가 처음으로 관계를 맺었던 왕은 웃시야였다(아사랴라고도 알려짐, 왕하 14:21, 대하 26:1 참고). 웃시야는 기본적으로 경건한 본성을 지닌 선한 왕이었다. 그의 통치 아래서 유다는 물질적으로 번성하였다. "웃시야가 그의 아버지 아마샤의 모든 행위대로 여호와 보시기에 정직하게 행하며"(대하 26:4). 그러나 통치 말기에 이르러 그는 자기가 이룬 정치 및 경제적 성공에 도취했다. "그가 강성하여지매 그의 마음이 교만하여 악을 행하여 그의 하나님 여호와께 범죄하되 곧 여호와의 성전에 들어가서 향단에 분향하려 한지라"(대하 26:16).

그 당시 성전 분향은 오직 제사장의 역할이었다. 웃시야는 오만하게 제사장 직분을 침범하였고, 그 자리에서 나병(한센병)에 감염되었다. "웃시야 왕이 죽는 날까지 나병환자가 되었고 나병환자가 되매 여호와의 전에서 끊어져 별궁에 살았으므로"(대하 26:21).

웃시야의 통치 기간은 52년에 달하므로(왕하 15:2), 이사야는 그의 통치 기간에 출생하였을 것으로 추정된다. 이사야는 웃시야가 죽기 전에는 선지자로 공식적인 부름을 받지 않았다. 이사야는 웃시야의 죽음과 관련한 계시를 보다. "웃시야 왕이 죽던 해에 내가 본즉 주께서 높이 들린 보좌에 앉으셨는데 그의 옷자락은 성전에 가득하였고"(사 6:1). 물론 이사야는 웃시야 죽음 전에 다른 계시도 받았다(사 1:1 참고). 이사야 6장에 기록된 이 경험은 이사야 생애와 사역의 첫 전환점이 된 사건이었다. 이사야는 이 사건을 반추하고 있으며, 이사야서 6장에 기록되었지만, 그의 사역이 어떻게 시작되었는지를 설명하는 부분이다. 여기서 그는 연대에 대한 상당히 정확한 근거를 제공한다. "웃시야 왕이 죽던 해"(6:1), 이는 곧 기원전 739년이었다.

웃시야의 뒤를 이어 왕위에 오른 이는 요담이었다. 그에 대해서는 말할 것이 별로 없다. 성경은 요담에 대해 이렇게 말한다. "요담이 그의 아버지 웃시야의 모든 행위대로 여호와 보시기에 정직하게 행하였으나 여호와의 성전에는 들어가지 아니하였고"(대하 27:2a). 즉, 요담은 제사장직을 침범한 부친의 전철을 밟지 않았다. 부친의 실수로부터 교훈을 얻은 것이다. 그런데 그 다음 구절은 이렇게 이어진다. "백성은 여전히 부패하였더라"(대하 27:2b). 요담은 개인적으로 건전하고 올바른 성품이었지만, 강력한 지도자가 아니었으며, 나라를 경건한 방향으로 이끌지 못하였다. 그는 만연한 우상 숭배를 없애지 못했고, 나라 전체의 영적인 쇠퇴를 반등시키지 못했다(왕하 15:35). 사회 전반에 하나님의 일에 대한 타협과 경멸이 만연할 때, 문화를 개혁시키기란 쉽지 않다. 그러한 어려움은 요담의 손자 히스기야의 통치 기간에도 마찬가지였다.

　요담의 통치 기간은 16년이었으며, 그가 죽고 난 후 그의 후계자인 아들 아하스는 유다 왕국을 유례없는 배교와 반역의 길로 이끌었다.

아하스

　이사야 1장 1절에서 세 번째로 기록된 이름은 아하스다. 이 자는 쓸모없는 자로서 이방 종교에 열광했고, 미신과 사악한 욕정에 휘둘린 자였다. 아하스는 유다 왕국의 영적 지도자로서의 자격이 전혀 없었다. 그가 유다의 왕위에 앉았을 때 북 이스라엘이 앗수르에 전복되었지만, 그는 북 왕국에 대한 하나님의 심판에서 아무 것도 배우지 않았다. 오히려 그는 이스라엘 왕들의 사악함을 흉내 내거나 능가하려고 했다. 역대하 28장 2-3절은 이렇게 기록한다. "이스라엘 왕들의 길로 행하여 바알들의 우상을 부어 만들고 또 힌놈의 아들 골짜기에서 분향하고 여호와께서 이스라엘 자손 앞에서 쫓아내신 이방 사람들의 가증한 일을 본받아 그의 자녀들을 불사르고."

　이처럼 아하스는 예루살렘 외곽의 힌놈이라는 사악한 골짜기에서 자기의 갓난 자식들을 불태워 이방신 몰렉에게 제사를 드렸다(왕하 16:3 참고, 이 장소에 대해서는 이 책의 6장 말미에서 이미 논의한 바 있다. 이곳은 오랜 세월 불과 사악함의 이미지로 각인되었기에, 이후 지옥의 대명사로 쓰였다).

아하스는 분명 하나님을 증오했다. 하나님은 일찍이 여호수아 시대에 이들을 가나안 땅에서 쓸어버리려 하신 바 있다. 그는 하나님께서 그토록 격노하여 말살시키고자 하셨던 가나안 종교의 극악무도한 짓들을 자행한 것이다.

아하스 왕은 하나님을 그토록 경멸하였기에 일생일대의 절박한 순간에서조차 하나님의 구원 약속을 거절했다. "이 아하스 왕이 곤고할 때에 더욱 여호와께 범죄하여"(대하 28:22). 다메섹과 아람의 왕들이 예루살렘을 치러 왔을 때, 이사야가 하나님의 메시지를 들고 아하스를 찾아가 적들의 군대를 두려워하지 말라고 권면했다. 하나님은 아하스가 원하는 어떠한 징조도 들어주시겠다고 제안했다. 징조의 성취를 통해, 이사야가 전하는 예언의 참됨을 확증하려는 의도였다. 달리 말해서, 아하스는 문자 그대로 구원의 약속뿐 아니라 원하는 것은 무엇이든 들어준다는 하나님의 백지 수표를 받은 것이다. "너는 네 하나님 여호와께 한 징조를 구하되 깊은 데에서든지 높은 데에서든지 구하라"(사 7:11).

그러나 아하스는 하나님을 적대했기에 하나님의 자비로운 제안을 거부했다. "나는 구하지 아니하겠나이다"(사 7:12). 그는 하나님에 대한 자기의 경멸을 감추기 위해 짐짓 경건한 척 이렇게 덧붙였다. "나는 여호와를 시험하지 아니하겠나이다." 그는 아무런 징조도 구하지 않았다. 그는 기드온이 요구했던 양털의 징조나 바람에 날리는 짚 같은 간단한 징조조차 구하지 않았다.

그리하여 하나님께서 직접 심오한 하늘의 징조를 선택하셨고, 이에 이사야가 이 유명한 예언을 전달했다. "그러므로 주께서 친히 징조를 너희에게 주실 것이라 보라 처녀가 잉태하여 아들을 낳을 것이요 그의 이름을 임마누엘이라 하리라"(사 7:14). 하나님께서 주신 징조는 아하스의 생애를 훌쩍 뛰어넘어, 메시아의 도래를 가리켰다. 이는 하나님이 자기 백성을 돌보고 보호하심에 대한 가장 위대한 증거였다.

하나님의 보호와 돌봄을 어리석게 거부한 아하스는 앗수르에 군사 원조를 요청했다. 앗수르는 다메섹과 아람을 합친 것보다 더욱 크고 강력한 이방 나라였다. 이는 사악한 연합이었으며, 모세의 법에서 엄하게 금지한 바 있다(출 23:31-33). 이 죄악에 더하여서 아하스는 앗수르 왕의 원조를 받기 위해 성전의 값진 기물을 훔쳐 보냈다. "아하스가 여호와의 성전과 왕궁 곳간에 있는 은금을 내어다가 앗수르 왕에게 예물로 보냈더니"(왕하 16:8).

앗수르와의 연대를 더욱 공고하게 하기 위해서 아하스는 종교 혼합주의를 시도했다. 그는 앗수르의 우상 숭배의 형식과 의식을 유다의 예식에 접목하려 했다. 아하스는 성전 뜰에 스스로 (다메섹에서 본 이방 모형을 본 따서) 만든 제단을 설치했다. 그는 여호와의 놋 제단을 제거하고, 성전의 구조를 입맛대로 변경하였다(왕하 16:10-20). 이는 결국 성전에서 드리는 모든 의식을 타락시켰고, 진정한 예배의 모습을 흔적조차 말살시켰다. 이는 율법의 근본인 "너는 나 외에는 다른 신들을 네게 두지 말라"(출 20:3)는 첫 번째 계명에 대한 후안무치한 범죄였다.

그 결과, 성전이 우상 숭배의 요지가 되었다. 아하스의 통치가 끝날 무렵, 우상 숭배는 완전히 만연했고, 합당한 제사에 대한 모든 흔적은 완전히 지워졌다. "아하스가 하나님의 전의 기구들을 모아 하나님의 전의 기구들을 부수고 또 여호와의 전 문들을 닫고 예루살렘 구석마다 제단을 쌓고"(대하 28:24).

아하스의 통치 기간은 이스라엘의 영적, 경제적, 정치적 암흑기였다. 백성들은 스스로 심각하게 타락하였고, 아하스의 우상 숭배에는 무관심했다. 그들은 그저 아하스의 독재적 악독을 경멸했고, 그가 죽자 "이스라엘 왕들의 묘실에 들이지 아니하고 예루살렘 성에 장사하였더라 그의 아들 히스기야가 대신하여 왕이 되니라"(대하 28:27).

히스기야

"히스기야가 왕위에 오를 때에 나이가 이십오 세라 예루살렘에서 이십구 년 동안 다스리니라 그의 어머니의 이름은 아비야요 스가랴의 딸이더라 히스기야가 그의 조상 다윗의 모든 행실과 같이 여호와 보시기에 정직하게 행하여"(대하 29:1-2).

히스기야는 이사야서 첫 구절에서 언급되는 네 왕 중 마지막 왕이다. 그는 다윗의 왕위를 물려받은 신실한 왕들 중 한 사람이며, 그의 이야기는 실로 경이롭다. 그는 일관되게 선하고 경건한 통치자였으며, 다윗의 왕통이 완전히 타락하였다고 보이는 시점에서 왕위에 올랐다. 사정은 즉시 나아지기 시작했다. 그의 부친의 끊임없는 악행에 시달리던 유다 왕국에게 그의 등장과 경건한 영향력은 그들이 그토록 고대하던 쉼을 선사했다.

그리하여 개혁과 부흥은 전혀 예상치 못한 순간에 찾아왔다. 어떻게 아하스처럼 악한 자의 가문에서 히스기야 같은 개혁가가 나올 수 있을까? 성경은 히스기야가 어떻게 자랐는지에 대해서는 아무런 말이 없다. 따라서 누가 그에게 여호와의 길을 가르쳤는지 알 수 없다. 그러나 그가 처음부터 아브라함과 이삭과 야곱의 하나님께 진실되게 헌신하였음은 분명하다. 또한 그는 열정적이고 열렬한 개혁가였다. 그는 자기 부친이 그토록 극악하게 말살했던 신앙을 즉시 회복시키는 작업에 돌입했다.

> 첫째 해 첫째 달에 여호와의 전 문들을 열고 수리하고 제사장들과 레위 사람들을 동쪽 광장에 모으고 그들에게 이르되 레위 사람들아 내 말을 들으라 이제 너희는 성결하게 하고 또 너희 조상들의 하나님 여호와의 전을 성결하게 하여 그 더러운 것을 성소에서 없애라 우리 조상들이 범죄하여 우리 하나님 여호와 보시기에 악을 행하여 하나님을 버리고 얼굴을 돌려 여호와의 성소를 등지고 또 낭실 문을 닫으며 등불을 끄고 성소에서 분향하지 아니하며 이스라엘의 하나님께 번제를 드리지 아니하므로
>
> (대하 29:3-7)

히스기야는 산당의 우상 숭배를 폐하였다. "그가 여러 산당들을

제거하며 주상을 깨뜨리며 아세라 목상을 찍으며 모세가 만들었던 놋뱀을 이스라엘 자손이 이때까지 향하여 분향하므로 그것을 부수고"(왕하 18:4). 물론 놋뱀은 고대 이스라엘의 중요한 영적 유산이었다(민 21:4-9, 요 3:14-15). 그러나 백성은 이를 우상처럼 섬기는 죄를 범하였다. 그들은 또한 이것을 마치 신이라도 되는 것처럼, '느후스단'이라는 이름까지 붙였다. 그리하여 성경은 히스기야가 이것을 부수어 버린 것을 칭찬한다. 여호와를 향한 그의 신앙과 헌신에는 의문의 여지가 없다.

그러나 히스기야의 개혁에도 유다 백성의 마음은 나뉘어서, 세상에 뜻을 두었고, 영적으로 나태함에 빠져 이리저리 쉽게 휩쓸렸다. 앗수르가 유다를 침공하려 하자, 히스기야의 심복들은 위협에 맞서기 위해 애굽과 동맹을 맺으라고 강권했다. 이에 따른다면 유다는 아하스의 배교를 낳았던 죄를 반복하게 될 것이었다. 히스기야의 최측근이 그러한 타협의 자세를 보였다는 사실에서 일반 백성들의 영적 상태를 가늠해 볼 수 있다. 대부분의 백성은 히스기야의 경건한 지도력에도 불구하고 영적인 유혹에 몹시 취약했다. 여기서 다시 한 번, 백성을 배교로 이끄는 것이 배교에서 건져내는 것보다 얼마나 더 쉬운 일인지를 확인하게 된다.

이사야 1-39장이 왜 하나님 백성의 불신에 대한 꾸짖음과 질책으로 가득한지는 그들의 역사를 보면 자명해진다. 하나님께서는 유다 백성이 육체의 힘과 전쟁 무기를 의지하는 것을 친히 거듭거듭 꾸짖으신다.

여호와께서 이르시되 패역한 자식들은 화 있을진저

그들이 계교를 베푸나 나로 말미암지 아니하며

맹약을 맺으나 나의 영으로 말미암지 아니하고

죄에 죄를 더하도다

그들이 바로의 세력 안에서 스스로 강하려 하며

애굽의 그늘에 피하려 하여 애굽으로 내려갔으되

나의 입에 묻지 아니하였도다

그러므로 바로의 세력이 너희의 수치가 되며

애굽의 그늘에 피함이 너희의 수욕이 될 것이라

이제 가서 백성 앞에서 서판에 기록하며

책에 써서 후세에 영원히 있게 하라

대저 이는 패역한 백성이요

거짓말 하는 자식들이요

여호와의 법을 듣기 싫어하는 자식들이라

그들이 선견자들에게 이르기를 선견하지 말라

선지자들에게 이르기를 우리에게 바른 것을 보이지 말라

우리에게 부드러운 말을 하라 거짓된 것을 보이라

너희는 바른 길을 버리며 첩경에서 돌이키라

이스라엘의 거룩하신 이를 우리 앞에서 떠나시게 하라 하는도다

(사 30:1-3, 8-11)

더 이어진다.

> 도움을 구하러 애굽으로 내려가는 자들은 화 있을진저
> 그들은 말을 의지하며
> 병거의 많음과 마병의 심히 강함을 의지하고
> 이스라엘의 거룩하신 이를 앙모하지 아니하며
> 여호와를 구하지 아니하나니 (사 31:1)

물론 히스기야는 하나님의 말씀에 귀를 기울였다. 그의 악한 부친과 달리, 그는 외국과 동맹을 맺음으로써 군대의 힘을 의지하라는 심복들의 조언을 물리쳤다. 그는 힘과 구원되시는 하나님을 바라보았다.

히스기야의 신앙은 워낙 잘 알려져 있었기에 앗수르 군대는 이를 이용해서 예루살렘 주민을 겁주려 했다. 군대로 예루살렘을 포위한 앗수르 왕 산헤립은 군대 장관 랍사게에게 유다 방언으로 유다 백성들에게 이렇게 말하라고 지시했다. "너희는 대왕 앗수르 왕의 말씀을 들으라 왕의 말씀에 너희는 히스기야에게 미혹되지 말라 **그가 능히 너희를 건지지 못할 것이니라 히스기야가 너희에게 여호와를 신뢰하게 하려는 것을 따르지 말라 그가 말하기를 여호와께서 반드시 우리를 건지시리니** 이 성이 앗수르 왕의 손에 넘어가지 아니하리라 할지라도"(사 36:13-15). 그리고 랍사게는 유다 백성의 마음에 공포심을 불러일으키기 위해 각종 모욕과 위협의 메시지를 퍼부었다(그의

조롱 섞인 공격은 성경에서 가장 저속하고 천박한 표현을 담고 있다).

성을 둘러싼 앗수르 군대와 랍사게의 악담을 전해 들은 히스기야는 굵은 베옷을 입고(베옷은 통곡, 겸손, 참회의 상징이다), 사신을 보내 이사야에게 조언을 구한다.

이에 이사야는 서신으로 왕에게 답했다. "여호와께서 이같이 말씀하시되 너희가 들은 바 앗수르 왕의 종들이 나를 능욕한 말로 말미암아 두려워하지 말라 보라 내가 영을 그의 속에 두리니 그가 소문을 듣고 그의 고국으로 돌아갈 것이며 또 내가 그를 그의 고국에서 칼에 죽게 하리라 하셨느니라"(사 37:6-7).

이사야는 그 다음 일어난 사건을 이렇게 기록한다.

히스기야가 그 사자들의 손에서 글을 받아 보고 여호와의 전에 올라가서 그 글을 여호와 앞에 펴 놓고 여호와께 기도하여 이르되 그룹 사이에 계신 이스라엘 하나님 만군의 여호와여 주는 천하 만국에 유일하신 하나님이시라 주께서 천지를 만드셨나이다 여호와여 귀를 기울여 들으시옵소서 여호와여 눈을 뜨고 보시옵소서 산헤립이 사람을 보내어 살아 계시는 하나님을 훼방한 모든 말을 들으시옵소서 여호와여 앗수르 왕들이 과연 열국과 그들의 땅을 황폐하게 하였고 그들의 신들을 불에 던졌사오나 그들은 신이 아니라 사람의 손으로 만든 것일 뿐이요 나무와 돌이라 그러므로 멸망을 당하였나이다 우리 하나님 여호와여 이제 우리를 그의 손에서 구원하사 천하만국이 주만이 여호와이신

줄을 알게 하옵소서 하니라 (사 37:14-20)

여기에 히스기야의 경건한 신앙이 잘 드러나 있다. 그는 그의 부친인 사악한 아하스와 극명한 대조를 이룬다. 아하스는 여호와의 친절한 도움의 손길을 어리석게 거절하고, 여호와의 적들과 동맹을 맺음으로써 승리를 쟁취하려고 했다.

하나님께서는 약속하신 대로 히스기야를 구원하셨다. 또한 그는 산헤립의 오만을 심판의 막대기로 심하게 후려치셨다. 바로 그날 밤의 일이다.

> 여호와의 사자가 나가서 앗수르 진중에서 십팔만 오천인을 쳤으므로 아침에 일찍이 일어나 본즉 시체뿐이라 이에 앗수르의 산헤립 왕이 떠나 돌아가서 니느웨에 거주하더니 자기 신 니스록의 신전에서 경배할 때에 그의 아들 아드람멜렉과 사레셀이 그를 칼로 죽이고 아라랏 땅으로 도망하였으므로 그의 아들 에살핫돈이 이어 왕이 되니라 (사 37:36-38)

여호와의 말씀이 좋소이다

다음 이야기는 예기치 않은 방향으로 흘러간다. 승리를 얻은 히스기야는 이후로 행복한 나날을 보내는 대신 심각한 시련에 봉착한다.

그는 병에 걸렸고 이사야로부터 죽게 될 것이라는 말을 전해 듣는다. "그때에 히스기야가 병들어 죽게 되니"(38:1).

왕은 심히 통곡하며 하나님께 도움과 자비를 구했고, 이에 하나님은 이사야를 통해 말씀을 전하신다. "네 조상 다윗의 하나님 여호와께서 이같이 말씀하시기를 내가 네 기도를 들었고 네 눈물을 보았노라 내가 네 수한에 십오 년을 더하고"(5절).

히스기야는 이에 대해 감사와 찬송의 시를 썼다. 그중에 한 줄, 하나님께 드리는 기도에는 그의 겸손한 마음과 깊은 헌신, 그리고 영적인 열심이 잘 표현되어 있다. "보옵소서 내게 큰 고통을 더하신 것은 내게 평안을 주려 하심이라 주께서 내 영혼을 사랑하사 멸망의 구덩이에서 건지셨고 내 모든 죄를 주의 등 뒤에 던지셨나이다"(17절). 히스기야는 자신에게는 구원과 죄의 용서가 필요하며, 오직 하나님만이 그것을 주실 수 있음을 분명히 이해했다. 그는 심지어 하나님께서 주신 시련이 오히려 자기의 유익을 위한 것임을 고백했다. 그 누구도 그의 신앙과 구원의 진실성을 의심할 수 없다.

남을 것이 없으리라

그럼에도 히스기야의 개혁과 경건한 지도력은 유다 왕국의 배교를 막지 못했다. 유다 백성에 대한 이사야의 경고에도, 남 유다는 심판받아 멸망한 북 이스라엘의 전례를 답습했다(이에 대해서는 다음 장에서 자세히 살펴볼 것이다).

이사야는 히스기야의 개혁에도 불구하고 다가올 미래를 분명히 알았다. 이사야 1-39장에서 마지막 네 절은 다가올 심판에 대한 끔찍한 예언으로 정리된다.

> 이사야가 히스기야에게 이르되 왕은 만군의 여호와의 말씀을 들으소서 보라 날이 이르리니 네 집에 있는 모든 소유와 네 조상들이 오늘까지 쌓아 둔 것이 모두 바벨론으로 옮긴 바 되고 남을 것이 없으리라 여호와의 말이니라 또 네게서 태어날 자손 중에서 몇이 사로잡혀 바벨론 왕궁의 환관이 되리라 하셨나이다 하니 (사 39:5-7)

이 예언에 대한 히스기야의 반응은 일견 이기적인 무관심으로 비친다. "히스기야가 이사야에게 이르되 당신이 이른 바 여호와의 말씀이 좋소이다 하고 또 이르되 내 생전에는 평안과 견고함이 있으리로다 하니라"(사 39:8). 그러나 히스기야는 하나님의 심판이 이미 오래 지체되었으며, 유다는 평화와 안전의 복을 요구할 권리가 없음을 잘 알고 한 말이었다. 히스기야의 생애 이후까지 이어지는 은혜에 대한 하나님의 약속은 분명 히스기야의 예상을 뛰어넘는 것이었다. 자기의 생애에 재앙이 임하지 않으리라는 것은 그에게 충분히 안도감으로 다가왔을 것이다.

여기까지가 이사야 첫 부분의 비극적인 결말이다. 이후 히스기야의 이름은 다시 언급되지 않는다.

이사야서의 첫 부분이 역사적 사건을 기록한 네 장(사 36-39장)으로 끝맺음한다는 것은 특기할 만하다. 이 부분은 이사야의 첫 부분과 두 번째 부분 사이에서 완충 역할을 한다. 이사야는 앗수르에 대한 예언에 적절한 시대적 상황을 설명하기 위해 이 기록들을 첨부한 듯하다. 이 역사적 기록은 앗수르 왕 산헤립의 예루살렘 포위로 시작되고 히스기야의 죽음으로 끝을 맺는다. 사실 이 네 장은 열왕기하 18장 13절에서 20장 19절을 그대로 복사한 것이다. 그런데 이사야는 히스기야의 생애와 행적에 대한 열왕기하 20장의 마지막 두 절(20-21절)을 생략한다. "히스기야의 남은 사적과 그의 모든 업적과 저수지와 수도[77]를 만들어 물을 성 안으로 끌어들인 일은 유다 왕 역대지략에 기록되지 아니하였느냐 히스기야가 그의 조상들과 함께 자고 그의 아들 므낫세가 대신하여 왕이 되니라."

만약 유대인의 구전대로라면(분명히 가능성이 있다) 이사야는 히스기야 다음 왕인 므낫세에게 죽임을 당했다. 그의 죽음은 유다 왕국이 이사야의 예언을 결국 거부하였음을 상징적으로 보여 준다.

그러나 하나님께서는 히스기야가 죽은 후 100여 년 동안 유다에 대한 심판을 너그럽게 유보하셨다. 예루살렘이 마침내 전복되기까지, 유다에는 적어도 서너 번 더 회심할 기회가 있었다.

CHAPTER 10
유다의 종말

여호수아 때 그 땅을 점령한 지 860여 년 후에, "유다가 사로잡혀 본토에서 떠났더라"(왕하 25:21). 이제 성경의 예언은 성취되었다. "여호와께서 너와 네가 세울 네 임금을 너와 네 조상들이 알지 못하던 나라로 끌어 가시리니 네가 거기서 목석으로 만든 다른 신들을 섬길 것이며"(신 28:36). 죄로 인해 그들의 조상은 40년 동안 가나안에 들어가지 못하였고, 이제 그들은 그 땅에서 쫓겨났다. 여호와는 심판하심으로 그들에게 자신을 알게 하셨고, 아모스 3장 2절에서 하신 말씀을 그대로 이루셨다. "내가 땅의 모든 족속 가운데 너희만을 알았나니 그러므로 내가 너희 모든 죄악을 너희에게 보응하리라."
— 매튜 헨리 (복음주의 목회자, 성경 주석가)[78]

<u>심판이 마침내 유다에게 닥쳤으며</u>, 유다의 재산과 백성은 이사야 39장 6-7절의 예언 그대로 바벨론으로 옮겨졌다. 바벨론 왕 느부갓네살은 하나님이 유다를 심판하기 위해 사용하신 도구였다.

기원전 7세기 말(히스기야 사후 65년 안에), 신 앗수르 제국은 흔들리기 시작했다. 반란과 내전, 외적의 침입이 끊임없이 이어졌고, 막강했던 제국은 점차 약화되어 갔다. 기원전 612년, 동맹군을 맺은 막강한 적들이 앗수르의 수도 니느웨를 침공했다. 도시는 완전히 파괴되었지만(나 3:5-7의 예언 성취), 앗수르 왕은 몸을 피했다. 7년쯤 후에, 느부갓네살이 이끄는 메대와 갈대아의 동맹군이 애굽과 앗수르의 연합군을 갈그미스 전투에서 대파했다. 이제 세계 권력의 중심은 느부갓네살이 다스리는 바벨론으로 넘어 갔다.

이 신흥 제국, 신 바벨론(또는 갈대아) 제국은 겨우 87년 동안 세계를 지배하지만, 그 시기 동안 막대한 부를 축적하고 커다란 영향력을 발휘한다. 바벨론은 느부갓네살이 등장하기 900여 년 전에 이미 세계 권력의 중심이었던 적이 있었다. 그는 고대의 옛 영광을 재현(또는 능가)하려 했다. 그는 바벨론을 거대한 도시로 재건했으며, 길을 넓히고, 수려한 정원들을 만들었다. 또한 고대 신전들을 재건했고, 자기를 위한 몇 개의 왕궁을 포함하여 장대한 건축물을 세웠으며, 도시 전체를 요새화했다. 두꺼운 성벽을 둘렀고, 곳곳에 망대를 세웠으며, 요지마다 거대한 성문을 달았는데, 이 모든 일을 화려하게 채색된 벽돌로 진행했다.[79] 이 모든 공사에 필요한 인력은 메소포타미아와 지중해 동쪽 지역에서 잡아온 포로로 충당하였다.

또한 느부갓네살은 영토를 확장하기 위해 많은 전쟁을 일으켰다.

기원전 597년, 분노한 유다 백성은 폭동을 일으켰고, 느부갓네살은 예루살렘을 진압하기 위해 군대를 보냈다. 이후 20-30년 동안 예루살렘 주민의 대부분은 바벨론으로 끌려갔다. 솔로몬 시대에 그토록 빛났던 히브리 나라의 옛 영광은 온데간데없었다. 약속의 땅은 그들이 다시 돌아오도록 허락받기 전까지 황폐한 채로 버려졌고, 그들이 돌아왔을 때는 그들을 다스릴 왕이 없었다. 바벨론의 침공 이후 다윗 왕조는 돌이킬 수 없게 끊어진 것으로 보였다. 그날 이후 지금까지 다윗의 후손은 예루살렘의 왕위에 오르지 못했다.

그러나 성경은 폐하지 못한다(요 10:35). 하나님의 목적은 좌절될 수 없다. 그의 모든 약속은 '예' 그리고 '아멘'이다(고후 1:20). 하나님은 거짓말을 하실 수 없다(히 6:18). 이는 하나님께서 축복의 약속을 성실히 이행하신 것처럼 심판의 위협 또한 그대로 실행하심을 의미한다. 따라서 다윗의 왕통이 끊어졌다고 해서 메시아를 보내신다고 하신 약속이 방해받는 일은 없다. 아무리 시간이 흐른다 해도, 언젠가 그가 돌아와서 왕위를 다시 세우실 그 일을 막을 수는 없다. 예레미야 3장 17절은 미래에 이루어질 일에 대해 말한다. "그때에 예루살렘이 그들에게 여호와의 보좌라 일컬음이 되며 모든 백성이 그리로 모이리니 곧 여호와의 이름으로 말미암아 예루살렘에 모이고 다시는 그들의 악한 마음의 완악한 대로 그들이 행하지 아니할 것이며."

이사야 이후의 유다

　백성은 냉담한 태도로 불순종하지만, 하나님은 그들을 한결같이 대하셨다. "여호와의 인자하심은 자기를 경외하는 자에게 영원부터 영원까지 이르며"(시 103:17). "그의 노염은 잠깐이요 그의 은총은 평생이로다"(시 30:5). 이사야의 시간표를 통해 하나님의 인내는 그의 심판을 훨씬 능가함을 알 수 있다.

　유다 왕 히스기야는 기원전 686년에 죽었다. 그로부터 대략 90년 후인 기원전 597년에 바벨론 왕 느부갓네살은 예루살렘을 함락시켰다. 그 사이에 하나님께서는 놀라우리만치 유다에 인내하셨다. 백성은 이사야의 경고를 듣지 않았다. 그들은 요담의 경건한 지도를 따르지 않았다. 그들은 아하스의 악행에 기꺼이 동참했다. 그들은 히스기야의 개혁을 전심으로 따르지 않았다. 그럼에도 하나님은 히스기야 사후 거의 90년 동안 심판을 유예하셨다.

　이와는 대조적으로, 유다가 하나님의 심판으로 바벨론에 포로로 끌려간 기간은 시작부터 끝까지 70년에 불과하다(렘 25:11-12).[80]

　유다의 배교는 우리에게 중요한 교훈을 남긴다. 악행으로 되돌아가는 것의 위험성을 분명히 경고한다. '패역'은 하나님을 떠나 불신과 불순종에 빠졌던 유대 나라의 행태를 묘사하는 성경적 용어다. 이는 매우 적절한 표현이다. 하나님께서 친히 이사야 57장 17절에서 이 단어를 사용하셨다. "또 내 얼굴을 가리고 노하였으나 그가 아직도 패역하여 자기 마음의 길로 걸어가도다." 예레미야 8장 5절에서도 같은 말씀을 하신다. "이 예루살렘 백성이 항상 나를 떠나 물러감은 어찌함이냐 그들이 거짓을 고집하고 돌아오기를 거절하도다." 이 구절에 나오는 히브리어는 '뒤로 넘어짐', '엎어짐', '되돌아 섬', '같은 곳으로 되돌아감' 등을 의미하는 어근에서 파생한 단어다. 이는 영적으로 앞으로 나아가기 위해 필요한 마찰력을 얻지 못하는 사람의 모습을 연상시킨다. 호세아 4장 16절에서 여호와는 이스라엘을 "완강한 암소"로 비유하신다. 이 구절에서 '완강한'에 해당하는 히브리어는 미끄러운 언덕에서 자꾸만 뒤로 넘어지면서도 앞으로 나가지 않으려 하는 고집스러운 짐승의 모습을 암시한다. 호세아 4장 16절에서는 하나님께 나아가기를 완강하게 거부하는 이스라엘을 꾸짖는다. "이스라엘은 완강한 암소처럼 완강하니."

    19세기의 뛰어난 설교가 찰스 스펄전은 말년을 악행으로 되돌아가는 것의 위험을 경고하는 데 쏟았다. 그는 교회 역사 속의 여러 사례를 통해 하나님의 백성이 건전하고 안정된 성경의 진리에서 떠나면 하나님의 복과 보호에서 멀어지게 되고, 결국에는 재앙으로 귀결되는 위험한 내리막길로 들어서게 된다고 경고했다. 그는 이것을 표면이 미끄러워서 도저히 서 있을 수 없는 가파른 내리막길로 비유했다. 여기서는 미끄러져서 내리막길로 굴러 내려갈 수밖에 없다. 중력이 강력한 힘으로 끌어당기고, 길에는 온갖 위험이 도사리고 있어서, 결국에는 심각한 타격을 받으며 낙상할 수밖에 없다. 이미 발이 미끄러지기 시작한 사람은 중심을 잡을 수 없게 되고, 결국 제대로 설 수 없게 된다.

이것은 분열 왕국 시기, 특히 히스기야가 죽은 후 유다의 행태에 대한 제대로 된 묘사였다.

므낫세, 가나안 족속보다 더 악한 자

이사야 1장 1절에 나오는 네 왕이 죽은 후 유다 왕국의 상황에 대한 간략한 요약이 역대하 32장 33절에 나온다. "히스기야가 그의 조상들과 함께 누우매 온 유다와 예루살렘 주민이 그를 다윗 자손의 묘실 중 높은 곳에 장사하여 그의 죽음에 그에게 경의를 표하였더라 그의 아들 므낫세가 대신하여 왕이 되니라." 므낫세는 악한 왕이었던 조부 아하스보다 두 배는 더 지옥의 자식이었다. 유대교 구전에 따르면 므낫세는 이사야를 살해한 왕이다. 성경은 그에 대해 이렇게 기록한다.

여호와 보시기에 악을 행하여 여호와께서 이스라엘 자손 앞에서 쫓아내신 이방 사람들의 가증한 일을 본받아 그의 아버지 히스기야가 헐어 버린 산당을 다시 세우며 바알들을 위하여 제단을 쌓으며 아세라 목상을 만들며 하늘의 모든 일월성신을 경배하여 섬기며 여호와께서 전에 이르시기를 내가 내 이름을 예루살렘에 영원히 두리라 하신 여호와의 전에 제단들을 쌓고 또 여호와의 전 두 마당에 하늘의 일월성신을 위하여 제단들을 쌓고 또 힌놈의 아들 골짜기에서 그의 아들들을 불 가운데로 지나가게 하며 또 점치며 사술과 요술을 행하며 신접한 자와 박수를 신임하여 여호와 보시기에 악을 많이 행하여 여호와를 진노하게 하였으며 또 자기가 만든 아로새긴 목상을 하나님의 전에 세웠더라 옛적에 하나님이 이 성전에 대하여 다윗과 그의 아들 솔로몬에게 이르시기를 내가 이스라엘 모든 지파 중에서 택한 이 성전과 예루살렘에 내 이름을 영원히 둘지라 만일 이스라엘 사람이 내가 명령한 일들 곧 모세를 통하여 전한 모든 율법과 율례와 규례를 지켜 행하면 내가 그들의 발로 다시는 그의 조상들에게 정하여 준 땅에서 옮기지 않게 하리라 하셨으나 **유다와 예루살렘 주민이 므낫세의 꾀임을 받고 악을 행한 것이 여호와께서 이스라엘 자손 앞에서 멸하신 모든 나라보다 더욱 심하였더라** 여호와께서 므낫세와 그의 백성에게 이르셨으나 그들이 듣지 아니하므로 (대하 33:2-10)

므낫세는 점치는 우상 숭배에서부터 자기 자식을 잡아 드리는 제사까지 모든 악행을 두루 섭렵했다. 이 자는 다윗의 직계손(그리고 그리스도의 조상)이었으나, 성경은 그를 여호수아 시대에 약속의 땅을 철저히 더럽혔던 가나안 족속보다 더 악한 자로 규정한다. 이는 진정 강력한 고발이 아닐 수 없다.

히스기야 통치 기간에 예루살렘은 세계에서 유일하게 피에 굶주린 이방 종교의 공포로부터 자유로웠던 도시였다. 앗수르의 통치 하에서 그 나머지 '문명화된' 도시는 전혀 문명화되지 않은 미신적 믿음에 사로잡혔다. 인신 제사를 포함하여 말로 이루 표현할 수 없는 종교적 잔혹 행위가 니느웨, 바벨론, 메소포타미아의 모든 주요 도시에서 횡행했고 피의 의식들이 유행했다. 어떤 이의 표현을 빌자면, 므낫세는 이 끔찍한 유행을 받아들이고 발전시켰는데, "그의 조부 아하스처럼 아마추어 수준이 아니라, 광신도처럼 광적이었다."[81]

므낫세는 그의 부친 히스기야가 그토록 부활시키고 보존하려고 했던 레위기의 예배 문화를 파괴하는 데 열심이었다. 그는 체계적으로 유다의 신앙과 관습을 "동방 풍속"(사 2:6)으로 대체하려 했다. 달리 말해서, 그는 가증스러운 이방 우상에서 잔혹한 의식에 이르기까지 앗수르의 패역한 종교를 수입하려고 애썼다. 그는 이전의 어느 왕보다 더욱 그 땅을 우상으로 가득 채웠다(8절). 그는 성전을 포함한 예루살렘 전체를 공공연한 우상 숭배의 장소로 바꿔 버렸다. 그의 악한 조부조차 생각하지 못한 방법으로 하나님의 전을 더럽혔다.

그는 바알 숭배를 부흥시키려 했고, 사악한 암몬의 신 몰렉을 섬기려 했다. 몰렉은 사악한 신으로서 아이를 바치는 제사를 통해서만 달래질 수 있다고 믿어졌다.

므낫세가 몰렉을 위해 사당을 지은 곳은 "힌놈의 아들 골짜기"(대하 33:6, 렘 7:31, 32:35) 였다. 이곳은 예전에도 똑같은 악행이 저질러졌던 곳이었다. 여기에서 므낫세의 조부 아하스가 자식들을 제사로 바쳤다(대하 28:3, 힌놈 골짜기에 대한 논의는 6장 말미와 9장을 보라).

므낫세는 아이를 바치는 제사의 악행에 열심이었고, "아하스가 최후의 수단으로 시도했던 짓을 그는 제도화" 하였다.⁸² 이사야 57장 5절에 따르면, 므낫세의 영향으로 많은 유다 사람이 아이를 바치는 제사의 악행을 본받았다.

놀라운 은혜, 그리고 암몬

고고학자들이 므낫세 통치 기간에 세워진 앗수르의 비문을 발견하였는데, 이에 따르면 므낫세는 앗수르 왕 에살핫돈과 오스납발(산헤립의 아들과 손자, 순서대로)의 신하가 되었다. 므낫세의 통치 기간은 외적의 침입으로부터 비교적 자유로웠는데, 이는 그가 앗수르 왕들에게 조공을 바쳤기 때문이다.

그러나 그의 통치 기간이 평화로웠다고 해서 그의 악행이 조금이라도 용서되는 것은 결코 아니다. 유다에 임한 극심한 심판에 대한 책임의 상당 부분은 그에게 있다. 성경은 이를 이렇게 설명한다.

> 이 백성이 듣지 아니하였고 므낫세의 꾐을 받고 악을 행한 것이 여호와께서 이스라엘 자손 앞에서 멸하신 여러 민족보다 더 심하였더라 여호와께서 그의 종 모든 선지자들을 통하여 말씀하여 이르시되 유다 왕 므낫세가 이 가증한 일과 악을 행함이 그 전에 있던 아모리 사람들의 행위보다 더욱 심하였고 또 그들의 우상으로 유다를 범죄하게 하였도다 그러므로 이스라엘의 하나님

여호와가 말하노니 내가 이제 예루살렘과 유다에 재앙을 내리리니 듣는 자마다 두 귀가 울리리라 (왕하 21:9-12)

므낫세는 비록 유다에서 가장 악한 왕들 중 하나였지만, 그의 통치 말기에 하나님은 그에게 놀라운 자비를 베푸셔서 그가 거의 진실한 회개를 하도록 이끄셨다.

하나님의 은혜는 재앙을 통해 임했다. 므낫세는 앗수르 왕에게 밉보이는 짓을 하여 체포되었고, 심하게 결박되어 바벨론으로 끌려가 심문받았다. 성경은 이것이 하나님의 주권에 의한 역사였다고 말한다. "**여호와께서** 앗수르 왕의 군대 지휘관들이 와서 치게 하시매 그들이 므낫세를 사로잡고 쇠사슬로 결박하여 바벨론으로 끌고 간지라"(대하 33:11).

바벨론에서 므낫세는 여호와의 이름을 불렀다. "그가 환난을 당하여 그의 하나님 여호와께 간구하고 그의 조상들의 하나님 앞에 크게 겸손하여 기도하였으므로 하나님이 그의 기도를 받으시며 그의 간구를 들으시사 그가 예루살렘에 돌아와서 다시 왕위에 앉게 하시매 **므낫세가 그제서야 여호와께서 하나님이신 줄을 알았더라**"(12-13절).

예루살렘으로 돌아온 므낫세는 새로운 전면적 개혁을 실시했다. "이방 신들과 여호와의 전의 우상을 제거하며 여호와의 전을 건축한 산에와 예루살렘에 쌓은 모든 제단들을 다 성 밖에 던지고 여호와의 제단을 보수하고 화목제와 감사제를 그 제단 위에 드리고 유다를 명령하여 이스라엘 하나님 여호와를 섬기라 하매"(15-16절).

이러한 개혁은 므낫세의 마음이 진실되게 바뀌었다는 것을 보여 주기는 하지만, 그의 부친이 했던 개혁만큼 철저하지는 못하였다. 므낫세가 이전에 조장했던 우상 숭배는 유다 백성들에게 세대를 뛰어넘는 지속적인 영향력을 미쳤다. 역대하 33장 17절은 이렇게 말한다. "백성이 그의 하나님 여호와께만 제사를 드렸으나 아직도 산당에서 제사를 드렸더라." 다시 말해 그의 개혁은 부분적 개혁이었다. 백성은 이제 명목상이나마 참된 하나님을 섬겼지만, 하나님의 말씀대로 순종하지는 않았다. 므낫세의 말기 개혁은 유다의 영적 타락을 잠시나마 늦추었지만, 영적 내리막길의 끝에 기다리고 있는 재앙으로부터 완전히 돌이키는 데는 실패하였다.

므낫세의 통치는 55년간 지속되었다(분열 왕국 시기의 유다 왕들 중에서 가장 긴 통치 기간). 그의 뒤를 이어 아들 암몬이 왕이 되었는데, 그는 신속하게 왕국을 배교의 길로 되돌렸고, 그리하여 유다는 하나님의 심판이라는 벼랑 끝에 한 발짝 더 다가섰다. "그의 아버지가 행한 모든 길로 행하여 그의 아버지가 섬기던 우상을 섬겨 그것들에게 경배하고 그의 조상들의 하나님 여호와를 버리고 그 길로 행하지 아니하더니"(왕하 21:21-22). 그는 왕위에 올라 나라를 잘못 다스린 지 불과 2년 만에 신복에게 죽임당했고, 요시야가 그의 뒤를 이어 왕위에 올랐다.

요시야, 유다 최고의 왕

요시야는 그의 증조부 히스기야처럼 개혁가였다. 그는 불과 여덟 살의 나이에 왕위에 올랐는데, 이를 통해 그의 출생 시점이 조부 므낫세가 악행을 회개했던 무렵이었을 것으로 추정할 수 있다. 성경은 요시야가 왕위에 올라 통치한 처음 18년에 대해서는 자세한 내용을 전하지 않는다. 다만 이렇게 전한다. "요시야가 여호와 보시기에 정직히 행하여 그의 조상 다윗의 모든 길로 행하고 좌우로 치우치지 아니하였더라"(왕하 22:2).

왕위에 오른 지 18년 후, 요시야는 부숴진 성전을 수리하기 시작했다. 성전 보수가 진행되는 가운데, 대제사장이 율법책을 발견한다. 요시야는 율법책을 읽었고, 그 내용을 접한 요시야의 즉각적인 반응은 눈물 젖은 참회였다. "왕이 율법책의 말을 듣자 곧 그의 옷을 찢으니라"(왕하 22:11).

요시야의 겸손과 믿음을 본 하나님은 약속된 심판을 그의 생전에는 내리지 않겠다고 약속하신다. 열왕기하 23장의 1-24절에는 요시야가 단행한 개혁들이 자세히 쓰여 있다. 그의 개혁에 대해 성경은 이렇게 평가한다. "요시야와 같이 마음을 다하며 뜻을 다하며 힘을 다하여 모세의 모든 율법을 따라 여호와께로 돌이킨 왕은 요시야 전에도 없었고 후에도 그와 같은 자가 없었더라"(왕하 23:25). 요시야의 통치 기간 31년은 하나님의 마지막 자비의 증표였고, 완고한 유다 백성이 돌이킬 마지막 기회였다.

그러나 슬프게도, 요시야는 타락과 배교의 내리막길에 들어선 백성을 구하지 못했다. 그는 므깃도 골짜기에서 애굽 왕 바로느고와 싸우다가 애굽 궁수의 활에 맞아 부상을 당했고, 결국 죽음을 맞는다. 그의 죽음으로 유다의 개혁은 종지부를 찍었다.

여호아하스 그리고 여호야김

요시야의 뒤를 이어 여호아하스가 왕이 되었는데, 그에 대해 성경은 이렇게 말한다. "여호아하스가 왕이 될 때에 나이가 이십삼 세라 예루살렘에서 석 달간 다스리니라 그의 어머니의 이름은 하무달이라 립나 예레미야의 딸이더라 여호아하스가 그의 조상들의 모든 행위대로 여호와 보시기에 악을 행하였더니"(왕하 23:31-32). 여호아하스는 살룸으로도 불렸다(렘 22:11). 그에게는 왕위를 물려받았어야 할 이복형이 있었다(대상 3:15). 그러나 역대하 36장 1절에 따르면, "그 땅의 백성이 요시야의 아들 여호아하스를 세워 그의 아버지를 대신하여 예루살렘에서 왕으로 삼으니." 그는 왕위에 오른 지 얼마 되지 않아 바로에게 사로잡혀 애굽으로 갔고, 거기에서 죽었다.

애굽 왕은 여호아하스를 대신해서 이복형 여호야김을 유다의 왕위에 앉혔고, 예루살렘에 머물도록 허락했다. 여호야김은 바로를 잘 섬겼고, 여호와에 대해서는 전혀 관심이 없었다. 성경은 이렇게 말한다. "여호야김이 그의 조상들이 행한 모든 일을 따라서 여호와 보시기에 악을 행하였더라"(왕하 23:37). 유대교 구전에 따르면 그는 최악의 폭군이었다. 그는 오만하게 부패했고, 도덕적으로 사악했으며, 모든 거룩한 것을 공개적으로 멸시했다. 그는 방탕하고 음란하게 색욕을 좇는 것으로 악명이 높았다. 그의 악행을 보면 요시야가 죽은 후 유다 왕국의 영적 상태가 얼마나 급속하게 최악의 상황으로 치달았는지 알 수 있다. 다음은 여호야김에 대한 고대 랍비들의 전승이다.

여호야김은 그의 모친, 자부, 계모와 근친 관계를 유지했으며, 사내를 죽인 후 그 아내를 욕보이고 그 재산을 탈취하는 습관이 있었다. 그는 "샤트네츠"[섞어 짠 직물, 신명기 22장 11절에서 금지됨]로 만든 의복을 입었고, 자기가 유대인이라는 사실을 감추기 위해서 포피회복술[할례를 인위적으로 되돌리는 시술]을 실시했으며, 온몸에 문신을 새겼다. (중략) 심지어 그는 자기의 불신앙을 자랑했다. "내 선조인 므낫세와 암몬은 하나님을 가장 화나게 만드는 방법을 알지 못했다. 그러나 나는 분명히 말한다. 하나님이 우리에게 준 것은 빛이 전부지만, 이제는 더 이상 필요 없다. 왜냐하면 우리에게는 빛처럼 빛을 발하는 황금이 있기 때문이다. 그뿐만 아니라 하나님은 이 황금을 인간에게 주었지만[시 115:16], 다시 빼앗아 갈 능력은 없다." (중략)

예레미야가 애가를 쓰고 있다는 소식을 접한 여호야김은 두루마리를 가져오게 해서 처음 네 절을 얌전히 듣고는 냉소적으로 말했다. "하지만 내가 여전히 왕이다." 그런데 다섯 번째 절에서 다음과 같은 말을 들었다. "그의 죄가 많으므로 여호와께서 그를 곤고하게 하셨음이라"(애 1:5). 그러자 그는 즉시 두루마리를 빼앗아 들고는 하나님의 이름이 나오는 부분을 칼로 잘라내서는 불 속에 던져 버렸다.[83]

예레미야의 사역 시기는 여호야김의 통치 기간과 겹친다. 예레미야는 왕의 악행을 신랄하게 꾸짖는 예언을 기록으로 많이 남겼다. 예레미야 36장에는 하나님께서 예레미야에게 주신 모든 말씀(2절)을 기록한 두루마리를 여호야김이 어떻게 불살랐는지에 대한 그의 증언이 나온다. 그러나 "오직 주의 말씀은 세세토록 있도다"(벧전 1:25). 그리하여 예레미야는 서기관 바룩에게 새 두루마리를 건네주었고, "그가 유다의 여호야김 왕이 불사른 책의 모든 말을 예레미야가 전하는 대로 기록하고 **그 외에도 그 같은 말을 많이 더 하였더라**"(렘 36:32).

예레미야 22장 18-19절은 여호야김의 죽음에 관한 예언이다.

> 그러므로 여호와께서 유다의 왕 요시야의 아들 여호야김에게 대하여 이와 같이 말씀하시니라 무리가 그를 위하여 슬프다 내 형제여, 슬프다 내 자매여 하며 통곡하지 아니할 것이며 그를 위하여 슬프다 주여 슬프다 그 영광이여 하며 통곡하지도 아니할 것이라 그가 끌려 예루살렘 문 밖에 던져지고 나귀 같이 매장함을 당하리라

여호야김은 국제 정세의 격변기 속에 11년을 통치했다. 그가 예루살렘의 권좌에 앉자마자 느부갓네살이 바벨론의 권력을 잡았다. 그는 3년 동안 여호야김을 신하로 삼았지만(왕하 24:1), 애굽의 바로를 충실하게 섬겼던 여호야김은 느부갓네살에게 반역을 일으켰다. 그리하여 여호야김의 반역(그의 반항적 성격에 딱 맞는 표현이다)은 느부갓네살의 진노를 유다에 쏟아내는 도화선이 되었다. 느부갓네살의 군대는 진정 하나님께서 유다 왕국의 배교를 심판하는 도구가 되었다.

> 여호와께서 그의 종 선지자들을 통하여 하신 말씀과 같이 갈대아의 부대와 아람의 부대와 모압의 부대와 암몬 자손의 부대를 여호야김에게로 보내 유다를 쳐 멸하려 하시니 이 일이 유다에 임함은 곧 여호와의 말씀대로 그들을 자기 앞에서 물리치고자 하심이니 이는 므낫세의 지은 모든 죄 때문이며 또 그가 무죄한 자의 피를 흘려 그의 피가 예루살렘에 가득하게 하였음이라 여호와께서 사하시기를 즐겨하지 아니하시니라 (왕하 24:2-4)

느부갓네살은 여호야김을 쇠사슬로 묶어 바벨론으로 끌고 가려 했다(대하 36:6). 그러나 포위 공격은 수개월 동안 지속되었고, 여호야김은 느부갓네살이 바벨론으로 끌고 가기 전에 죽었다. 유대 역사가인 요세푸스에 따르면 느부갓네살은 여호야김의 시체를 "성벽에서 던져 버리고, 매장되지 못하도록"[84] 명령했다. 이는 예레미야 22장 19절의 예언 그대로였다.

분열 왕국의 종말과 바벨론 포로기의 시작

여호야김의 뒤를 이어 여호야긴(또한 여고니야, 고니야로 알려짐)이 왕위에 올랐다. 이는 기원전 597년, 예루살렘이 함락되던 해였다. 도시의 성벽은 이미 느부갓네살 군대에 의해 파괴되었다. 따라서 여호야긴은 왕위에 오르자마자 느부갓네살에게 항복했고 바벨론으로 끌려갔다. 그와 함께 거의 모든 유다 관료들도 잡혀 갔다(왕하 24:12-16). 여호야긴은 거기에서 죽을 때까지 포로로 지냈다. 이사야는 거의 100년 전에 이미 이런 상황을 경고했다. 또한 이사야가 예언하기 수 세기 전에 모세의 율법(레 26:14-39)에서 거의 같은 심판에 대한 세세한 경고가 주어졌다.

느부갓네살은 거의 즉시 여호야긴을 공식적으로 폐위시켰지만, 그의 목숨은 살려 주었다. 사실 여호야긴은 느부갓네살보다 더 오래 살았으며, 열왕기하 25장 27-30절에는 느부갓네살의 후계자가 여호야긴의 지위를 복권시켰다고 나온다. "그 죄수의 의복을 벗게 하고 그의 일평생에 항상 왕의 앞에서 양식을 먹게 하였고 그가 쓸 것은 날마다 왕에게서 받는 양이 있어서 종신토록 끊이지 아니하였더라"(왕하 25:29-30). 이것이 열왕기하의 마지막 구절이며, 이를 통해 다윗의 왕조는 영구적으로 끝난 것처럼 보였다.

여호야긴(여고니야)은 실제로 다윗의 직계손으로서 유다 왕위에 앉은 마지막 인물이다. 그 역시 많은 전임자와 마찬가지로 "그의 아버지의 모든 행위를 따라서 여호와께서 보시기에 악을 행하였더라"(왕하 24:9). 예레미야 22장 30절에는 그의 모든 후손에 대한 하나님의 저주가 기록되어 있다. "여호와께서 이와 같이 말씀하시니라 너희는 이 사람이 자식이 없겠고 그의 평생 동안 형통하지 못할 자라 기록하라 이는 그의 자손 중 형통하여 다윗의 왕위에 앉아 유다를 다스릴 사람이 다시는 없을 것임이라 하시니라."

이는 여호야긴이 문자 그대로 자식이 없으리라는 뜻이 아니었다. 그에게는 자식이 있었다(대상 3:17-20). 다만 다윗의 왕조라는 의미에서 보면, 그에게 자식이 없었다고 볼 수 있다. 왜냐하면 그의 혈통을 물려받은 자 중에서 다윗의 왕위에 오른 자는 아무도 없었기 때문이다.

표면적으로는 이 예언으로 말미암아 이스라엘의 왕통이 끊어지고, 따라서 하나님이 주신 다윗 언약이 파기된 것처럼 보일 수 있다. 그러나 마태복음 1장 11-16절은 유다 왕가의 계보를 여호야긴(여고니야)에서 요셉까지 추적한다. 그리스도는 요셉의 양자였으며 마리아의 계보를 통한 진정한 다윗의 후손이었다(눅 3:23-31). 그러므로 예수님은 요셉의 계보로부터 왕위에 오를 권리를 승계하였으며, 여호야긴의 실제 혈통에 대한 저주는 그에게 적용되지 아니하였던 것이다. 따라서 하나님은 예레미야 시대부터 그리스도 탄생 때까지 도저히 양립될 수 없는 것처럼 보였던 하나님의 약속과 저주를 모두 성취하셨다.

유다의 마지막 명목적 왕은 여호야긴의 숙부 시드기야였다(이 책의 4장에서 이미 그를 만난 바 있다). 느부갓네살이 그를 왕위에 세웠고, 이 꼭두각시 왕의 이름을 맛다니야에서 시드기야로 고쳤다(왕하 24:17).

성경은 그에 대해 이렇게 기록한다. "그가 여호야김의 모든 행위를 따라 여호와 보시기에 악을 행한지라"(19절).

느부갓네살이 시드기야를 왕위에 올린 것은 유다 백성을 약화시키려는 계산된 행동이었다. 느부갓네살은 이미 유다의 고관대작과 유능한 인재들을 바벨론으로 강제 추방시키는 중이었다. "그가 또 예루살렘의 모든 백성과 모든 지도자와 모든 용사 만 명과 모든 장인과 대장장이를 사로잡아 가매 비천한 자 외에는 그 땅에 남은 자가 없었더라 그가 여호야긴을 바벨론으로 사로잡아 가고 왕의 어머니와 왕의 아내들과 내시들과 나라에 권세 있는 자도 예루살렘에서 바벨론으로 사로잡아 가고 또 용사 칠천 명과 장인과 대장장이 천 명 곧 용감하여 싸움을 할 만한 모든 자들을 바벨론 왕이 바벨론으로 사로잡아 가고"(14-16절).

느부갓네살이 시드기야를 선택한 이유는 아마도 왕가의 혈통 중에서 가장 수동적이고 지도력이 부족한 인물을 찾았기 때문인 것 같다.

그러나 시드기야는 반란을 일으켰고, 이에 격노한 느부갓네살은 최후로 유대인을 약속의 땅으로부터 대규모로 강제 추방시켰다. 이후 바벨론 군대는 성전을 포함한 예루살렘 전역을 초토화시켰다. 느부갓네살은 시드기야를 폐위시키고, 두 눈을 뽑았으며, (진짜 가난한 자 몇몇을 뺀) 모든 남은 자들을 바벨론으로 끌고 갔다(왕하 25:1-21). 조금이라도 가치가 있는 것은 탈취하든지 아니면 파괴해 버렸다. 그 땅은 황폐해졌다.

심판과 유다의 포로됨에 대한 이사야의 예언은 그렇게 문자 그대로 성취되었다. 이사야의 심판에 대한 예언을 비웃었던 자들은 이제 그가 진정한 선지자였음을 확실히 알게 되었다. 따라서 포로로 잡혀 간 유대인들은 포로로 잡힌 사실로 인해 조상들의 신앙을 되찾게 되기도 했다. 시편 137편은 포로로 잡혀 간 사람 중 누군가가 쓴 구원을 향한 애가 및 기도문이다.

> 우리가 바벨론의 여러 강변 거기에 앉아서
> 시온을 기억하며 울었도다
> 그 중의 버드나무에
> 우리가 우리의 수금을 걸었나니
> 이는 우리를 사로잡은 자가
> 거기서 우리에게 노래를 청하며
> 우리를 황폐하게 한 자가 기쁨을 청하고
> 자기들을 위하여 시온의 노래 중 하나를 노래하라 함이로다
> 우리가 이방 땅에서
> 어찌 여호와의 노래를 부를까
> 예루살렘아 내가 너를 잊을진대
> 내 오른손이 그의 재주를 잊을지로다 (시 137:1-5)

바벨론 포로기에 대한 이사야의 경고가 성취되자, 남은 신실한 자들은 이사야가 예언한 구원의 약속에 주목했고 그 구원을 사모하기

시작했다. 그들은 심판이 그대로 성취되었듯 구원도 성취되리라고 믿었다. "여호와께 구속 받은 자들이 돌아와 노래하며 시온으로 돌아오니 영원한 기쁨이 그들의 머리 위에 있고 슬픔과 탄식이 달아나리이다"(사 51:11).

이사야 40장에서 66장까지 구원의 약속과 예언이 그토록 많은 이유도 바로 그것이었다. 이제는 이사야 53장이 왜 중심장이며, 그 모든 약속을 설명해 주는지 이해하리라 믿는다. 하나님의 모든 은혜와 구원에 대한 약속이 성취되기 위해서는 여호와의 종이 고난을 받음으로써 구속을 성취하는 일이 선행되어야 한다.

부록
"간고를 많이 겪은 자"
―찰스 스펄전의 설교[85]

간고를 많이 겪었으며 질고를 아는 자라 　　　－이사야 53:3

회중 가운데 중얼거리는 소리가 있을지 모르겠다. "이 설교는 음울한 내용에 애절한 주제로군." 그렇지 않다. 우리 구주가 당하신 고난은 컸지만, 고난은 지나간 일이며 되돌아보아야 할 거룩한 승리다.

고난이 얼마나 극심했든지 간에 이제 승리를 거두었으며, 심한 파도에 요동치던 배는 안전한 항구에 무사히 정박했다. 우리 구주는 더 이상 겟세마네에서 고민하거나 십자가에서 죽어 가시지 않는다. 가시 면류관은 이제 많은 주권의 면류관으로 대체되었다. 못과 창 대신 왕의 능력의 지팡이가 주어졌다. 이뿐 아니다. 고난은 끝났지만, 복된 결과는 영원하다.

세상에 사내아이가 태어났기 때문에, 우리는 고통을 기억할지도 모른다. 눈물로 씨를 뿌리면 기쁨으로 거둔다. 여자에게서 난 자가 발꿈치를 상한 덕분에 뱀의 머리를 부술 수 있다(창 3:15). 확실한 승리로 전쟁을 끝내고 평화를 이루면, 전쟁터의 소음마저 듣기 좋다.

우리 구주가 모든 고난의 사역을 마치셨고 그 모든 수고의 열매를 보고 계시기에, 우리는 지금 그의 고난에 동참하더라도 기뻐할 수 있다.

슬퍼하는 이들에게는 성경의 그 어떤 주제보다 주님의 고통이 더 위로가 된다. 고난받는 영혼에게는 그리스도의 영광이 그리스도의 고난만큼 위로가 되지 못한다. 그리스도는 모든 면에서 이스라엘의 위로가 되시지만, 간고를 많이 겪은 자로서 가장 그러하다. 고민하는 영혼은 베들레헴보다 골고다를 더 바라보기 마련이다. 나사렛보다 겟세마네를 더 사모한다. 고통받는 이들에게는 영광 가운데 다시 오실 그리스도보다 모든 고난을 안고 연약한 인간으로 오신 그리스도가 더 큰 위로로 다가온다.

수난의 꽃이 최상의 향기를 낸다. 십자가의 나무가 최고의 향유를 낸다. 마찬가지로, 해 아래 고통에 대한 최상의 치료제는 임마누엘의 고통이다. 아론의 지팡이가 다른 모든 지팡이를 삼켰듯이, 예수님의 슬픔은 우리의 슬픔을 사라지게 한다. 그리하여 우리의 땅에 의인을 위한 빛이 심기어 어두움과 사망의 그늘에 앉은 자들을 위해 빛이 솟아났다.

자, 주저 말고 통곡의 집으로 가자. 가서 '통곡의 주' 앞에 마음을 내어놓자. 그분은 이렇게 말씀하신다. "고난 당한 자는 나로다"(애 3:1).

여기서는 본문 말씀에만 집중할 것이다. 즉, 단어 하나하나에 집중하려 한다. 이에 따라 설교 내용은 '사람(a man)' '간고를 많이 겪은 자(a man of sorrows)' '질고를 아는 자(acquainted with grief)' 등 세 부분으로 나뉜다.

사람(a man)

주 예수 그리스도의 인성에 대해서는 새로울 것이 전혀 없다. 새로울 것은 없지만, 그 내용은 매우 중요하다. 따라서 다시 들어야 한다.

이것은 주일마다 울려 퍼져야 할 복음의 종소리다. 이것은 빵과 소금처럼 주님의 집에서 영적인 식사를 할 때마다 빠져서는 안 될 필수품이다. 이것은 매일 하늘에서 내려오는 만나다. 우리는 하나님 그리고 사람이신 그리스도에 대해 아무리 묵상해도 지나치지 않다.

오늘 본문에서 사람으로 불리는 이는 진정 '하나님'이시며, '사람' 곧 '간고를 많이 겪은 자'이고 동시에 "만물 위에 계셔서 세세에 찬양을 받으실 하나님"(롬 9:5)이시다. 사람들에게 멸시받고 버림받은 자는 천사들에게 흠모와 사랑의 대상이었으며, 사람들이 고개를 돌리고 경멸했던 자는 천사들에게 경배를 받으신다. 이것이 경건의 위대한 비밀이다. 하나님이 "육신으로 나타난 바" 되셨다(딤전 3:16). 하나님이시고, 태초에 하나님과 함께 계셨던 분이 육신을 입고 우리와 함께 거하셨다. 가장 존귀한 분이 몸을 낮추어 가장 미천한 자가 되셨다. 가장 위대한 분이 가장 작은 자들과 함께하셨다. 참으로 이상하고, 믿음이 아니면 이해할 수 없지만, 분명한 사실은 수가의 우물에 앉아서 "물을 좀 달라"고 했던 그분이 바로 바다를 파고 거기에 물을 채우셨던 분이라는 것이다.

마리아의 아들이여, 당신은 또한 여호와의 아들이십니다! 육신의 어미에게서 태어난 사람이여, 당신은 또한 근본 하나님이십니다. 우리는 오늘 신령과 진정으로 당신을 예배합니다!

　예수 그리스도가 하나님이심을 기억하고, 그의 인간되심 또한 참이며 사실임을 기억해야 한다. 예수님의 인성에는 죄가 없다는 면은 우리와 다르지만, 그 외에는 모든 면에서 우리와 꼭 같다.

　어떤 이들처럼 예수님은 천상의 인간이었다고 주장하는 것은 쓸데없는 짓이다. 이는 결국 다 오류다. 주님은 여자에게서 나셨고, 강보에 싸였으며, 구유에 누이셨고, 여느 갓난아이처럼 어머니의 젖을 빠셨다. 여느 사람처럼 키가 자라고, 먹고 마시며, 때론 굶주리고 갈증을 느끼며, 기뻐하고 슬퍼하셨다. 그의 몸은 만질 수 있고, 상처를 입으며, 피를 흘렸다. 그는 유령이 아니라 살과 피를 가진 사람이었다. 우리와 똑같이 잠을 자야 했고, 먹어야 했으며, 아픔을 느꼈고, 결국 죽음을 맞이해야 했던 사람이었다.

　물론 그의 몸과 우리 몸 사이에는 다른 점이 있었다. 그의 몸은 죄에 더럽혀지지 않고, 썩을 수 없었다. 그 외에 주 예수 그리스도의 몸과 혼은 우리와 꼭 같아서 "죄 있는 육신의 모양으로 보내"진(롬 8:3) 완벽한 사람이었다. 우리는 그러한 측면에서 그를 보아야 한다. 우리는 종종 주의 인간되심이 우리와는 사뭇 달랐을 것이라고 생각하는 유혹에 빠진다. 우리는 주의 인간되심은 신령해서 우리의 인간된 모습과는 다르다고 생각하기 쉽다. 이 모든 생각은 중대한 오류다. 이런 생각이 주를 높이는 것이라고 착각하지만, 그리스도는 결코 사실이 아닌 오류로 영광을 받지 않으신다.

　그는 사람이었다. 진짜 사람이었으며, 우리와 꼭 같은 사람, 인자 곧 우리의 대표, 둘째 아담이었다. "자녀들은 혈과 육에 속하였으매 그도 또한 같은 모양으로 혈과 육을 함께 지니심은 죽음을 통하여 죽음의 세력을 잡은 자 곧 마귀를 멸하시며"(히 2:14). "오히려 자기를 비워 종의 형체를 가지사 사람들과 같이 되셨고"(빌 2:7).

주 예수님은 우리의 본성을 입고 오심으로써 우리에게 가까이 다가오셨다. 그는 하나님이자 사람이셨기에, 히브리 율법에 따라 우리의 고엘(goel) 즉, 우리의 친족, 기업 무를 자가 되셨다. 율법에 의하면, 기업을 잃어 그것을 책임질 자가 없으면 가까운 친족이 그것을 속량해야 했다. 우리 주 예수님은 우리가 죄에 팔려 기업을 잃을 처지에 빠진 것을 보시고, 그의 법적 권리를 행사하셔서 우리를 속량하시고, 우리의 잃은 기업을 되찾아 주셨다.

우리에게 그러한 친족이 있다는 사실은 진정 복이다. 룻이 우연히 보아스의 밭에 이삭을 주우러 갔을 때, 보아스가 그녀의 가까운 친족이었던 것은 정말 큰 은혜의 순간이었다. 우리가 자비의 밭에 이삭을 주우러 나갔을 때, 그 땅 주인의 독생자가 바로 우리의 친족, 우리의 형제, 고난을 위해 태어난 자였다.

우리와 꼭 같은 사람이 아니라 그 어떤 다른 존재가 우리의 대속물이 되었다면, 그것은 하나님의 공의에 맞지 않는 일이다. 사람이 죄를 지으면, 사람이 하나님의 명예를 더럽힌 것에 대한 보상을 치러야 한다. 사람이 율법을 범했으면, 사람이 그것을 바로잡아야 한다. 사람이 죄를 지었으면, 사람이 형벌을 받아야 한다. 천사는 "내가 사람을 대신해 고난을 받겠습니다"라고 말할 능력이 없다. 천사의 고난은 사람의 죄를 대속하지 못한다. 그러나 사람, 비할 데 없는 사람, 사람의 대표인 사람, 친족인 사람, 오직 그만이 속량할 수 있으며, 고난을 받음으로써 깨어진 공의를 바로잡고 우리를 해방시킬 수 있다. 그 복된 이름을 찬양하라!

하나님께서는 그리스도의 인간되심이 우리의 구세주가 되기에 적합함을 보셨다. 사탄의 종이었던 당신도 예수님의 인간됨 가운데로 다가가면 그가 구세주이심을 알게 될 것이라 확신한다. 죄인이여, 당신은 완전하신 하나님 앞에 다가가는 것이 아니다. 소멸하는 불에 다가가는 것이 아니다. 많은 죄를 진 우리는 떨려서 감히 그 앞에 나아갈 수조차 없다.

그러나 여기에 당신과 하나님 사이를 중보하는 분이 계신다. 만약 하나님 앞으로 나아가려면, 그를 통해야만 한다. 그는 곧 사람이요, 그리스도이신 예수님이다. 그리스도를 거치지 않을 때의 하나님은 두려운 하나님, 거룩한 곳에 계신 하나님이다. 그는 죄인을 결코 용납하지 않으시는 분이다. 그러나 인자를 바라보라!

> 그의 손에는 천둥이 없네
> 그의 미간에는 끔찍한 공포도 없네
> 죄 많은 영혼을 지옥 불에 가둘
> 빗장도 없네

그의 손에는 축복이 가득하고, 그의 눈은 긍휼의 눈물로 촉촉하며,

그의 입술에는 사랑이 흘러넘치고, 그의 가슴은 상냥함으로 녹아내린다. 그의 옆구리에 난 상처가 보이는가? 그 상처를 통해 그의 마음에 이르는 고속도로가 나 있고, 그의 긍휼하심을 필요로 하는 사람은 그 길로 가면 된다. 아, 죄인이여! 구세주의 마음으로 가는 길은 열려 있다. 주님은 회개하고 주를 찾는 자를 거부하지 않으신다. 절망의 끝에 서 있으면서 왜 구세주께로 나아가기를 꺼려하는가? 그는 하나님의 어린 양의 성품을 가지셨다. 어린아이조차 어린 양은 무서워하지 않는다. 아무리 겁 많은 자라도 어린 양은 가까이 한다. 예수님은 수고하고 무거운 짐 진 자들에게 이렇게 말씀하셨다. "나는 마음이 온유하고 겸손하니 나의 멍에를 메고 내게 배우라 그리하면 너희 마음이 쉼을 얻으리니"(마 11:29).

당신이 슬프며 떨고 있다는 것을 잘 안다. 그러나 주님 앞에서 떨 필요가 있을까? 만약 당신이 약하다면, 그 약함은 주님의 긍휼함을 불러일으킬 것이며, 당신이 도저히 어찌할 수 없는 일을 만났다면, 주님께서 넘치는 자비로 문제를 해결해 주실 것이다. 만약 내가 병이 들어서 어디에서 치료받을지 결정해야 한다면, 분명 최고의 의술과 친절함을 겸비한 의사에게 데려가 달라고 할 것이다. 최고의 의술과 따뜻함을 겸비한 의사라면 나의 주치의로 모실 것이다. 그와 함께라면, 나는 헛되이 신음할 필요가 없을 것이다. 고칠 수 있는 병이라면, 그가 고쳐 줄 것이다.

죄인이여, 믿음으로 예수님의 십자가 아래로 나아가라. 그를 바라보고 이렇게 말하라. "복되신 의사여, 나를 위한 당신의 상처가 나를 고칠 수 있고, 나를 위한 당신의 죽음이 나를 살릴 수 있사오니 나를 굽어 살피소서! 당신은 사람이십니다. 당신은 사람의 고통을 아십니다. 도와달라고 울부짖는 자를 지옥에 떨어지도록 놔두시렵니까? 당신은 사람이시므로, 나를 구원하실 수 있습니다. 자비를 구하는 연약한 자를 절망의 나락에 내버려 두시렵니까? 당신의 공로로 구원해 달라고 울부짖는 자를 외면하시렵니까?"

죄 많은 자여, 예수님의 마음에 다다를 수 있음을 믿으라. 죄인이여, 두려워 말고 예수님께 달려가라. 그는 당신을 구원하려고 기다리고 계신다. 죄인을 품고 하나님과 화해시키는 것이 그분의 사명이다. 당신 모습 그대로 하나님 앞에 바로 나아가지 않아도 됨을 감사하라. 당신은 예수 그리스도께 나아가도록 초대받았으며, 그를 통해서 아버지께 나아갈 수 있다. 성령님께서 당신이 우리 주님의 낮아지심을 묵상하도록 이끄시기 바란다. 그러면 당신은 생명의 문, 평안의 문, 천국의 문을 찾을 것이다!

첫 번째 요지를 마치기 전에 한 가지만 덧붙이려 한다. 하나님의 자녀라면 우리는 구세주가 우리와 같은 사람이라는 사실에 위로를 받아야 한다. 그는 자기 형제처럼 되셨으며, 그리하여 자비롭고 신실한 대제사장이 되셨다. 그는 우리와 꼭 같이 시험을 받으셨기에, 시험받는 자들을 능히 도우실 수 있다(히 2:18, 4:15).

예수님의 긍휼은 예수님의 희생 다음으로 가장 소중하다. 언젠가 기독교 형제의 병상을 방문했을 때, 그가 말했다. "나는 우리 주님이 우리의 질고를 지신 것에 하나님께 감사합니다. 물론 그가 우리 죄를 지신 것이 가장 크지만, 그 다음으로는 그가 우리의 질고를 지셨다는 것에 감사합니다."

나 역시 개인적으로 동일한 간증이 있다. 극심한 고통을 느낄 때, 주의 백성이 당하는 모든 고통을 주 예수님도 몸소 느끼신다는 사실이 가장 큰 위로가 되었다. 우리는 혼자가 아니다. 인자 같은 이가 우리와 함께 풀무불 속을 거니신다(단 3:25 참고). 우리 머리 위의 검은 먹구름은 그의 머리 위에도 드리웠었다.

그는 강한 유혹이 무엇인지 아신다. 그 역시 그것을 느끼셨기 때문이다. 그 역시 비탄을 맛보셨다. 그래서 우리의 비통함은 더 이상 쓰라리지 않다.

마케도니아 병사들은 인간이 견딜 수 있는 한계 이상의 행군을 해냈다고 알려진다. 그들의 힘이 떨어지지 않을 수 있었던 비결은 알렉산더가 그들 곁에 함께했기 때문이다. 알렉산더 왕은 군사들과 함께 지친 몸을 이끌고 행군했다. 만약 그가 페르시아 군주처럼 편하게 가마를 타고 이동했다면, 병사들은 이내 지쳐 버렸을 것이다. 그러나 그들은 왕이 자신들과 함께 굶주리고 목마르며, 때론 한 잔의 물을 지친 병사에게 양보하는 모습을 보았기에, 결코 불평할 수 없었다. 모든 마케도니아 병사들은 만약 알렉산더가 견딜 수 있다면 자기도 할 수 있다고 느꼈다.

오늘 우리가 가난과 비방과 모욕과 육체의 고통을 견딜 수 있음은 우리 주 예수 그리스도께서 먼저 그것을 다 당하셨기 때문이다. 그가 수치를 당하셨기에, 그를 위해 기쁘게 멸시를 당할 수 있고, 그가 얼굴에 침 뱉음을 당하셨기에, 그를 위해 기꺼이 조롱당할 수 있다. 그가 채찍에 맞으셨기에, 그를 위해 명예롭게 모욕당할 수 있다. 그가 십자가를 지셨기에, 소중한 주님을 위해 목숨을 버리는 것은 곧 생명을 얻는 것이다!

간고를 많이 겪은 자가 우리에게 나타나셨고, 그분은 우리가 우리의 질고를 기쁘게 질 수 있게 되기를 바라신다. 참된 위로는 십자가에 못 박히신 그분과 함께하는 것이다. "또 그 사람은 광풍을 피하는 곳, 폭우를 가리는 곳 같을 것이며 마른 땅에 냇물 같을 것이며 곤비한 땅에 큰 바위 그늘 같으리니"(사 32:2).

이제 다음 구절의 말씀을 살펴보자.

간고를 많이 겪은 자(a man of sorrows)

이 표현에는 강조의 의미가 담겨 있다. 예수님은 '고통스러운 사람(a sorrowful man)'이 아니라 '고통을 많이 겪은 사람(a man of sorrows)'이다. 마치 그는 간고로 만들어졌으며, 간고가 그 존재의 구성 요소인 것처럼 말하고 있다. 어떤 이는 쾌락의 사람이며, 어떤 이는 부의 사람이지만, 그는 '간고의 사람'이다. 그와 고통은 거의 동의어와 같다. 우리는 그를 볼 때 고통을 보며, 고통을 겪는 자는 또한 그를 바라본다. 그가 말한다. "지나가는 모든 사람들이여 너희에게는 관계가 없는가 나의 고통과 같은 고통이 있는가 볼지어다"(애 1:12).

우리 주님은 '간고를 많이 겪은 자'로 불린다. 왜냐하면 이것이 그의 특별한 징표이기 때문이다. 그는 '거룩의 사람'으로 불릴 수도 있다. 그에게는 아무런 흠이 없기 때문이다. 그는 '수고의 사람'으로 불릴 수도 있다. 아버지의 일을 열심히 하셨기 때문이다. '달변의 사람'이기도 하다. 그처럼 언변에 능한 사람은 일찍이 없었기 때문이다. 또는 찬송가 가사처럼 그를 '사랑의 사람'으로 부를 수도 있다. 그의 마음속에서 빛나는 사랑보다 더 큰 사랑은 일찍이 없었다. 그러나 이 모든 수식어보다 더 놀라운 그만의 특징은 그의 고통이다.

그의 인격의 다양한 면들은 서로 조화를 이루어서 어느 하나가 두드러져 보이지 않는다. 그의 성품을 초상화로 그린다면, 눈이 완벽하다. 또한 입 역시 그러하다. 뺨에는 향료가 깔려 있고, 입술은 백합화 같아서 향긋한 몰약이 뚝뚝 떨어진다. 베드로의 경우에는 때때로 열정이 지나쳐서 건방져 보였다. 요한의 경우에는 주에 대한 사랑이 지나쳐서 원수의 머리 위로 하늘에서 불이 떨어져 내리길 바라기도 했다. 예수님을 제외한 모든 사람에게는 부족함이나 지나침이 있다. 그러나 그는 완벽한 사람, 온전한 사람, 이스라엘의 거룩한 자이시다.

그러나 그에게 유별한 특징이 있었다. 그의 얼굴과 외모는 너무나 상하여서 사람처럼 보이지 않을 정도였다. 끊임없이 그의 영혼을 짓누른 과도한 고통 때문이었다. 눈물이 그의 휘장이요, 십자가가 그의 상징이었다. 주님은 백마 탄 기사가 아니라 검은 갑옷을 입은 전사이셨다. 그는 비통의 주, 고통의 왕, 고난의 황제였으며, "간고를 많이 겪었으며 질고를 아는 자"이셨다.

> 아! 간고의 왕!(괴이한 칭호이지만, 당신에게만은 참된 칭호입니다)
> 아! 상처의 왕! 내가 어떻게 주를 슬퍼하리오
> 모든 간고 가운데서 나를 막으시네

우리 주님에게 '간고를 많이 겪은 자'라는 칭호가 참으로 어울리지 않는가? 그는 단지 고통스러운 자가 아니라, 가장 탁월하게 고통을 겪은 분이다. 사람이라면 누구나 짐을 지고 있다. 그러나 주님의 짐이 가장 무겁다. 고통으로부터 완전히 자유로운 자가 한 사람이라도 있는가? 온 세상을 다 뒤져 보라. 어디에나 가시와 엉겅퀴가 있고, 이는 여인에게서 난 모든 자를 상하게 한다. 존귀한 곳에도 고통이 있으니, 왕비도 왕을 위해 눈물을 흘린다. 아무런 걱정이 없을 것 같은 낡은 오두막집에도, 가난과 압제로 말미암은 뜨거운 눈물이 있다. 햇볕이 화창한 꽃밭에도 뱀이 기어 다닌다. 비옥한 땅에도 좋은 약초와 독초가 함께 자란다. 세상 어느 곳에서나 남자는 고되게 일하고 여자는 눈물을 흘린다. 바다에도 질고가 있고, 땅에도 슬픔이 있다. 그러나 이 땅의 "많은 형제 중에서 맏아들"(롬 8:29)에게는 두 배 이상의 몫이 있다. 다른 모든 형제에 비해, 그의 잔은 더욱 쓰고, 그의 세례는 더욱 깊다.

평범하게 고통받는 자들은 그에게 자리를 양보해야 한다. 누구도 그처럼 고통받는 사람은 없다. 평범하게 우는 자들은 자기 옷을 찢는 것으로 끝낼지 모르지만, 그는 스스로 고난 가운데 찢김이 되셨다. 사람들은 슬픔의 대접을 홀짝거리지만, 주님은 그것을 다 마셔 버리셨다. 주님은 말을 가장 잘 듣는 아들이었지만, 하나님께 가장 많이 맞고 곤욕을 당하였다. 그 어떤 고통 가운데 있는 자도 핏방울을 땀처럼 흘리지 않았으며, 고뇌 속에서 이렇게 울부짖지 않았다. "나의 하나님, 나의 하나님 어찌하여 나를 버리셨나이까"(막 15:34).

주님의 고통이 유독 클 수밖에 없는 이유는 그의 고통에는 죄가 섞여 있지 않기 때문이다. 죄에는 고통이 따른다. 그런데 죄는 영혼을 무디고 무감각하게 만들기 때문에 고통의 날 역시 무디게 한다. 우리는 예수님처럼 죄에 놀라지 않는다. 우리는 죄인의 멸망을 보고 예수님처럼 몸서리치지 않는다. 예수님은 본성이 완벽하시니 죄가 없으시며, 그에게는 본래 고통이 없었다. 그러나 그는 마치 바람에 떠밀려 바다로 나간 육지의 새와 같았다. 강도에게는 감옥이 집이며, 감옥 밥이 그의 입맛에는 딱 맞다. 하지만 죄 없는 자에게는 감옥이 고통이며, 감옥의 모든 것이 괴이하고 낯설다. 우리 주님의 순결한 본성은 죄에 대해서 각별히 예민하였다.

타락한 우리는 그러한 감각을 잃어버렸지만, 우리도 성화될수록 죄의 고통을 크게 느낀다. 예수님은 완전하셨기에, 모든 죄가 그를 고통으로 내몰았다. 이 땅에는 죄악의 소굴에서도 너끈히 잘 사는 자들이 많을 것이다. 신성 모독도 아랑곳하지 않고, 탐욕도 마다하지 않으며, 강도와 살인에도 무감각해졌다. 그러나 우리에게는 그러한 죄악에 한 시간 노출되는 것이 지독한 형벌로 다가온다. 예수님의 이름이 모독을 당하는 것이 우리에게는 최악의 고문이다. 후안무치한 악행을 듣는 것만으로도 우리는 공포의 전율을 느낀다. 다윗은 극도의 고통 속에서 이렇게 울부짖었다. "내 영혼을 죄인과 함께, 내 생명을 살인자와 함께 거두지 마소서"(시 26:9). 그러니 완벽한 예수님은 눈앞에 펼쳐진 죄를 보고 얼마나 고통이 크셨겠는가!

우리의 손은 고난으로 무디어지고, 우리의 마음은 죄로 무디어진다. 그러나 우리 주님은 그의 몸 전체가 벌어진 상처와 같았다. 그는 사소한 죄 하나하나에도 극도로 민감하셨다. 우리는 무감각의 옷을 입었기에 가시 덩굴도 지나갈 수 있다. 그러나 발가벗긴 채, 가시밭으로 내몰린 사람을 생각해 보라. 우리 주님이 그러하셨다. 그의 도덕성은 너무나 민감했다. 그는 우리가 보지 못하는 죄를 볼 수 있었고, 우리는 느끼지 못하는 그 가증스러움을 느끼셨다. 따라서 그를 고통스럽게 만드는 것이 더욱 많았고, 또한 그는 누구보다 더 고통을 느낄 수 있었다.

그에게는 죄의 악독에 대한 고통스러운 예민함이 있었고, 동시에 남의 고통에 대한 자애로운 연민이 있었다. 만약 우리가 이 자리에 모인 사람들의 모든 고통을 맛본다면, 아마도 우리는 세상에서 가장 비참한 사람이 될 것이다. 여기에는 가슴 아픈 이들도 있다. 그 사연을 들노라면 우리 가슴은 비통함으로 가득할 것이다. 여기에는 가난한 이들도 있다. 아픈 사람들도 있으며, 사랑하는 사람을 잃은 이들도 있다. 고민하는 자들도 있다. 또한 죽어 무덤에 묻히고 (아, 더욱 슬프게도)지옥으로 내려가는 자들도 있다. 그러나 우리는 어느새 이 모든 것에 익숙해지고, 더 이상 크게 영향을 받지 않으며, 점차 무감각해진다. 그러나 우리 구주는 언제나 다른 사람의 고통에 공감하셨다. 왜냐하면 그의 사랑은 언제나 차고 넘쳤기 때문이다. 모든 사람의 고통이 그의 고통이었다. 그의 마음은 너무나 컸기에, 그가 '간고를 많이 겪은 자'가 된 것은 불가피한 일이었다.

이 외에도 우리 구세주는 죄와 특별한 관계가 있다. 그는 죄를 보고 고통을 당하며, 죄가 사람에게 미치는 영향에 대해서 슬퍼하셨을 뿐 아니라, 실제로 죄를 짊어지셨다. 그는 범죄자 중 하나로 헤아림을 받으셨다. 그리하여 그는 하나님의 공의가 요구하는 끔찍한 형벌을 받으셨다. 그는 측량할 수 없는 고통을 받아내셨다. 그는 하나님의 능력을 힘입어 고난을 받으셨다. 사람은 도저히 감당할 수 없는 고난이었다. 사람은 경험해 보지 못한 하나님의 진노가 그의 위에 쏟아졌다. "여호와께서 그에게 상함을 받게 하시기를 원하사 질고를 당하게 하셨은즉"(사 53:10).

이 사람을 보라. 그처럼 고통을 당한 사람은 결코 없다.

우리 주님이 '간고를 많이 겪은 자'라고 불리는 이유는 또한 그의 고난이 끊임없이 계속되었기 때문이다. 그는 처소를 이리저리 옮겼지만, 그의 자리에는 언제나 고통이 서려 있었다. 그는 고통의 강보에 싸였고, 고통의 수의를 입었다. 그는 마구간에서 태어나셨고, 고통이 그를 받아냈다. 십자가 위에서 마지막 숨을 내쉬고 나서야 비로소 고통이 그를 떠났다. 그의 제자들은 그를 버렸지만, 고통은 그의 곁을 떠나지 않았다. 그의 곁에 아무도 없을 때조차, 고통은 그와 함께했다. 요단강의 세례부터 죽음의 고통 속 세례까지, 그는 언제나 검게 물들인 옷을 입은 '간고를 많이 겪은 자'였다.

또한 그는 다양한 종류의 고난을 당하였기에, '고통을 많이 겪은 사람'이었다. 그는 한 가지 고통의 사람이 아니라, 많은 고통의 사람이었다. 그는 몸과 영혼의 온갖 고통을 맛보았다. 순종하려고 몸부림치는 자들의 고통도 맛보았으며, 묵묵히 고통을 감내하는 자들의 고통도 당하셨다. 그는 이스라엘의 왕이었기에, 높은 사람들의 고통을 아셨다. 그는 머리 둘 곳도 없었기에(마 8:20), 가난한 자들의 고통을 아셨다. 상대적인 고통과 개인적인 고통, 심리적 고통과 영적 고통, 온갖 종류와 정도의 고통을 그는 다 맛보셨다. 고난은 그 모든 화살을 그에게 쏟아부었고, 그의 심장은 이 세상 모든 비통의 표적이 되었다.

그가 받은 고난들에 대해서 잠시만 생각해 보자.

우리 주님은 가난에 대한 고통을 많이 겪은 자였다. 아무리 가난한 자도 그처럼 절망적이진 않다. 그는 머리 둘 곳이 없었지만, 우리에게는 허름한 지붕이라도 있다. 우리에게는 마실 물이 있지만, 그는 수가의 우물가에 앉아서 말씀하셨다. "물을 좀 달라"(요 4:7). 성경은 적어도 한 번 이상 그가 굶주렸다고 기록한다. 그는 지나치게 일하였기에 늘 피곤하셨으며, 한 번은 제자들이 주무시는 그를 '그대로' 배로 모셔야 했다. 그는 너무나 지쳐서 직접 배에 오를 수 없었기에, 제자들이 그를 모셔서 키 가까운 곳에 눕히고 주무시게 했다. 그러나 그는 오래 주무실 수도 없었다. 왜냐하면 제자들이 그를 깨웠기 때문이다. "선생님이여 우리가 죽게 된 것을 돌보지 아니하시나이까"(막 4:36-38). 그의 삶은 고단했으며, 이 땅에는 그 삶의 무게를 덜어 줄 만한 것이 하나도 없었다.

초상을 치르고 애곡하는 자들, 죽은 자를 슬퍼하는 자들은 기억하라. 우리 주님은 그 가슴 찢기는 비통함을 몸소 체험하셨다. 나사로의 무덤가에 선 예수님은 우셨다(요 11:35).

그의 고통 중에 가장 쓰라린 경험은 그의 사역과 관련된 것일지도 모른다. 그는 하나님이 보낸 메시아였으며, 사랑의 대사였다. 그러나 사람들은 주님의 말을 배척했다. 주께서 자신의 고향에 가서 자기가 누구인지를 선포하셨을 때, 그들은 주님을 절벽 아래로 밀어 버리려 했다(눅 4:28-29). 하나님의 사랑에 무관심하고, 감사할 줄 모르는 사람들에게 다가가는 것은 고역이었다. 그들은 예수님을 거부하였을 뿐 아니라 조롱했다. 그들은 이 세상에 존재하는 모든 경멸을 주님께 쏟아부었다. 경멸만이 아니었다. 그들은 주를 비방했고, 거짓으로 매도했으며, 신성을 모독했다. 그들은 주님이 술에 취했다고 비난했다(눅 7:34). 천사들아, 이 말을 듣고 경악하라! 복된 생명의 주님을 술주정뱅이로 치부하다니! 그들은 주님이 바알세불과 결탁하였으며, 귀신이 들려 미쳤다고 주장했다(요 10:20). 그러나 그는 마귀의 일을 멸하려고 이 땅에 오셨다!(요일 3:8). 그들은 그들의 악독함이 생각해 낼 수 있는 모든 죄목으로 그를 고발했다.

그들은 주님께서 하신 모든 말씀을 왜곡했고, 주께서 가르치신 교훈을 곡해했다. 그들은 주님의 말을 꼬투리 잡아 그를 반대했다. 그러나 주님은 언제나 그들의 안녕을 위하셨다. 주님께서 그들의 죄악을 꾸짖은 것은 그들의 영혼을 불쌍히 여기셨기 때문이다. 주님께서 그들을 정죄하신 것은 죄가 그들을 파괴할 것이기 때문이었다. 그는 죄를 미워하였지만, 사람의 영혼을 사랑했다. 이토록 남을 사랑하고도, 오히려 그들로부터 경멸적인 대우를 받은 사람이 있었던가?

주님의 삶이 지속될수록 그 고통은 증폭되었다. 주님은 설교하셨지만, 사람들의 마음은 굳었고, 그의 말을 믿지 않았다. "그들의 마음이 완악함을 탄식하사"(막 3:5). 주님은 선한 일을 행하셨지만(행 10:38), 사람들은 돌을 들어 그를 치려고 했다. 그들은 주님의 몸을 상하게 할 수 없자, 대신 그의 마음을 돌로 쳤다.

주님은 그들에게 간청했고, 자신의 사랑을 분명하게 선언하셨지만, 그들은 주님을 증오하고 미워했다. 무시당한 사랑에는 쓰라린 고통이 따른다. 사람이 은혜를 몰라보고, 자기의 구원을 거부하였기에, 그 사랑은 몹시 슬퍼하셨다.

주님의 고통은 사람이 주님을 상하게 한 것이 아니라, 그들이 스스로를 파괴하는 것이었다. 이것이 그의 영혼을 슬프게 했고, 그의 눈에 눈물이 쏟아지게 했다. "예루살렘아 예루살렘아 선지자들을 죽이고 네게 파송된 자들을 돌로 치는 자여 암탉이 그 새끼를 날개 아래에 모음 같이 내가 네 자녀를 모으려 한 일이 몇 번이더냐 그러나 너희가 원하지 아니하였도다"(마 23:37). 주님께서 우신 것은 자기의 수치 때문이 아니라 그들이 주님의 은혜를 거부했기 때문이다. 이것이 주님께서 감내하신 고통들이다.

물론 그는 그의 곁에 있던 몇몇 자들에게 약간의 위로를 받았다. 그러나 그들 때문에 받은 위로 못지않게 고통받아야 했다. 그들은 미련한 학생이요, 더디 배웠다. 그들은 배운 것을 곧 잊어버렸다. 간혹 기억한 것은 실천에 옮기지 않았다. 그리고 한 번 실천했던 것도 다음 번에는 내던졌다. 그들은 간고를 많이 겪은 자를 전혀 위로하지 못했다. 그는 외로웠다. 그는 제자들과 함께 있을 때조차 외로웠다. 주님은 언젠가 이렇게 말씀하시기도 했다. "너희가 나와 함께 한 시간도 이렇게 깨어 있을 수 없더냐"(마 26:40). 주님은 그들과 함께했던 모든 시간에 대해 그렇게 말씀하실 수 있었다. 왜냐하면 그들이 전심을 다해 주님의 고통에 공감하였다 할지라도, 그의 고통 속으로 들어갈 수는 없었기 때문이다.

어린 자녀를 많이 거느린 아버지는 자녀들에게 자기의 고통에 대해 말하지 못한다. 말한다 할지라도, 자녀들은 그를 이해하지 못할 것이다. 아이들이 그의 사업 내역이나 막대한 손실에 대해 무엇을 알겠는가? 불쌍한 어린 것들을 두고 아버지는 자식들의 연민을 바라지 않는다. 그는 아이들이 장난감을 가지고 즐겁게 노는 모습을 흐뭇하게 바라보며, 자기의 극심한 고통 때문에 아이들의 웃음소리가 끊어지길 바라지 않는다.

우리의 위대한 구세주는 반드시 홀로 고통당하셔야 한다. 산에 홀로 계시던 그리스도의 모습은 이 땅에서의 그의 삶을 상징적으로 보여 준다. 그의 위대한 영혼은 숭고하면서도 끔찍한 고독 속에서 사셨다. 깊은 밤 고민 속에서 그의 영혼은 아버지와 교감하였고, 사람은 그 어느 누구도 그의 고뇌에 함께할 수 없었다. 그는 평생의 전투 속에서 이렇게 고백하셨을 것이다. "만민 가운데 나와 함께 한 자가 없이"(사 63:3). 결국 실제로 그렇게 되었다. 모두 그를 버렸다(막 14:50). 어떤 이는 그를 부인했고, 또 다른 이는 그를 배반했으며, 결국 "홀로 포도즙틀을 밟았"다(사 63:3).

마지막으로, 고통의 최고봉이 그를 찾아왔다. 그는 하나님의 징벌을 받았으며, 우리의 평화를 위해 징계를 받으셨다. 그는 겟세마네 동산에서 유대인의 관리 이전에 하나님의 관리에게 체포당했다. 그는 땅에 무릎을 꿇고 땀이 핏방울처럼 되기까지 고민하고 슬퍼하셨으며, 그 "마음이 매우 고민하여 죽게" 될 지경에 이르렀다(마 26:38). 그 후 주님은 이 감옥에서 저 감옥으로 옮겨졌으며, 각 재판정에서 모욕과 핍박을 당하셨다. 그들은 주님을 헤롯과 빌라도에게로 끌고 갔고, 채찍질로 그를 거의 죽음으로 몰아넣었으며, 다시 그를 끌어내어 "보라 이 사람이로다"(요 19:5)라고 외쳤다. 그러나 그것으로 그들의 악독은 만족하지 않았다. 더 해야 했다. 그들은 주님을 십자가에 못 박고 조롱했다. 그의 입은 열기로 타들어 갔고, 그의 온 몸은 먼지처럼 녹아내리는 것만 같았다.

그는 "내가 목마르다"라고 부르짖으셨고(28절), 사람들은 신 포도주로 그를 능멸했다. 그 이후 이야기는 모두 잘 알 것이다. 하나님의 손이 그를 상하게 했고, 공의의 쇠막대기가 그를 내려쳤지만, 가장 아픈 채찍질과 가장 큰 고통은 내면에 있었다.

그는 과연 '간고를 많이 겪은 자'였다! 이 주제에 대해서는 마치 혀가 묶인 것처럼 제대로 입을 열 수가 없다. 이 주제에 대해서는 적절한 말들을 찾을 수가 없다. 어떤 최상의 표현이라 할지라도 주의 고난을 돋보이게 하기보다는 오히려 빛을 가릴 것이다.

그저 십자가를 바라보라! 아무런 장식도 필요 없다. 만약 내게 최상의 화관이 있다면, 기꺼이 그 위에 둘 것이다. 화관의 꽃들이 모두 최상의 보석들이라 해도, 십자가에 둘 것이다. 그러나 내게는 그 어느 것도 없기에, 나는 오직 십자가 그 자체로 즐거워한다. 주님의 십자가는 인간의 언어로 치장할 필요가 전혀 없다.

피 흘리는 구주를 바라보자. 그를 바라보자. '간고를 많이 겪은 자' 안에서 나의 주님과 하나님을 찾자.

이제 마지막 요지를 살펴보겠다.

질고를 아는 자(acquainted with grief)

그는 질고와 아주 가까운 사이였다. 그는 다른 사람의 질고를 잘 아셨을 뿐 아니라, 그 스스로가 질고를 잘 아셨다. 우리는 질고에 대해서 읽고 공감하며 때때로 느끼기도 한다. 그러나 주님은 그 누구보다 온 영혼으로 격렬하게 질고를 느끼셨다. 그는 누구보다 이를 잘 아셨다. 그는 위로조차 거절하는 마음의 상처를 아셨다. 그는 질고의 식탁에 앉아, 질고의 검은 빵을 먹었으며, 질고의 초에 빵 조각을 찍었다. 그는 마라의 물에 거하셨으며(출 15:23), 그 쓴 맛을 잘 아셨다. 그와 질고는 오랜 친구였다. 그는 어쩌다가 질고의 집에 들른 것이 아니었다. 그는 가끔 쑥과 담즙을 마신 것이 아니었다. 그의 손에는 늘 콰시아[86] 잔이 들려 있었고, 그의 빵에는 언제나 재가 섞여 있었다. 그는 광야에서 지낸 40일만 금식하신 것이 아니었다. 이 세상이 그에게는 광야였고, 그의 삶이 곧 사순절이었다.

그가 행복한 사람이 아니었다고 말하는 것이 아니다. 그의 영혼 깊은 곳에서는 언제나 기쁨이 샘솟았다. 언젠가 우리 모두가 들어갈 기쁨이 있다. "여호와로 인하여 기뻐하는 것"(느 8:10). "그는 그 앞에 있는 기쁨을 위하여 십자가를 참으사 부끄러움을 개의치 아니하시더니"(히 12:2). 그렇다고 해서 그가 이 세상 그 누구보다 질고를 깊고도 오래 아셨다는 사실이 바뀌는 것은 아니다.

그는 질고를 점점 더 알아갔으며, 한 걸음 더 가까워질 때마다 더 깊은 질고를 경험하셨다. 그리스도의 가르침과 삶에 진전이 있듯, 그의 고난도 그러하다. 폭풍은 점점 더 거세졌다. 그의 태양은 구름 속에서 솟았다가, 칠흑의 공포 속으로 졌다. 그리고 일순간 구름이 갈라졌으며, 큰 목소리가 울려 퍼졌다. "다 이루었다." 모두가 영원히 계속될 밤을 예상했을 때, 영광스러운 아침이 밝아 왔다.

그리스도가 질고를 아셨던 것은 우리를 위해 자발적으로 하신 일임을 기억하라. 그는 질고를 알아야 할 이유가 전혀 없으셨고, 마음만 먹으면 언제라도 질고에게 안녕을 고할 수 있었다. 그는 순식간에 천국의 보좌로 돌아갈 수 있었으며, 이 땅에서도 인간의 고난에 대해 무관심하게 살 수 있었다. 그러나 그는 그렇게 하지 않으셨다.

주님은 끝까지 머무르셨고, 끝까지 우리를 사랑하시어 질고를 경험하셨다.

어떻게 결론을 내려야 할까? 예수님의 놀라운 사랑에 경의를 표하자. 아, 사랑, 사랑이여, 당신이 하신 일! 당신이 하지 않으신 일! 고통을 받는 일에 능하셨던 주님! 우리는 아픔을 잘 견디지 못한다. 비방과 오해와 배신은 더욱 견디기 힘들다. 이들은 불처럼 쏘는 끔찍한 말벌같다. 악독한 혀가 꾸며낸 잔인한 추문은 사람을 미치게 만든다.

그리스도는 평생 이러한 고난을 당하셨다. 그를 사랑하자. 그가 어떠한 사랑으로 우리를 사랑하셨는지 생각하자. 오늘 주의 성만찬 앞으로 나오기 전, 나의 영혼을 그리스도의 사랑으로 적시겠는가? 스펀지처럼 그의 사랑 안에 나의 영혼을 푹 담가 두라. 예수님의 사랑을 나의 온몸으로 받아들이라. 그리고 성만찬에서 그의 죽음과 사랑의 징표를 취할 때, 주님의 사랑이 다시 흘러나오게 하라. 주님의 사랑의 능력에 경의를 표하라. 그와 같은 능력 있는 사랑을 갖게 해 달라고 기도하라.

주 석

1) Charles H. Spurgeon, *The Metropolitan Tabernacle Pulpit*, 63 vols.(Passmore & Alabaster, 1893), 39:22.
2) Jerome, *Biblia Sacra: Iuxta Vulatam Versionem*, ed. Robert Weber, 2 vols.(Deutsche Bibelgesellschaft, 1975), 2:1096.
3) David L. Petersen, *The Prophetic Literature: An Introduction* (Westminster John Knox, 2002), 48.
4) 마태복음 13장 14-15절은 이사야 6장 9-10절의 인용이며, 마태복음 15장 8-9절은 이사야 29장 13절의 인용이다. 두 인용문 모두 선지자 이사야의 글임을 분명히 밝힌다. 마태 역시 반복적으로 이사야서를 인용한다(마 3:3은 사 40:3-5를 인용. 마 4:15-16은 사 9:1-2를 인용. 마 8:17은 사 53:4-5를 인용. 마 12:18-21은 사 42:1-4를 인용). 각 경우마다 마태는 "선지자 이사야를 통하여 말씀하신"이란 표현을 잊지 않는다. 요한복음에는 이사야 53장 1절과 6장 9-10절을 인용하는 짧은 구절이 나온다(요 12:38-41). 진보적 비평가들은 예외 없이 이사야의 이 두 구절을 각기 다른 저자가 썼다고 주장하겠지만, 요한은 이들 모두가 '선지자 이사야'의 글이라고 말한다.
5) Gleason Archer, *A Survey of Old Testament Introduction*, rev. ed.(Moody, 2007), 29.
6) Geoffrey W. Grogan, "Isaiah", in *The Expositor's Bible Commentary*, Frank E. Gaebelein, ed., 12 vols.(Zondervan, 1986), 6:305.
7) Charles Spurgeon, *The Metropolitan Tabernacle Pulpit*, 63 vols.(Passmore & Alabaster, 1903), 49:189.
8) Talmud Bavli, tractate Sanhedrin 98b. 이 번역은 다음의 책에 인용되어 있다. Yehoiakin ben Ya'ocov, *Concepts of Messiah: A Study of the Messianic Concept of Islam, Judaism, Messianic Judaism, and Christianity* (Westbow, 2012), 34.
9) Eleazar ben Kalir가 지은 것으로 추정. "이논"은 메시아의 랍비식 이름. David Baron, *The Servant of Jehovah: The Suffering of the Messiah and the Glory That Should Follow* (Marshall, Morgan & Scott, 1922), 14.
10) Mosheh El-Sheikh(보통 Moses Alshech로 불림), in *The Fifty-third Chapter of Isaiah According to the Jewish Interpreters*, trans. A. R. Driver and A. Neubauer(Parker, 1877), 258.
11) 다니엘이 말한 일흔 이레가 예수님의 예루살렘 입성 날짜를 가리키는 것에 대한 자세한 설

명은 다음을 참조. Harold Hoehner, *Chronological Aspects of the Life of Christ* (Zondervan, 1977), 139.
12) John Calvin, *The Gospel According to Isaiah*, trans. Leroy Nixon(Eerdmans, 1953).
13) Carl Friedrich Keil · Franz Delitzsch, *Biblical Commentary on the Prophecies of Isaiah*, 2 vols.(T&T Clark, 1873), 2:303.
14) Charles Simeon, *Harae Homileticae*, 21 vols.(Holdsworth and Ball, 1832), 8:353.
15) Jaroslav Pelikan, ed., *Luther's Works: Lectures on Isaiah: Chapters 40-66* (Concordia, 1972), 216.
16) Geoffrey W. Grogan, *Isaiah*, Expositir's Bible Commentary, ed. Tremper Longman III · David E. Garland, 13 vols.(Zondervan, 2008), 6:798.
17) Herodotus, *Histories*, 3.159.
18) Frederic William Farrar, *The Sweet Story of Jesus: The Life of Christ* (Commonwealth, 1891), 619. 십자가형에 대한 의학적 고찰은 다음을 보라. William D. Edwards · Wesley J. Gabel · Floyd E. Hosmer, "On the Physical Death of Jesus Christ", *Journal of the American Medical Association* 225(march 21, 1986): 1455-63.
19) Robert Lowth, *Isaiah: A New Translation with a Preliminary Dissertation and Notes* (Thomas Tegg & Son, 1837), 363.1
20) Charles Spurgeon, *The Metropolitan Tabernacle Pulpit* (Passmore & Alabaster, 1872), 18:565.
21) Emil Schurer, *A History of the Jewish People in the Time of Jesus Christ* (T&T Chark, 1896), 2:154.
22) 앞의 책.
23) 앞의 책, 156.
24) 앞의 책, 158.
25) 앞의 책, 160.
26) 앞의 책, 161.
27) 앞의 책, 164.
28) 앞의 책, 165.
29) 앞의 책, 168.
30) 앞의 책, 169.
31) 앞의 책, 170.
32) 앞의 책, 172.
33) 앞의 책, 177.
34) David Gooding, *According to Luke* (Eerdmans, 1987), 351.
35) 고고학자들은 이 촌의 위치를 진작 알고 있었으며, 오랜 시간에 걸쳐 1세기의 도자기 파편, 돌무덤, 수조, 창고 구덩이, 방어 진지(기원후 67년 유대인 반란시에 피난처로 쓰였을 것으로 추정) 등이 발견되었다. 2009년에 고고학자들이 1세기의 주거 유적을 발견했으며, 이는 그리스도 시대의 것으로 추정되는 첫 주거지다.
36) 예를 들어 탈무드는 이렇게 주장한다. "나사렛 예수가 교수형을 당한 이유는 그가 마술을 행

하고 이스라엘을 우상 숭배로 이끌었기 때문이다"(Sanhedrin 43a). 예수님은 여관 주인의 아내에게 지나친 관심을 보였고 우상을 숭배했다(물고기 숭배). 그는 여관 주인의 아내가 눈을 가늘게 떴다고 지적했다(Sanhedrin 107b). 그의 어머니는 부정한 여자였다(Sanhedrin 67a). 이는 바리새인의 주장을 연상시킨다. 그들은 마태복음 12장 24절에서 이렇게 말했다. "이가 귀신의 왕 바알세불을 힘입지 않고는 귀신을 쫓아내지 못하느니라." 그들은 예수님이 흑마술을 이용해서 기적을 일으킨다고 주장했다. 또한 예수님이 사탄에 사로잡혔다고 주장했으며(막 3:22), 그를 "바알세불"(마 10:25)이라고 부르기도 했다. 바리새인은 예수님의 부모에 대해서도 의문을 품었다. 요한복음에서 그들은 이렇게 말했다. "우리가 음란한 데서 나지 아니하였고"(요 8:41). "우리가 너를 사마리아 사람이라 또는 귀신이 들렸다 하는 말이 옳지 아니하냐"(요 8:48). 이는 예수님이 합법적인 결혼을 통해 태어난 것이 아니라고 주장하는 것 같다. 그러나 탈무드 전통은 예수님이 다윗의 후손임을 부정하지는 않는다. 이는 1부 6장에서 언급한 바와 같다(≪The Ancient Scriptures and the Modern Jew≫).

37) Charles Spurgeon, *The Metropolitan Tabernacle Pulpit*, 63 vols.(Passmore & Alabaster, 1879), 25:422.
38) 반대로, "아들에게 순종하지 아니하는 자는 영생을 보지 못하고 도리어 하나님의 진노가 그 위에 머물러 있느니라"(요 3:36).
39) 죄는 여전히 사람을 지배하려 한다(롬 7:17-24). 우리는 죽기까지 죄와 싸워야 한다(8:13을 보라). 거듭난 사람은 더 이상 불신자처럼 악에 종노릇하지 아니한다(죄의 종이 되지 않는다). 믿는 자는 이 말씀을 확신해야 한다. "죄가 너희를 주장하지 못하리니 이는 너희가 법 아래에 있지 아니하고 은혜 아래에 있음이라"(롬 6:14).
40) 물론 예외도 있다. "그런즉 어떠하냐 이스라엘이 구하는 그것을 얻지 못하고 오직 택하심을 입은 자가 얻었고 그 남은 자들은 우둔하여졌느니라"(롬 11:7). 수만의 유대인이 예수님이 메시아임을 믿는다. 그러나 전 세계 1,600만 유대인에 비해서는 적은 숫자다.
41) http://www.aish.com/jw/s/48892792.html.
42) Duane F. Lindsey, "The Career of the Servant in Isaiah 52:13 - 53:12", *Bibliotheca Sacra* 140, no. 557(Jan - Mar 1983): 24.
43) W. Phillip Keller, *A Shepherd Looks at Psalm 23* (Zondervan, 1970), 19(한국어판 필립 켈러, 《양과 목자》, 김만풍 역, 생명의말씀사, 2008).
44) 앞의 책, 55.
45) Edward J. Young, *The Book of Isaiah*, 3 vols.(Eerdmans, 1972), 3:350.
46) Charles Simeon, *Horae Homileticae*, 21 vols.(Holdsworth and Ball, 1832), 8:370.
47) J. Alec Motyer, *The Prophecy of Isaiah* (InterVarsity Press, 1993), 433.
48) 그리스도께서 받으신 재판의 불의에 대해서 더 알고 싶다면 존 맥아더의 다음 책을 보라. *The Murder of Jesus* (word, 2000).
49) M. Dupin, "The Trial of Jesus Before Caiaphas and Pilate", cited in Simon Greenleaf, *An Examination of the Testimony of the Four Evangelists by the Rules of Evidence Administered in Courts of Justice* (A. Maxwell & Son, 1847), 887-90.
50) David Baron, *The Servant of Jehovah: The Suffering of the Messiah and the Glory that Should Follow* (Marshall, Morgan & Scott, 1922), 105-6.

51) David Baron, *The Ancient Scriptures and the Modern Jew* (Hodder & Strouhton, 1901), 18.
52) 앞의 책.
53) Peter Manseau, "Missionary Yiddish", January 22, 2009(http://jewcy.com/jewish-religion-and-beliefs/missionary_Yiddish).
54) John Calvin, *The Gospel According to Isaiah*, trans Leroy Nixon(Eerdmans, 1953), 14.
55) 누가는 이 두 제자(하나의 이름은 글로바, 다른 하나는 무명)가 "그인 줄 알아보지 못하거늘"이라고 기술한다(눅 24:16). 이는 하나님이 주권적으로 그들이 알아보지 못하게 하였음을 의미한다(31절 비교). 문자적으로 그들의 눈을 가렸다기보다는 그들이 슬픔과 혼란 때문에 그를 알아보지 못하도록 하였다는 뜻일 것이다. 부활한 예수님의 모습은 십자가에 달렸다가 무덤에 안치되었던 손상된 시신과는 사뭇 다른 모습이었다. 부활한 예수님을 알아보지 못한 이들은 그들 말고도 더 있었다. 막달라 마리아는 무덤에서 그를 동산지기로 오인하였다(요 20:15). 갈릴리 바닷가에서 예수님을 만난 열한 제자 역시 처음에는 그를 알아보지 못했다(요 21:4). 예수님은 육신을 입고 부활하셨다. "욕된 것으로 심고 영광스러운 것으로 다시 살아나며 약한 것으로 심고 강한 것으로 다시 살아나며"(고전 15:43).
56) J. Alec Motyer, *The Prophecy of Isaiah* (InterVarsity Press, 1993), 436.
57) Tertullian, *The Five Books Against Marcion*, 5.9 in *The Ante-Nicene Fathers*, ed. A. Roberts and J. Donaldson, 10 vols.(Eerdmans, 1951), 3:448.
58) Augustine, *The City of God*, 20.29, in *The Nicene and Post-Nicene Fathers*, ed. Philip Schaff, 14 vols.(Scribers, 1887), 2:448.
59) Thomas Aquinas, *Summa Theologia* (Cosimos, 2007), 2:1072.
60) Thomas Aquinas, *On the Epistle of Romans*.
61) John Y. B. Hood, *Aquinas and the Jews* (University of Philadelphia Press, 1995), 77. 로마서에 대한 아퀴나스의 라틴어 주석의 발췌 부분을 번역.
62) John Calvin, *Commentary on the Book of the Prophet Isaiah*, trans. William Pringle, 4 vols.(Calvin Translation Society, 1853), 4:269.
63) Jonathan Edwards, *A History of the Work of Redemption* (Thomas & Whipple, 1808), 487.
64) John Gill, *A Complete Body of Doctrinal and Practical Divinity*, 3 vols.(Ridgway, 1796), 2:155.
65) 앞의 책, 2:115.
66) Charles Hodge, *Systematic Theology* (Scribner's, 1884), 3:805.
67) Charles Spurgeon, *The Metropolitan Tabernacle Pulpit*, 63 vols.(Passmore & Alabaster, 1904), 50:553.
68) J. C. Ryle, "Watch!", in *Coming Events and Present Duties* (William Hunt, 1879), 19.
69) Brian McLaren, *The Story We Find Ourselves In: Further Adventures of a New Kind of Christian* (Jossey-Bass, 2003), 143. 맥라렌, 토니 캄폴로, 스티브 차크 등등은 모두 이를 '하나님의 아동 학대'라며 조롱했다.
70) Charles Spurgeon, *The Metropolitan Tabernacle Pulpit*, 63 vols.(Passmore & Alabaster, 1864), 10:176.
71) 선한 행위는 믿음의 필연적인 열매이며, 참된 믿음을 만들기 위한 첨가물이 아니다. 우리가 믿을 때 의롭다 하심을 얻고 영적으로 거듭난다. 영적으로 죽었던 상태에서 다시 살아난다. 이

렇게 거듭난 사람은 필연적으로 선한 행위의 열매를 맺는다. 거듭남은 신자의 마음과 인격을 변화시키며, 새로운 욕망과 순종하려는 마음을 불러일으킨다. 따라서 참된 신자에게는 반드시 선한 행위의 열매가 있다. 또한 참된 신자는 믿음을 결코 저버리지 않는다(요일 2:19). 우리는 "그리스도 예수 안에서 선한 일을 위하여 지으심을" 받았으며(엡 2:10), 선한 일의 결과로 구원을 받은 것이 아니다(엡 2:9). 우리의 의롭게 됨은 그리스도가 자기 백성을 위해 한 일에 근거를 두고 있으며, 우리가 그를 위해 한 일에 근거를 두지 않는다.

72) 예를 들어, 다음 책들을 보라. Steve Jeffrey · Michael Ovey · Andrew Sach, *Pierced for Our Transgressions* (Crossway, 2007); John MacArthur, *The Gospel according to Paul* (Thomas Nelson, 2017).

73) J. Alec Motyer, *The Prophecy of Isaiah* (InterVarsity, 1993), 442.

74) W. Graham Scroggie, *The Unfolding Drama of Redemption*, 3 vols.(Pickering & Inglis, 1953). 1:322-23.

75) 예를 들어, 이사야 57장 1절에 대한 성 제롬의 라틴어 주석은 이를 "certissima tradition", 즉 매우 확실한 구전이라고 말한다. *Justin Martyr's Dialogue with Trypho the Jew*, trans. Henry Brown(George Bell, 1846), 256.

76) 열왕기상 12장 20절에 따르면, "유다 지파 외에는 다윗의 집을 따르는 자가 없으니라." 그러나 바로 그 다음에 이 구절이 나온다. "르호보암이 예루살렘에 이르러 유다 온 족속과 베냐민 지파를 모으니 택한 용사가 십팔만 명이라 이스라엘 족속과 싸워 나라를 회복하여 솔로몬의 아들 르호보암에게 돌리려 하더니." 베냐민 지파의 북쪽 경계선 지역에 살던 일부는 북 왕국에 복속하였을 수 있다. 즉, 베냐민의 영토는 분할되었다. 예를 들어, 벧엘은 베냐민의 영토 내에 위치했는데(수 18:21-22), 북 왕국의 여로보암은 이곳에 금송아지 신상을 세웠다(왕상 12:28-29). 그러나 베냐민 지파의 대부분은 르호보암에게 충성했다(대하 11:1-12). 남 왕국은 이후 벧엘을 수복하였으며, 아마도 원래 베냐민의 영토였던 지역을 다 되찾은 것으로 보인다(왕하 23:15).

77) 이 수도는 오늘까지 현존하는 유명한 수로다. 예루살렘의 유일한 천연 샘에서 실로암 못까지 3분의 1마일의 거리를, 단단한 돌을 통과하여 물을 전달한다.

78) Matthew Henry, *Commentary of the Whole Bible*, 6 vols.(Revell, n.d.), 2:835.

79) 유명한 이쉬타르 성문은 느부갓네살 성벽의 일부였다. 20세기 초에 발굴되어 베를린으로 옮겨져서 돌 하나하나 다시 조립되었으며, 현재 베를린의 페르가몬박물관에 전시되어 있다. 푸른빛의 벽돌로 이루어졌으며, 화려한 색상의 황소, 용, 장식 문양으로 장식되어 있다. 느부갓네살이 직접 쓴 글이 음각되어 있는데, 그는 도시의 성문들을 직접 도안했다고 말한다. "전 인류가 경이롭게 바라볼 수 있도록 화려함의 극치로 장엄하게 이 문들을 장식하였노라."

80) 느부갓네살의 예루살렘 침공은 기원전 597년에 있었고, 유다의 포로 기간이 고레스 왕의 칙령으로 끝난 것은 대략 기원전 536년이다. 따라서 포로 기간은 엄밀히 말해서 65년이 채 되지 않는다. 땅이 쉼을 얻도록 방치된 기간은 70년이었다. 70년이라는 시간은 기원전 7세기 말미에 선포된 예레미야의 예언부터 산정한 숫자일 것이다. 당시는 유다의 주변 정세가 워낙 불안정하였기에, 땅은 이미 예년처럼 경작될 수 없는 상황이었다. 이 심판은 이미 모세 시대에 예언되었다(레 26:32-35). "이에 토지가 황폐하여 땅이 안식년을 누림 같이 안식하여 칠십 년을 지냈으니 여호와께서 예레미야의 입으로 하신 말씀이 이루어졌더라"(대하 36:21). 이스라엘은

사울 왕 시대 이후로 땅에 대한 안식년을 지키지 않았다(포로 기간 전까지 대략 490년). 따라서 하나님은 그들이 지키지 않은 안식년 1년 당 1년씩 계산해서 땅이 쉼을 얻도록 하신 것이다.

81) John Franklin Genung, "Manasseh: A king of Judah", in *The International Standard Bible Encyclopedia*, ed. James Orr, 5 vols.(Howard-Severance, 1915), 3:1978.
82) 앞의 책.
83) Isadore Singer, ed., *The Jewish Encyclopedia*, 12 vols.(Funk & Wagnalls, 1904), 7:85.
84) *Antiquities of the Jews*, 10.6.3., in *The Works of Flavious Josephus*, trans. William Whiston, 2 vols.(Henry G. Bohn, 1845), 1:419.
85) 이 설교는 찰스 하돈 스펄전이 1873년 3월에 선포한 설교이며, 다음 책에서 발췌했다. Charles Spurgeon, *The Metropolitan Tabernacle Pulpit*, 63 vols.(Passmore & Alabaster, 1873), 19:121-32. 단락 구분과 성경의 장과 절을 추가했으며, 문장 부호는 간략화했다. 일부 옛 표현들은 현대화했고, 스펄전의 마무리 기도는 생략했다.
86) 콰시아(Quassia)는 나무껍질에서 채취한 쓴 약재로서, 강장제나 살충제로 쓰인다.

하나님이 전해 주신 복음

1판 1쇄 2018년 7월 15일 발행
1판 2쇄 2018년 8월 1일 발행

지은이 · 존 맥아더
옮긴이 · 서경의
펴낸이 · 김정주
펴낸곳 · ㈜대성 Korea.com
본부장 · 김은경
기획편집 · 이향숙, 김현경, 양지애
디자인 · 문 용
영업마케팅 · 조남웅
경영지원 · 장현석, 박은하

등록 · 제300-2003-82호
주소 · 서울시 용산구 후암로 57길 57 (동자동) ㈜대성
대표전화 · (02) 6959-3140 | 팩스 · (02) 6959-3144
홈페이지 · www.daesungbook.com | 전자우편 · daesungbooks@korea.com

표지 이미지: Francisco de Zurbaran, 〈Agnus Dei〉(1635-40)
[Public domain or CC BY-SA 4.0 (https://creativecommons.org/licenses/by-sa/4.0)],
from Wikimedia Commons

이 제작물은 아모레퍼시픽의 아리따글꼴을 사용하여 디자인되었습니다.

ISBN 978-89-97396-83-2 (03230)
이 책의 가격은 뒤표지에 있습니다.

Korea.com은 ㈜대성에서 펴내는 종합출판브랜드입니다.
잘못 만들어진 책은 구입하신 곳에서 바꾸어 드립니다.

이 도서의 국립중앙도서관 출판예정도서목록(CIP)은 서지정보유통지원시스템
홈페이지(http://seoji.nl.go.kr)와 국가자료공동목록시스템(http://www.
nl.go.kr/kolisnet)에서 이용하실 수 있습니다.(CIP제어번호: CIP2018020263)